아는 만큼 보이는
스포츠 분야 진로 탐색서

아는 만큼 보이는
스포츠 분야 진로 탐색서

김미향 · 조욱연 · 황승현 · 김언호 · 김민수
최형준 · 김미옥 · 조현주 · 송주호 · 김대희 공저

초판 1쇄 발행 / 2021년 10월 8일

발 행 인 / 양원석
발 행 처 / DH미디어
등록번호 / 288-58-00294
전　　화 / 02-2267-9731
팩　　스 / 02-2271-1469
디 자 인 / 최연정 · 홍주연

ISBN 979-11-90021-16-6
정가 22,000원

※ DH미디어는 대한미디어의 취미, 실용, 스포츠 전문 브랜드입니다.
※ 잘못 만들어진 책은 구입처 및 DH미디어 본사에서 교환해 드립니다.

아는 만큼 보이는
스포츠 분야 진로 탐색서

김미향 · 조욱연 · 황승현 · 김언호 · 김민수 · 최형준 · 김미옥 · 조현주 · 송주호 · 김대희 공저

책을 펴내며

　18여 년의 중등학교 체육교사 생활을 마감하고, 대학으로 이직을 하고 만난 학생들에게서 합격이라는 기쁨도 잠시 대학 생활을 어떻게 관리하고, 취업 준비는 또 어떻게 해야 하는지 등의 막연한 불안감에 빠져 있는 모습을 보고 안타까웠다. 그래서 시작한 것이 1학년 신입생들을 만날 때마다 체육대학 진학 동기를 조사하는 것이었다. 10명 중 7명은 운동을 좋아하고 잘하는데, 체육 선생님이 체육과에 가보라고 권유하셨기 때문이라고 대답한다. 여기에 덧붙여 질문한다. "졸업하면 뭐 할 건데?", 대부분 "글쎄요… 체육 선생님이나 스포츠 마케터가 되면 좋겠어요."라는 대답으로 귀결된다. 스포츠가 인문, 사회, 과학, 산업 등 영역을 확장하며 급속히 발전하는 것에 비해 정작 전공으로 선택한 학생들이 바라보는 스포츠의 세계가 너무도 좁은 건 아닌지 싶은 생각에서 스포츠 분야 진로 탐색과 관련한 교육과 안내가 필요함을 절실히 느꼈다.

　한편, 대학 입시 수시 평가를 진행하는 과정에서 학생들의 독서 기록을 살펴보게 되는데, 유명 선수들의 자서전, 스타 선수를 양성한 에이전트 이야기, 종목별 감독들의 성공 스토리 등에 한정되어 있는 것을 보고, 스포츠 관련 전공 혹은 진로의 다양성에 관한 정보 제공이 지나치게 부족함을 확신하게 되었고, 무엇인가 해야 한다는 생각을 가지게 되었다.

　그저 혼자만의 고민으로 간직해오던 차에 우연한 자리에서 그간의 고민들을 토로했고, 그 자리에 함께했던 모든 분들이 한마음으로 스포츠 분야 진로 탐색서 발간의 집필자가 되어주실 것을 약속해주셨다. 덕분에 현실로 그 일을 맞이하게 되었다. 평생 그 감사함을 잊지 않으려 한다. 또한 고민없이 출판을 약속해주신 DH미디어 양원석 대표님과 집필진들의 요청에 항상 귀 기울여주시고, 책이 완성될 수 있도록 이끌어주신 이동순 편집장님께도 감사를 전한다.

집필의 방향은 학계와 스포츠 현장에서 각자 전문적 역량을 갖추고 계신 점을 반영하기 위해 내용 체계의 틀을 과감히 버리고 10명의 저자 모두에게 자유로운 양식과 내용으로 원고를 작성해주실 것을 부탁드렸다. 다만 스포츠 분야로의 진로를 고민하고 있을 사람들이 궁금해할 전공별 개념이나 대표적인 내용 체계, 관련 직업 등에 대한 소개가 포함될 수 있도록 했다. 이에 10개 분야로 세분화했고, 챕터별 내용을 다음과 같이 구성했다. 전체 분야를 살펴 봐도 좋고, 관심 있는 챕터별로 하나씩 읽어나가도 좋을 것이다.

1. 여가·레크리에이션 편

현대사회에서 삶의 질과 행복을 결정함에 있어 여가의 필요성과 기능을 이해하고, 스포츠의 가치를 탐색, 발굴하여 의미 있는 경험의 기회를 제공함으로써 건강하고 행복한 삶의 영위를 돕는 학문 분야로서 여가·레크리에이션 전공에서 기초적으로 다루어지는 내용을 소개하고, 그 발전 가능성을 제시하고자 했다.

2. 스포츠사회학 편

현대 사회에서의 스포츠는 단순히 뛰고 즐기는 수준에서 벗어나 정치, 경제, 문화 등 사회의 다양한 영역 및 현상들과 깊은 관련성을 맺고 있다. 따라서 스포츠와 관련해서 일어나는 인간행동의 유형 및 변화 과정을 스포츠라는 특수한 사회 구조의 측면에서 분석하고, 실제 그 사례들을 제시했다.

3. 스포츠운동심리학 편

최고의 기량을 추구하는 엘리트 운동선수들의 심리관리는 매우 중요한 과제로 부각되고 있다. 스포츠운동심리학은 선수들의 멘탈 관리를 위한 전문적인 지식을 제공하는 학문으로, 직업적인 측면에서 멘탈코치 및 스포츠심리상담사를 양성하고 있다. 이와 관련한 주요 주제와 스포츠심리전문가의 소양에 관해 소개하고 있다.

4. 스포츠생리학 편

스포츠의 기본은 결국 우리 몸을 움직이는 것이라 할 수 있다. 그런 의미에서 보면, 스포츠를 잘 이해하고, 즐거운 스포츠 활동을 영위하기 위해 우리 몸에 대한 이해는 필수 불가결한 부분이다. 우리 몸에 대한 이해를 근간으로 스포츠 활동에 대한 생리학적 접근을 통해 얻어진 과학적 데이터는 재활 등 의학의 영역뿐만 아니라, 이를 활용한 하드웨어(용품, 제품 등)는 물론 소프트웨어(운동 프로그램, 측정 디바이스용 프로그램 등)의 개발에까지 널리 활용된다.

5. 스포츠산업 편

스포츠 참여와 프로스포츠의 인기를 바탕으로 스포츠산업이 성장함에 따라 스포츠경영학 및 마케팅에 대한 관심이 높아지고 있다. 이에 스포츠경영학이란 무엇이고 관련 직업 및 직무에 대한 소개, 관련 학과 대학 입시에 대해 간략히 소개하고 있다.

6. 체육측정평가 & 빅데이터 편

체육측정평가와 스포츠 빅데이터 편은 4차 산업혁명 시대를 선도하는 스포츠 관련 데이터 분석 분야에 대해 다루고 있다. 이 장에서는 체육측정평가에서 다루는 자료의 특성과 스포츠 분야에서 생성되고 소멸되는 데이터의 분석에 필요한 기본적인 내용을 이해함으로써 스포츠의 디지털 전환(Digital Transform) 시대에 필요한 기본 지식을 전달하고자 한다.

7. 스포츠시설 편

코로나 등 사회 환경변화와 기술의 발달로 새로운 형태의 스포츠가 생겨나고 스포츠시설도 점점 다양해지고 있다. 스포츠시설 편에서는 스포츠의 기본 중의 기본인 시설에 대한 발전과 국내외 첨단 시설을 살펴보고 스포츠시설과 관련된 직업은 어떤 것들이 있는지 소개했다. 아울러 미래 스포츠시설 전문가가 되기 위해 갖추어야 할 역량은 무엇인지 제시했다.

8. 국제스포츠 & 스포츠외교 편

개인에게 있어 여가 선용과 건강한 삶을 위한 스포츠는 우리가 속한 지역사회나 국가적 측면에서도 긍정적인 영향력을 가지고 있다. 더 나아가 지구촌이라는 커다란 관점에서 보면,

스포츠는 전 세계인이 공통으로 사용할 수 있는 만국의 언어이기도 하다. 이로 인해 스포츠는 국제관계 속에서 다양한 역할을 하고 있고, 국제관계의 핵심 콘텐츠로서 그 잠재성이 점점 더 주목받고 있다는 점에서 국제스포츠의 기본 내용들에 대한 이해를 돕고자 한다.

9. 운동역학 편

복잡한 인간 운동의 효과적인 수행 원리, 손상 원인의 규명 및 예방, 동작의 효율성 향상을 위한 용구의 개발 등을 다루는 응용 학문으로 움직임의 기본 원리를 이해하고 이를 바탕으로 스포츠 과학적 지식과 스포츠현장 적용 방법 등을 통해 경기력 향상 사례, 관련 진로 소개, 전공자로서의 역량과 준비사항 등을 소개하고 있다.

10. 스포츠와 법 편

스포츠는 이미 문화의 한 부분으로 개인의 삶에 영향을 미치는 중요한 요소이며, 각종 국내·외 대회, 프로스포츠의 확대와 스포츠산업 발전 등 경제적 가치가 증가함에 따라 각종 이해관계로 인한 스포츠분쟁이 다양해지고 있고, 특히 스포츠 관련 정부 정책의 지속적인 추진 등을 위해 스포츠 관련 법률 제·개정 등은 국가의 필수적인 의무로 인식됨에 따라 체육전공자 등 스포츠 분야의 직업 탐색을 위해 필요한 스포츠 법률 관련 내용을 소개하고 있다.

본문에는 내용과 관련된 신문기사, 논문자료, 유튜브 영상 등을 제시하여 읽고 보는 재미를 높임과 동시에 내용이 더욱 풍부해질 수 있도록 구성했다.

본 도서에서 스포츠 분야 전체를 다루지 못했지만, 이 작은 걸음이 스포츠 분야의 다양성과 확장성 등 새로운 가치를 발견하고 이를 바탕으로 진로 역량을 강화하며, 새롭게 공부하고자 하는 분들에게 의미 있는 시작의 단초가 되길 기대해본다.

2021년 9월 저자 대표 **김미향**

Contents

1 Chapter — 여가·레크리에이션 | 김 미 향 ... 10
쉼의 미학! 스포츠로 행복한 여가를 설계한다

2 Chapter — 스포츠사회학 | 조 욱 연 ... 36
스포츠로 세상 이해하기

3 Chapter — 스포츠운동심리학 | 황 승 현 ... 60
손흥민의 멘탈트레이너가 될래요

4 Chapter — 스포츠생리학 | 김 언 호 ... 82
건강과 퍼포먼스 향상을 위한 스포츠과학의 기초

5 Chapter — 스포츠산업 | 김 민 수 ... 108
쇼미더머니(Show Me the Money)의 원조는 나야 나!

아는 만큼 보이는
스포츠 분야 진로 탐색서

Chapter 6
체육측정평가/스포츠 빅데이터 | 최 형 준
자고로 스포츠의 본질은 데이터에 있거늘~ 모래 속 보석을 찾아라, 데이터 플렉스!
140

Chapter 7
스포츠시설 | 김 미 옥
스포츠시설, 스포츠의 기본 중의 기본!
164

Chapter 8
스포츠와 국제관계, 올림픽학, 국제스포츠, 스포츠외교 | 조 현 주
경기장 밖에서의 또 다른 승부, 국제스포츠와 외교
192

Chapter 9
운동역학 | 송 주 호
스포츠는 과학이다. 순간의 차이를 찾아라!
220

Chapter 10
스포츠법 | 김 대 희
스포츠 분야의 성공적 취업?! 스포츠법과 정책을 알아야 성공한다!!
248

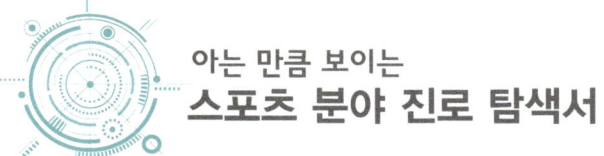

아는 만큼 보이는
스포츠 분야 진로 탐색서

Chapter 1

쉼의 미학!
스포츠로 행복한 여가를 설계한다

여가·레크리에이션

국민대학교 체육대학 스포츠산업레저학과 ● 김미향

1 여가와 행복

1) 행복을 꿈꾼다면 여가를 향유하라!

　행복을 한마디로 정의하기란 어렵다. 누군가가 "행복하십니까?"라고 질문했을 때 어떻게 대답할 수 있을까. 현재 자신이 행복하다고 자신 있게 대답할 수 있다면 지금의 삶을 유지하면 되겠지만, 그렇지 않다면 뭔가 변화를 만들어내야 할 것이다. 불행한 이유를 찾고 행복해질 수 있는 방법을 찾아서 행동과 생각을 바꿀 수 있는 변화가 필요한 시점이다. 많은 사람이 "어떻게 하면 행복할까요?"라고 질문했을 때, '행복한 한국인의 7가지 조건'(삼성경제연구소, 2007)이라는 지표에 의하면 ① 젊은 것이 행복하다: 세월은 되돌릴 수 없다. 특히 우리나라는 고령화시대에 진입했고, 고령인구 문제를 어떻게 해결할 것인가가 사회문제로 등장하고 있다. 실제로 우리나라 행복도 조사를 보면 나이가 젊을수록 행복도가 높은 것으로 나타나고 있다. ② 남보다 잘 산다고 느꼈을 때: 만족도의 상대성. ③ 우리나라 사람들은 학력도 행복을 결정하는 요소로 생각한다. ④ 신뢰성: 개인과 개인 간, 개인과 국가 간, 개인과 사회 간의 신뢰도가 얼마나 갖춰져 있느냐, 성립되어 있느냐도 행복을 결정하는 데 중요한 요소가 된다. 관계 간의 신뢰도는 중요하다. ⑤ 종교행사 참석: 여유. 자신의 자유로움, 신념 등을 펼칠 기회가 주어지느냐의 측면. ⑥ 가족과의 여가: 물질적 측면→정신적 측면. 사람들의 가치관이 바뀌고 있다는 것을 증명하는 것. 가장 믿고 의지할 수 있는 것이 가까운 가족일 것. 행복과 관련된 조사에 따르면 "가족이나 연인과 함께 여행을 떠나는 것이 가장 행복하다"라는 응답을 보인다. 아주 일상적이고, 평범하지만 사람들은 이러한 것에 소소한 행복을 느낀다. ⑦ 결혼 유무는 행복과 무관하다.

　일반적으로 사회인구학적 지표라고 하는 요소들. 즉 학력, 나이, 종교, 가족관계, 결혼 유무, 사회적 평판이나 안정성 등 행복을 결정짓는 조건은 외부환경도 중요하고 주어진 환경을 통해 얻는 자극들을 수용하는 개인의 가치관에 따라 달라질 수 있다.

　이런 행복의 조건들을 살펴보는 이유는 무엇일까? 행복경제학자 리처드 이스털린(Richard Easterlin)은 "소득이 많으면 사람들이 행복을 느낄까?"라는 의문을 제시했다. 이에 대한 답을 찾고자 다양한 사람의 소득과 행복의 관계를 연구했고, 이를 통해 일정한 수준까지는 돈이 많을수록 행복도 많이 느끼는 것으로 나타났으나, 개인마다 소득이 향상되어도 행복도는 소득의

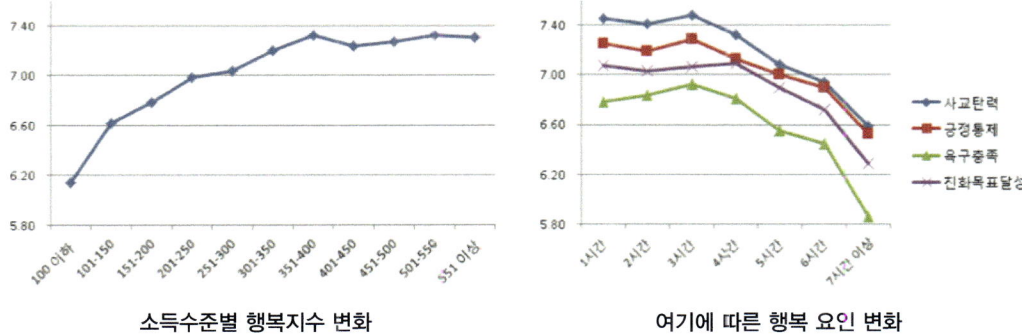

| 소득수준별 행복지수 변화 | 여가에 따른 행복 요인 변화 |

그림 1-1 2012년 국민생활체육 참여 실태 조사를 통한 여가 활동 시간과 행복지수 분석

출처: 이문진·황선환(2014) 여가시간이 증가하면 행복은?: 이스털린 역설의 여가학 적용

증가분만큼 향상되지 않는다는 사실을 발견하게 된다. 이를 '이스털린의 역설'이라고 부른다. 특히나 자본주의 사회에서는 자본을 얼마나 갖고 있느냐가 상당 부분 행복을 결정하는 주요한 변인임에는 틀림없다. 그렇다면 "돈을 많이 가진 사람이 가장 행복한가?"에 대한 질문에는 물음표를 찍을 수밖에 없다. 소득과 행복의 관계를 분석해본 결과, 소득 구간이 낮은 집단에서는 소득이 늘어날수록 사람들이 행복하다고 응답한 반면, 소득수준이 높은 집단에서는 행복감에 큰 차이가 없다는 결과가 나타났다.

우리나라의 경우, 월 소득 400만 원 이하의 집단은 소득이 많을수록 행복하다고 답변했지만, 450만 원 이상 되는 집단에서는 삶의 만족도에 큰 차이를 발견하지 못했다. 행복한 삶을 살아감에 있어 돈은 필요조건이기는 하지만 충분조건은 아님을 나타내고 있다. 행복을 연구하는 학자들은 돈으로 물건을 소유하지 말고, 경험을 쌓아 이를 추억하기를 권고한다. 그렇다면 행복한 삶은 어떻게 만들어지는 것일까?

2) 행복 결정에 영향을 미치는 요인들

무엇이 갖추어졌을 때 우리에게 가장 행복한 삶을 만들어줄 수 있을까? 일자리 확보, 주거 안정, 의료 지원, 교육 기회 확보 같은 영역은 행복한 삶을 이루기 위해 가장 기본적으로 고려되어야 할 분야다. 수많은 정책과 제도들이 이 분야에 집중되고 있는 이유이기도 하다. 경제적 수준이 높아지고, 행복한 삶에 대한 사람들의 인식이 변화되면서 복지국가 실현을 위한 전제조건이 더욱 다양해지고 있다. 복지 정책의 관점과 방향이 최소의 삶 보장이 아닌 최적의 삶으로 변화했기 때문이다.

실제로 북유럽이나 북미의 복지 선진국들은 국민의 삶의 질 향상의 관점에서 문화 향유의 기회와 권리 등을 보장하는 데 많은 노력을 기울이고 있다. 캐나다의 경우 행복한 삶의 정도를 묻는 질문에서 "자신이 사는 곳 근처에 공원이나 숲이 조성되어 있는가?", "공연을 얼마나 쉽게 접할 수 있는가?" 등으로 구성되어 있다. 먹고사는 것, 즉 삶의 유지에 필수적인 조건보다는 인간이 충분히 행복을 느끼는 데 필요한 최적 조건이 무엇인지를 고민하고 문화적 혜택도 복지 영역에 포함하고 있다.

과거에는 돈을 많이 벌고, 좋은 집을 사고, 좋은 학교를 나오는 것이 주가 되었다면 현재는 내가 원하는 만큼만 일해도 내 삶을 충분히 즐길 수 있는지가 중요한 시대가 되었다. 사람들이 돈을 버는 이유가 바뀐 것이다. 예전에는 열심히 일해서 돈을 많이 벌어 좋은 집과 자동차를 사는 것을 목표로 삼았다면, 지금은 개인의 취미와 목적을 위한 필요 비용을 마련하기 위해 일한다. 돈을 잘 벌기 위해 뭔가를 준비하는 것이 아니라 내가 하고 싶은 것, 즐기고 싶은 것을 할 수 있는 여건을 만들기 위해 필요한 만큼의 돈만 벌겠다는 것에서 맥락적으로 큰 차이가 있다. 노동을 잘하기 위해 여가를 필요로 한 시대에서 여가를 잘 향유하기 위해 노동이 필요해진 시대로 전환된 것이다. 린다 라자레스(Linda Lazareth)는 이를 "'규모의 경제'에서 '레저 경제' 시대로 전환되었다"라고 표현했다. 일보다 휴식의 가치가 훨씬 중요해진 시대를 맞이했음은 자명한 사실인 것 같다.

3) 우리는 지금 왜 여가를 중요하게 생각할까?

우리가 사는 현대사회에서 왜 여가가 주목받고 있는가? 과거에도 여가가 중요하지 않거나 없는 개념이 아니었을 텐데, 왜 최근에 와서 주목받고 있는 것인가?

주 52시간 근무 제도는 주당 기본 근무 시간 40시간에 연장근무를 최대 12시간까지로 제한하는 제도다. 2018년 7월 도입되었고, 2021년부터는 300인 미만 중소기업으로 확대 적용되고 있다. 주 52시간 근무 제도 도입이 가져온 변화를 살펴보았다. 쌀 소비량이 늘어났다는 기사가 눈에 띄었다. 일하는 시간이 줄었는데, 왜 쌀이 많이 팔리는 것일까? 적어도 소득 3만 달러 시대를 사는 우리에게 생존을 넘어 더 중요한 것이 생긴 데서 그 이유를 찾을 수 있다. 시간이 돈

이던 시대에는 배고픔을 잊을 만큼 아무렇게나 한 끼를 때우는 것이 식사 개념이었다면, 지금은 퇴근 후 내가 좋아하는 요리를 만드는 과정을 영상과 사진으로 남기고, 맛있게 먹은 후기를 남들과 공유하는 등 나만의 여가 활동으로 먹는 것의 의미가 바뀐 것이다. 〈삼시세끼〉라는 예능 프로그램이 많은 사람의 사랑을 받은 이유도 다르지 않을 것이다. 그저 하루 세 끼를 챙겨 먹는 과정이 힘든 노동의 관점에서 펼쳐졌다면 아마 다큐가 되지 않았을까 싶다. 주 52시간 제도는 퇴근 후 여가를 보장하는 계기가 되었고, 이 시간을 일상적으로 익숙한 요리로서 자신을 표현하고, 즐기는 방식으로 활용했기에 식재료 판매가 증가한 것이다.

우리의 경제는 조금씩 성장하는 추세다. 기술의 발달에 따라 정보가 활발히 교류되고 있고 노동을 대체할 수 있는 상황이 급속히 다가옴에 따라 정해진 24시간 안에 자유롭게 쓸 수 있는 여가가 증가하고 있고, 그 휴식을 어떻게 잘 사용해야 할지에 대한 고민과 더불어 그 시간을 잘 이용했더니 삶의 질이 훨씬 더 높아졌다는 사람들의 생각 변화가 보편화되면서 여가의 순기능에 더욱 주목하고 있다.

2 여가의 이해

1) 여가: 많으면 정말 좋을까?

많은 사람은 시간이 없다는 말을 달고 산다. 바빠서 힘들다고 하는데, 정말 시간이 없는 것일까? 아니면 마음의 여유가 없는 것일까? 면밀히 따져볼 필요가 있다. 정말 시간이 없어 행복해질 시간이 없는 것이라면 일상의 대부분이 여가인 백수에 가까울수록 행복해야 하지 않을까! 이 의견에 동의할 수 있는가?

몸이 힘들고 바쁘다면 쉴 수 있는 여가가 필요하다고 당연히 답변하겠지만, 반대로 시간이 너무 많아서 무료한 경우는 어떨까. 코로나19로 인해 사회적 거리 두기가 활발해지면서 외출을 자제해야 하고 일상적이던 자유로운 활동들에 제약을 받고 있다. 코로나19 덕분에 늘어난 여가가 우리를 행복하게 했는가? 그렇지 않을 가능성이 높을 것이다. 주어진 시간을 자발적으로 활용하고, 내 의지대로 활용할 수 없는 시간이어서 내가 원해서 받은 휴가와는 다르게 느껴진다. 실제로 시간은 많은데 할 일이 없고, 그 상황을 변화시킬 의지도 없을 때 사람들은 무기력을 학

(단위: 시간, 천 원)

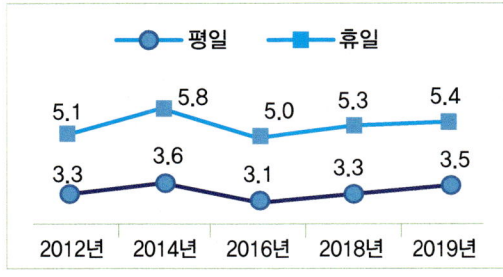 

그림 1-2 여가 및 비용 지출 추이

출처: 국민여가활동조사(2019)

습하게 되고, 그 학습된 무력감은 삶의 만족도를 떨어뜨리게 된다. 여가를 물리적 시간이 많고 적으냐에 초점을 두기보다는 시간을 얼마나 효율적이고 의미 있게 보낼 준비가 되어 있느냐 없느냐에 집중하여 해석하고 관리할 역량이 필요하다.

산업사회는 공장의 가동 시간이 많으면 많을수록 이윤이 극대화되는 시대로, 일에 대한 가치가 훨씬 더 중요했을 것이다. 그러나 오늘날의 사회는 구글이나 페이스북 같은 시스템으로 무한한 부가가치를 만들어내고 있다. 일을 얼마나 많이 하느냐가 중요한 것이 아니라 창의적인 아이디어를 통해 부가가치를 얼마나 생산할 수 있느냐가 중요하다. 인간이 노동으로 해결하던 일들을 기계나 기술로 대체하면서 사람들은 필연적으로 쉴 수밖에 없는 사회적 환경에 살고 있다. 인공지능에 밀려 일자리 자체를 잃어버릴 걱정을 해야 하는 시대에 살고 있다.

노동 시간의 단축은 필연적으로 받아들여야 할 숙명 같은 것이 되고 있다. 미래학자들은 돈은 인공지능이 벌고, 사람들은 인공지능이 벌어놓은 부를 적절히 누리면서 살아갈 시대가 올 수 있음을 주장하곤 한다. 마치 재주 부리는 곰의 주인인 왕서방처럼 말이다. 개인의 능력에 따라 소득의 차이가 발생하는 것이 아니라 사회 환경 자체의 변화에 따라 소득과 분배가 결정되는 사회 구조 안에서는 일하지 않는 시간을 어떻게 적절히 활용하느냐에 따라 개인의 행복, 사회 건전성, 국가의 재정적 안정 등에 영향을 미칠 가능성이 높다. 이에 일과 삶의 균형, 여가의 건전한 활용 등이 행복한 삶, 만족한 삶의 영위에 매우 중요한 요인이 될 수 있음을 많은 사례를 통해 찾아볼 수 있다. 국가가 막대한 예산을 투입해서 국민생활체육 참여실태조사, 국민여가활동조사, 근로자 휴가조사 등의 여가 관련 자료를 수집하고 분석하는 것도 같은 맥락에서 이해할 수 있다. 앞으로 증가할 여가의 양과 질 모두에 집중해야 할 이유다.

2) 여가 개념: 여가 속에 숨겨진 여러 가지 해석

필자는 새 학기 첫 수업을 "여가란 무엇인가?"라는 질문으로 시작한다. 열 자 이내로 답을 요청하면, 대부분의 학생이 '나머지 시간', '일하지 않는 시간', '자유로운 시간', '휴식 시간' 등 시간의 테두리 안에서 답을 제시한다. '여가'에 대해 공부하지 않는 사람들이라도 대부분 이에 동의하지 않을까 싶다. 하지만 여가를 조금 자세히 들여다보면 그 해석이 만만치 않다.

여가학 관련 도서들은 대부분 '여가의 정의'보다는 '여가의 개념'으로 1장을 시작하는 경우가 많다. '여가'라는 두 글자에 너무 많은 해석과 관점이 담겨 있어 한마디로 정의하기 쉽지 않아서 여가 속에 담겨 있는 여러 가지 의미를 다양한 관점에서 포괄적으로 이해하는 것이 혼란과 오류를 방지할 수 있기 때문이다. 이에 여가를 시간, 상태, 활동, 제도적 개념으로 분류하고 그 의미를 살펴보자.

첫 번째로, 시간적 개념은 '잉여 시간', '자유 시간'으로 표현할 수 있다. 이는 산업혁명 이후 '24시간'이라는 시계 시간의 개념이 생겨나면서 자연스럽게 여가를 해석하는 개념으로 자리 잡게 된 것으로 추측된다. '나머지 시간'이라는 것은 바꾸어 말하면, 일하고 남는 시간, 일로부터 자유로운 시간으로 해석되기 때문이다. 시간적 개념으로의 해석은 국가 간 혹은 집단 간 여가의 비교를 통해 삶의 질 혹은 노동 시간 등 다양한 사회지표를 객관적으로 분석하여 관련된 제도와 정책을 마련하는 기준이 제공한다는 측면에서 그 의미를 찾을 수 있다.

두 번째로, '상태적 개념'으로서의 해석이다. 일부 여가 학자들은 단순히 물리적 시간의 잉여와 자유보다는 '정신적으로 온전한 휴식'이 보장되는 것을 여가로 해석해야 한다고 주장한다. 과학 문명이 발달한 현대사회 환경에서 시사하는 바가 큰 개념이다. 산골 마을까지 빵빵 터지는 휴대전화와 무선 인터넷 환경은 일하는 시간과 휴식하는 시간의 경계를 모호하게 만들고 있다. "일요일 오후 커피숍에 앉아 내일 발표할 내용을 머릿속에 계속 떠올리며 생각에 잠겨 있다면 이것은 여가일까, 일일까?" 하는 의문을 가질 수밖에 없다. 시간적 개념이 완전한 휴식 여부를 판단할 수 없다는 측면을 지적하며, 심리적으로 충분한 휴식 상태인지 여부를 여가를 구분하는 중요한 요인으로 고려해야 한다는 관점이다. '온전한 휴식'은 여가를 향유하는 '나'의 관점에서 충분히 즐겁고 만족스러웠는지를 통해 결정될 수 있다. 마라톤 동호회에서 같은 날, 같은 장소에서 달리기를 했다 하더라도 참여자의 심리적 상태나 여건에 따라 충분한 휴식의 정도가 달라질 수 있음을 강조하는 개념이다. 여가의 자유성과 자발성을 바탕으로 만족감을 느낄 수 있다는 측면에서 그 의미가 깊지만, 개인마다 만족의 정도가 다르게 나타나 특정 행동이나 경험에 대한 일관된 해석이 어렵다는 것이 상태적 개념의 약점으로 지적되기도 한다.

세 번째로, 활동적 개념은 '시간적 개념'이라는 토대에서 해석되지만 '자발적 활동'에 강조점을 둔다. 프랑스의 사회학자 듀마즈디예르(J. Dumazedier)는 여가를 "의무로부터 벗어나 휴식을 취하거나 기분전환을 하거나 혹은 지식을 확대하고 자발적으로 사회에 참여하며 자유로운 창조력을 발휘하기 위해 이용되는 임의적 활동의 총체"로 설명하고 있다. 해석의 범위가 매우 광범위하지만, 자유 시간 중에 자발적으로 참여해서 의미 있는 경험을 해야 함을 강조한다. 여가를 통해 휴식, 회복, 오락, 자기실현, 정신적 재생, 지식의 향상, 기술 개발, 사회활동 참여를 제공해주는 기회를 구체적인 활동으로 표현하는 것을 여가의 개념으로 해석한다. 그러나 참여하는 사람들의 심리적 상태, 즉 육체적 피로 누적으로 낮잠이나 휴식 등이 필요한 사람들의 심리 상태를 고려하지 못한 점과 제시된 활동의 범위를 벗어나는 여가 활동들이 제외되는 현상을 충분히 설명하지 못한다는 비판이 존재한다.

네 번째로, 여가를 '제도적 개념'으로 해석하는 관점이다. 사회 제도나 법에 따라 여가의 구분이나 정도가 달라지는 것을 의미한다. 예를 들어, 우리나라는 근로기준법에 주 40시간을 기본 근로시간으로 정하고 있다. 프랑스는 주당 근무 시간이 35시간이다. 제도적 측면에서만 비교해보면, 프랑스 근로자가 우리나라 근로자보다 5시간 더 많은 여가를 보장받는 것이다.

우리나라는 2004년 7월부터 단계적으로 주 5일 근무제도를 도입하여 적용해오고 있다. 주 5일 근무제도가 시작되는 첫 주의 토요일이 일하는 시간에서 여가로 탈바꿈하게 된다. 2018년 7월부터 시행한 주 52시간 근무제도는 많은 근로자에게 '저녁 있는 삶'을 선물하기도 했다. 최근 코로나로 인해 월급을 받지 않고 쉬는 무급 휴가 제도를 통해 원치 않는 물리적 여유 시간이 늘어나게 되었다. 이렇게 제도적 환경에 의해 여가가 늘었다 줄었다 하는 것을 '제도적 개념으로서의 여가'라고 한다.

여가 안에는 다양한 개념이 있다. 특히, 현대사회는 다양성이 공존하는 시대로서 여가를 해석함에 있어 한 가지 개념에 중점을 두기보다는 4가지 개념을 적절히 혼합하여 여가 현상을 해석하는 것이 오류를 최소화하고 여가의 다양성을 발견할 수 있다는 것이 많은 학자의 견해다.

3) 여가의 의미: 나라마다 다른 여가의 해석

영어의 레저(leisure)는 '리세레(licere)'라는 라틴어에서 유래되었다고 한다. 리세레는 '자유로워지다', '허용되다'라는 뜻이다. 여기서 중요하게 봐야 할 것은 '자유롭다'가 아닌 '(무엇으로부터) 자유로워지다'라는 해석의 관점이다.

자유롭다는 능동적 해석이 아닌 자유로워지는 수동적 관점의 해석으로, 여가가 '무엇인가로부터 벗어남'을 강조하는 것은 현재 여가가 일로부터 자유로운 시간, 일과 생활의 필수 시간을 제외한 나머지 시간이라는 개념으로 풀이되는 결정적 이유가 아닐까 싶다.

여가는 사람들의 생각, 태도, 사회 환경 등에 따라 생성되기도, 소멸되기도, 변화되기도 하는 문화적 속성을 반영한다. 그래서 여가의 해석도 해당 국가의 제도와 문화에 따라 다르게 나타난다. 그리스와 로마의 여가 개념을 비교하면 그 차이가 확연히 드러난다. 그리스에서의 여가는 '스콜레(schole)'로 학문과 토론의 뜻이 있는 반면, 로마의 여가는 '오티엄(otium)'으로 아무것도 하지 않는 것을 의미하는 개념이다.

단어	뜻	내포된 의미	특징
licere (라틴어)	자유롭게 되다 허락되다	의무와 직업으로부터의 자유 정신적 자유 강조	
schole (그리스)	학문과 토론	정신적으로 아무 구속 없는 상태 (교육적 의미 강조)	창조적 직업 문화적 소비 강조
otium (로마)	아무것도 하지 않는 것 소극적 여가	자기계발이나 창조적 활동보다는 쾌락과 소비 중심	퇴폐적 소비 비창의적 여가 대중화
여가 (한국)	겨를, 틈	일하는 가운데 잠시 생기는 여유로운 시간	노동 시간에 대한 시간적 해석

그리스와 로마 시대의 여가에 대한 언급은 한 가지 전제조건을 두고 다루어야 한다. 계급사회가 존재했으므로 노예 계층에게는 여가 자체가 존재하지 않았다. 여가 개념을 해석하는 데 있어 귀족 계층의 생활과 문화 안에서 한정적으로 해석되어야 할 것이며, 일하지 않는 귀족들은 삶 자체가 여가였음도 기억해야 한다. 그리스는 미와 진리에 대한 탐구를 중시한 나라로 읽기, 쓰기, 셈하기 등의 교육을 통해 토론 문화가 발달한 나라다. 광장 문화가 발달한 것도 그곳에 모여 진리를 탐구하며, 토론했기 때문이라 전해진다. 공부가 곧 여가라 해도 과언이 아니다. 그리스어 '스콜레'는 학교(school)의 어원이기도 하기 때문이다.

반면, 로마의 여가는 그리스와는 상당히 관점이 다르다. 아무것도 하지 않는다는 것은 '~으로부터 자유롭게 되다'라는 여가의 어원보다 더 소극적인 해석이다. 로마 하면 콜로세움을 떠올릴 수 있다. 콜로세움은 귀족 및 시민 계층이 모여 검투사들의 대결을 즐기는 장소다. 검투사들이 노예나 전쟁 포로 중에서 선발되었다는 점에서 이들은 목숨을 걸고 싸워야 했기에 더욱 치열했을 것이다. 치열한 만큼, 잔인한 만큼 보는 사람들은 자극적인 즐거움을 느꼈을 것이다. 대결이 치열하면 치열할수록, 잔인하면 잔인할수록 더 많은 액수의 내기와 환호를 자아냈을 것이다. 로마에서의 여가가 쾌락적 소비에 치중되어 있음을 보여주는 하나의 예다.

우리나라의 여가는 남을 여(餘), 겨를 가(暇)라는 한자어로 구성되어 있다. '겨를'과 '틈'이라는 두 글자가 합쳐진 단어다. 농경 중심 사회인 우리나라에서 틈과 겨를은 농사를 짓는 시기와 짓지 않는 시기, 일하는 때와 일하지 않는 때로 구분된다. 틈과 겨를은 농사일을 하지 않는 때와 겨를을 의미한다. 농번기에는 농악놀이, 추수기에는 중추절 축제, 농한기에는 쥐불놀이, 고싸움, 줄다리기, 팽이놀이, 제기차기 등 농사 절기에 맞추어 발달한 것과도 여가 개념과 관련이 높다.

여가는 사람들의 생활 양식에서 비롯된 문화적 산물이다. 사회가 변화됨에 따라 여가의 트렌드가 변화하는 것도 문화적 속성 때문이다. 4차 산업혁명이 가져올 거대한 변화 속에서 여가는 또 어떤 모습으로 변화될지 예측하고, 변화에 대한 적극적인 대응이 필요하다.

4) 여가 vs. 레크리에이션: 무엇이 다른가?

필자가 교사로 근무할 때, 새로운 학교로 전근하게 되면 간단히 자기소개를 하는 경우가 많았다. 여가·레크리에이션을 전공했다고 하면 대부분의 선생님이 매우 기뻐하셨다. 앞으로 회식에서 사회를 볼 사람이 생겼다는 것과 매우 재미있을 거라는 생각에서였다. 학문적 관점에서의 레크리에이션 개념과 참여자들을 집중시키고, 적극적으로 참여시켜 프로그램의 목적 달성을 돕는 레크리에이션 지도자와의 차이가 잘 드러나지 않는 표현이 낳은 해프닝이다.

레크리에이션은 여가와 함께 표현되는 경우가 많다. 마치 세트 메뉴 같다. 산업혁명 이후 공장에서 대량 생산을 하는 시스템으로 변화하여 일과 여가의 구분이 뚜렷해지면서 여가의 구분이 필요해졌다면, 레크리에이션 개념이 등장한 것은 여가보다 뒤늦은 1930년대다. 산업혁명으로 계급 제도가 무너지고 자본주의 제도가 도입됨에 따라 자본이 곧 능력인 시대를 맞이하게 된다. 많은 사람은 일하는 시간을 늘려 자본을 가지려 했고, 이는 노동 경쟁을 부추겼다. 노동 강도가 높아지면서 노동자의 건강이 악화되었고, 지나친 노동 시간으로 가족, 연인 등 인간관계가 붕괴되었으며, 극심한 스트레스를 해결하기 위해 자극적이고 퇴폐적인 여가에 돈과 시간을 쏟아붓는 악순환이 거듭된다. 노동 경쟁의 심화와 물질만능주의가 팽배해짐에 따라 사람들의 여가는 가정 붕괴와 사회 건전성 악화라는 사회문제를 양산한다. 잘못된 여가 활용이 사회 전반에 위기로 작용한 것이다. 이러한 사회문제를 해결하고자 시작된 것이 레크리에이션 캠페인이다. 일종의 사회 계몽운동이라 하겠다. 요즘 우리 사회에 문제가 되고 있는 코로나19 예방을 위해 마스크 쓰기 캠페인이나 청소년 흡연을 예방하기 위한 공익 광고를 통해 사람들의 생각과 행동을 변화시키려는 것과 같은 조치다. 세계노동기구(ILO)를 설립하여 노동 시간을 법으로 정해 지나친 노동 시간으로부터 탈피하도록 하는 한편, 레크리에이션협회를 신설하여 여가의 필요성 및 올바른 여가 활용 방법 등을 사람들에게 알리고, 지역사회 중심으로 다양한 레크리에이션 프로그램을 조성하여 적극적이고 바람직한 여가 활동이 가능하도록 했다.

이러한 이유로 레크리에이션은 여가와 닮아 있지만 확실히 구분되는 몇 가지 차이를 가지고 있다. 자유 시간에 자발적 참여를 통해 스스로 만족감을 얻는 활동이라는 점에서는 여가와 유사하지만, 사회적으로 용납되고 그 활동이 가치로워야 한다는 점은 여가와의 차이점이다. 여가의 부정적 기능을 바로잡기 위해 시작된 레크리에이션 운동인 만큼 개인보다는 집단의 목적을 우선시하고, 목적 달성을 위해 모든 활동을 사전에 계획한다는 점을 강조한다. 여가에 친구들과 모여 돈내기 게임을 하며 노는 것은 여가 활동은 될 수 있지만, 레크리에이션 활동은 될 수 없음이 그 이유다. 어른들이 퇴근 후 술 한잔하며 보내는 여가를 레크리에이션이라고 하기에는 한계가 있다. 집 근처에 있는 문화체육센터를 레저센터가 아닌 레크리에이션센터라고 부르는 이유도 바로 여기에 있다. 지역 주민이 다양한 프로그램에 참여하도록 유도하여 건전하고 바람직한 여가 활동을 하도록 지원함으로써 지역사회 전체의 건전성을 유지·증진하는 것이 문화체육센터 운영의 목적이기 때문이다. 이제 더 크고 넓은 관점에서 레크리에이션의 개념을 이해하고 적용해야 할 것이다.

여가		레크리에이션
포괄적 활동 범주	↔	한정적 활동 범주
비조직적	↔	조직적
개인적 목적 우세	↔	사회적 목적 우세
자유시간	↔	자유시간 내의 활동
자유, 내적 만족 강조	↔	재생, 편익 강조

3 여가와 사회 제도: 여가, 이제 법대로 한다!

여가는 사회 제도나 법에 따라 많은 영향을 받는다. 그 대표적인 사례가 주 5일 근무제도의 도입이다. '주 40시간 근무제'라고도 표현하는데, 주당 노동 시간이 40시간을 초과할 수 없어 하루에 8시간씩 일주일에 5일을 일할 수 있도록 한 제도이기 때문이다.

선진국(프랑스 1936년, 독일 1967년, 일본 1987년 등)에서는 이미 정착된 제도이며, 근로기준법에 주 5일 근무제도가 명시됨에 따라 우리나라는 2004년 7월부터 기업체의 규모에 따라 단계적으로 시행되었고, 현재는 정착 단계에 이르고 있다. 이 제도의 도입 초기에는 오히려 근로자의 반대와 반발이 컸다. 야근이나 잔업 등을 통해 받을 수 있는 각종 수당이 줄어 전체적인 가계 수입이 줄어들게 된다는 이유에서였다. 아마 지금 취업을 준비하는 사람들에게 묻는다면, 토요일에도 출근해야 하는 회사는 지원 대상에서 순위가 한참 뒤로 밀리지 않을까 싶다.

주 5일 근무제도의 도입 후기에는 사회적 혼란과 호불호가 나뉘기도 했다. 토요일에 출근하지 않으니 금요일 저녁에 여행을 떠날 수 있어 좋다는 사람들도 있는 반면, 금요일 저녁마다 회식하며 늦은 시간까지 술을 마시다 보니 주말 내내 불규칙한 생활을 하게 되어 월요일 출근

이 더 힘들어졌다는 사람들도 있었다. 하지만 제도를 도입한 지 십수 년이 지난 지금, 토요일 휴무는 당연한 권리로 받아들이고 있다. 그러나 주 5일 근무제 도입을 통해 국민 여가 문제가 완전히 해결되지는 않았다. 2004년 우리나라 1인당 국민총소득(GNI)은 1만 4천 달러 수준이었으나, 2015년에는 2만 8천 달러를 넘었고, 2018년에는 3만 1천 달러를 넘어섰다. 소득 3만 달러 시대를 맞이하고도 여전히 우리 국민은 OECD 가입국 중 최장 노동 시간 1, 2위를 다투며 삶의 무게에 힘들어하고 있었다. 꾸준한 소득 증가에도 국민의 행복도가 향상되지 않는 것을 사회문제로 인식하게 되면서 2015년 국민여가활성화기본법이 제정 및 시행되었다. 제정 이유는 첫째, 최장 노동 시간과 낮은 국민 행복도 개선을 여가 활성화를 통해 개인의 삶의 질을 향상시킴으로써 국가 전반의 생산성을 향상시켜야 할 필요성이 제기되었고, 둘째, 기대수명의 연장, 베이비부머의 은퇴 등 1천만 명 이상의 인구가 노년기로 접어듦에 따라 이들을 위한 건강하고 활력감 넘치는 여가활동 보급의 중요성이 부각되었으며, 일과 여가의 균형에 대한 사회적 요구를 수용하여 체계적이고 효과적인 여가 정책의 도입이 간절했기 때문이다.

국민여가활성화기본법에서는 여가란 "자유 시간 동안 행해지는 강제되지 아니한 활동"으로 정의하고, 문화예술, 관광, 체육, 휴양, 오락 분야에서 여가 교육 프로그램 개발 및 보급, 산업 육성, 인력 양성에 필요한 계획을 수립하고, 추진하도록 하고 있다. 이 법을 토대로 정부는 여가의 사회경제적 효과 분석을 위한 연구 지원, 여가 친화 도시 선정 여가 친화 기업 제도 도입 및 적용, 생활 SOC 사업 확충, 지역문화진흥계획 수립 등 다양한 정책을 수립하여 현장에 적용하고 있다. 이러한 변화는 일을 강조하는 사회에서 휴식을 장려하는 사회로 변화되고 있음을 반영한 것이라 하겠다.

4 여가 인식과 활용

1) 여가는 그냥 쉬는 것! 여가를 공부해야 하나요?

2004년 7월 주 5일 근무제도 도입을 준비하던 시기에 있었던 에피소드다. 그 당시 문화관광부 관계자가 제도 정착을 위해 기획재정부에 예산을 신청했는데, 예산 배정 담당자가 "노는 데 왜 돈이 필요하냐?"라는 질문을 했다는 웃픈 이야기가 전해진다. 진실이 아니길 바라는 마음이다. 실제로 필자도 교수임용을 위한 면접 과정에서 "여가는 쉬는 건데 그런 걸 전공하느냐?"라는 질문을 받은 적이 있다. 그만큼 제도 도입 초기에는 우리 사회 전반에 여가 확대 변화에 대응하기 위한 개인적·사회적 준비가 이루어지지 못했다.

주 5일 근무제도 도입이 15년을 넘어서고 있는 지금은 여가에 대해, 특히 자신의 삶을 대하는 인식과 태도에 많은 변화가 생겨나고 있다. 2018~2019년 '워라밸', '카르페디엠', '소확행' 같은 말들이 많은 사람에게 회자되고 유행처럼 번지게 되었다. 특히 '쉼의 미학'을 여가학이라고 하는데, "우리에게 쉼, 휴식이 꼭 필요한 걸까?"라는 질문을 던지고 곰곰이 생각해보자.

과거 부모님 세대에는 쉬는 것이 사회적으로 대놓고 자랑할 만한 일은 아니었던 시절이었다. 훨씬 더 이전 세대에는 여가에 대한 개념조차 없던 시절도 있었다. 사회변화에 따라 여가의 개념이 없기도, 생겨나기도, 변화하기도 한다. 최근 미래사회에 4차 산업혁명과 더불어 일하는 시간이 감소할 수밖에 없는 사회 환경을 맞이하게 되면서 여가의 개념은 새로운 맥락에서 이해해야 한다는 지적이 나타나고 있다. 따라서 "여가라는 개념은 계속 변해오고 있는데, 현재를 사는 우리에게 왜 여가가 중요한가?", "이러한 점들이 왜 사회적 화두가 되고 있는가?"에 대해 이해할 필요가 있다.

그래서인지 요즘 젊은 세대들은 '적당히 벌고 아주 잘 살자'를 추구한다. 돈벌이를 목적으로 하는 삶을 살지 않겠다는 것이다. 개미같이 열심히 일해서 풍요로운 노후를 준비하기보다는 베짱이처럼 지금 노래하고 즐기고 싶으면 최소한의 물질적 소유만 이루며 내가 원하는 삶을 살겠다는 쪽으로 기울어지고 있다. 사실 이 배경에는 다른 측면에서 보면 어려움이 존재할 수 있다. 사회가 좀 더 고도화되고 기계가 인간의 노동을 대체하게 되면 '기본소득'이라는 것을 실시해서 최저생계에 대한 문제가 해결될 시대가 올 수도 있다. 그렇다면 일하지 않는 시간에 인간으로서의 자존감을 유지하면서 행복한 삶을 살아나가는 방법에 대한 고민이 커지게 될 것이다. 따라서 여가를 어떻게 활용할 것인가에 대한 문제는 훨씬 더 큰 사회적 이슈로 떠오를 가능성이 높다고 해석해볼 수 있다.

과거에는 GDP 수준으로 잘 사는 것과 그렇지 못한 것을 구분했으나, 최근에는 사회적 안전망이 얼마나 잘 갖춰져 있는지, 교육여건이 얼마나 좋은지, 문화적 혜택을 얼마나 공평하게 누리고 있는지 등을 통해 국민의 행복도를 측정하고 지수화하는 조사들이 점점 늘어나고 있다. 북미 캐나다나 미국, 핀란드, 스칸디나비아반도에 위치하는 룩셈부르크, 네덜란드 등이 상대적으로 행복도가 높고, 아프리카 쪽은 상대적으로 행복도가 낮은 것으로 측정되고 있다. 우리나라는 경제 규모로는 세계 11위 정도지만, 국민의 행복도는 102위에 머물고 있다. 이는 일과 삶의 불균형에서 오는 상대적 박탈감이 이유가 될 수 있다. 우리나라 사람들은 다른 선진국, 복지국가들에 비해 많은 시간 일하고 있지만, 상대적으로 소득은 낮다. 일과 여가, 삶의 불균형으로 인해 훨씬 큰 상대적 박탈감을 느끼며 행복하지 못한 삶을 살고 있다고 생각한다. 우리나라에서 발생하는 삶과 일의 불균형은 개인의 능력이나 선택 문제가 아니라 자본주의의 구조적 문제로 받아들이고, 사회적 문제로 인식할 필요가 있다. 사회 제도나 정책 마련을 통해 소득수준에 따라 행복이 결정되는 사회가 아닌, 원한다면 누구나 행복한 삶을 누릴 수 있도록 해야 한다.

우리 사회는 고령사회로의 진입, 일자리 창출, 부동산 대책 등 많은 문제와 직면해 있다. 이 모든 것이 우리 삶과 얽혀 있다. 소득보다는 분배에 관심을 기울여야 하는 이유일 것이다. 이제는 사회적 시스템 안에서 행복한 삶의 실천에 필요한 개인과 국가의 역할에 대한 방향을 설정하고, 구체적인 실행 방안을 모색해야 할 시점이다. 여가는 사람들이 자신의 삶에서 무엇이 중요하고, 그 가치를 실현하기 위해 무엇을 어떻게 실천해야 하는지에 대한 길잡이가 되어줄 수 있다. 우리가 여가를 성찰해야 할 가장 중요한 이유가 아닐까 한다.

여가와 행복의 관계를 분석한 연구에서는 여가 관리의 중요성을 설명하고 있다. 여가가 많아질수록 사교, 통제, 욕구, 친화력 등 모든 지표가 떨어지기 시작한다. 소득이 부족한 사람들에게는 일정 구간의 소득 증대가 필요한 것처럼 지나치게 여가가 부족한 집단일 경우에는 시간적 요소를 개선해야 하지만, 그런 것들이 어느 정도 확보된 집단에게는 어떻게 다루어낼 것인가에 대한 고민이 시작되어야 한다. 여가·레크리에이션을 공부해야 하는 이유도 여기에 있다고 할 수 있다. 제대로 된 여가선용을 위해서는 준비도 필요하고, 공부도 필요하고, 실천도 필요한 상황이다.

2) 두 얼굴의 여가: 빛과 그림자

지금까지 여가는 우리 삶에 꼭 필요하고, 행복한 삶을 살아가는 데 매우 중요함을 강조해왔다. 그렇다면 여가는 당연히 긍정적 기능만이 존재한다고 생각하기 쉽다. 여가에 대한 이해가 충분해야 함은 여가 안에 두 얼굴이 존재하기 때문이다. 여가 안에서 긍정적 기능과 부정적 기능을 분리하기도 어렵다. 마치 빛과 그림자 같다. 빛은 사물을 빛나게 하지만, 그 뒤에 반드시 그림자를 동반한다.

여가는 자유로운 시간에 자발적으로 참여하고 만족과 즐거움을 얻는 모든 것이다 보니 만족과 즐거움에 치우칠 경우, 개인과 집단의 질서를 파괴하고, 불법적 유혹에 빠져들 수 있기 때문이다. 선생님이나 부모님 몰래 학원 땡땡이치고 친구들과 놀던 기억을 회상해보자. 분명히 바람직하지도 않고 생산적이지도 않지만, 속이는 즐거움과 걸리면 어떡하지 하는 두려움 속에 친구들과 더욱 즐겁고 끈끈한 우정을 확인했던 그 시간은 큰 즐거움으로 기억될 것이다. 학교 가는 것이 아니니 자유 시간이고, 자발적 선택에 의한 활동을 통해 즐거움과 만족을 얻었으니 여가활동이라 해야 할 것이다. 하지만 이러한 행동이 반복되었다면 어떻게 되었을까!

여가는 여가를 소비하는 사람의 가치관이나 지식, 태도에 따라 다양한 결과를 만들어낼 수 있다. 따라서 여가의 긍정적 기능과 부정적 기능이 무엇인지 충분히 인지하고, 긍정적 기능은 살리고 부정적 기능은 축소하거나 통제할 수 있도록 나의 실천 능력을 키우는 것이 여가의 기능에 대한 이해를 높이는 궁극적 목적이다.

우선, 긍정적 기능에는 어떠한 것들이 있는지 살펴보자. 여가는 신체적·정신적·문화적·교육적·경제적·사회적 영역 등 다양한 영역에서 기능한다. 노동으로부터 훼손되거나 손실된 에너지를 회복시켜주고, 신체 건강을 유지·증진하는 데 기여한다. 생활체육이 바로 이러한 기능을 실천하는 창구 역할을 하고 있다. 내가 선택한 다양한 활동들을 통해 스트레스를 해소하고, 여가 활동 과정에서의 다양한 성취는 자존감을 높이는 데 도움을 주며, 이는 일상생활에도 고스란히 전해진다. 한편, 여가를 즐기기 위해서는 다양한 정보를 탐색하고, 선택하는 데 필요한 방법을 학습해야 한다. 여가 활동을 통해 더 큰 즐거움을 누리기 위해서는 적극적으로 지식과 경험을 쌓아야 한다. 이 과정에서 교육적 기능이 작동한다. 단순히 여가를 즐기는 방법만 학습하는 것이 아니라 사람이나 환경과의 상호작용을 통해 배려, 공감, 기회의 균등 등 다양한 개인적·사회적 가치를 학습하는 데 도움을 준다. 경제적 기능은 두 가지 해석이 가능하다. 충분한 휴식을 통해 생산성을 향상시키는 데 작용하는 것이고, 또 하나는 여가 활동을 통해 쌓은

그림 1-3 현대 여가의 기능

노력과 경력이 제2, 제3의 직업이 되어 경제적 이윤을 창출하는 것이다. 예를 들면, 사진에 관심이 많은 회사원이 좀 더 좋은 사진을 찍기 위해 아카데미도 다니고, 사진 봉사도 다니며 찍은 사진을 자신의 SNS에 올렸는데, 많은 사람이 그 사진을 보고 자신의 사진을 찍어 달라고 요청하자 평일에는 평범한 회사원으로, 주말에는 웨딩촬영 작가로 활동할 기회를 얻게 되면서 경제적 수익이 발생한다. 이 과정이 좀 더 전문화되면, 자아실현 기능으로 확대될 수 있다. 사회적 기능으로는 같은 관심사로 만난 사람들과 더 쉽게 친해지고, 상호 이해의 폭을 넓힘을 경험하게 해준다. 또한 더불어 살아가는 데 필요한 여러 가지 사회적 기술을 습득하는 데 도움을 준다. 이를 '여가를 통한 사회화'라고 표현하기도 한다. 한편, 새로운 여가 활동에 참여하기 위해 타인과 상호작용하는 방법, 즉 동호회의 규칙 인지, 활동 규칙 실천, 동호회 내 역할 수행 등 여가 활동을 수행하는 데 필요한 능력도 체득하게 된다. 이렇듯 여가 활동을 반복적이고 일상적으로 참여하다 보면 자기 삶의 일부가 된다. 여가 활동이 자신의 라이프스타일 속에 반영되는 것이 여가의 문화적 기능이라 하겠다. 아침에 일어나 헬스클럽에 들러 1시간 정도 운동하고, 퇴근길에 야구장에 들러 프로야구 관람을 하고, 주말에는 동호회 친구들과 자전거 투어를 하며 생활하는 등 삶 자체가 여가 중심이 되는 것이다.

　여가 안에 부정적 측면이 존재하기는 하지만, 처음부터 긍정적 기능과 동시에 작동하지는 않는다. 부정적 기능은 여가 활용의 주체자인 내가 여가에 대한 개념이 부족하거나 바람직한 여가 소비의 필요성을 이해하지 못했을 경우, 또는 여가를 활용해본 경험이 없어 주어진 시간을 어떻게 활용할지 모를 때 나타나기 쉽다.

획일적 기능은 "친구 따라 강남 간다"라는 속담을 빌려 설명할 수 있다. 내가 무엇을 좋아하고 하고 싶은지에 대한 고민이 없는 상태에서 갑자기 여가가 늘어나면, 유행하는 여가를 그냥 따라 하게 되는 경향이 높다. 자신만의 여가 정체성이 정립되지 않은 경우, 여러 사람이 즐기는 여가가 좋은 여가라 믿게 된다. 자신의 취향과는 무관하게 참여하는 경우, 재미를 느끼지 못하고 단시간 내에 활동을 포기하게 된다. 모방적 기능도 같은 맥락에서 작용하는데, 유명인이 하는 여가를 맹목적으로 따라 하는 행동에서 나타날 수 있는 여러 가지 부작용이 나타날 수 있음을 강조한다.

여가 소비에 대한 인식이나 기술이 없는 상태에서는 금전적 여가 소비 성향을 나타낸다. 비싼 것이 좋은 것이라는 생각, 자신의 즐거움을 위해서라면 불법적이고 퇴폐적 여가라 하더라도 비싼 비용을 지불해가며 즐기려는 경향을 향락화, 소비적 여가 기능으로 설명할 수 있다. 이는 잘못된 여가 인식으로 사회 건전성 및 자신을 훼손할 수 있어 경계가 필요하다.

무감각화 기능은 여가를 지나치게 소극적으로 보내면서 무기력이 학습되는 경우에 해당한다. 무기력이 학습되면 새로운 것에 대한 욕구가 저하되고, 어떠한 상황에서도 자신의 능력을 발휘하지 않으려는 성향이 강해진다.

여가의 긍정적·부정적 기능에 대해 충분히 인지하고, 내가 좋아하는 것, 잘하는 것, 하고 싶은 것 등을 명확히 정리하여 필요한 준비와 실천을 체계적으로 하는 것이 여가 교육이며, 바람직한 나만의 여가 활동을 갖게 되는 첫걸음이라 하겠다.

5 여가와 스포츠

1) 스포츠로 여가를 교육한다

우리는 초·중·고등학교에서 꾸준히 체육을 공부하고 있다. 체육을 통해 우리가 배운 것은 무엇일까? 현재 학교에 다니고 있는 학생들에게 꼭 하고 싶은 질문이다. 많은 학생이 "운동을 잘하기 위해서요"라고 대답하지 않았으면 좋겠다. '건강하게 살고 싶어서', '키가 크고 싶어서', '친구를 사귀고 싶어서', '참을성을 기르고 싶어서', '친구들과 함께 목표를 이루는 방법을 공부하고 싶어서' 등 체육 수업을 통해 다양한 생각과 경험이 학습되기를 간절히 소망한다.

만약 모든 학생이 운동을 잘하도록, 즉 운동기술을 향상시키는 데 수업의 목적이 있다면 운동에 소질이 없는 학생들은 체육 수업이 필요 없어질 수도 있다. 학교에 다니는 목적이 지식을 학습하는 데만 있지 않은 것처럼 스포츠를 배워야 하는 이유는 스포츠를 통해 다양한 가치를 체험하고, 평생 살아가는 데 필요한 인성과 소양을 축적해나갈 수 있기 때문이다. 국가에서 마련한 체육과 교육과정에도 '신체활동 가치'를 학습하여 생활 기술로서 스포츠 참여 경험을 생활에 적용하여 풍요로운 삶을 살도록 하는 데 기여할 것을 목적으로 제시하고 있다.

여가 교육은 자신의 정체성을 기반에 두고, 자신에게 주어진 여가 자원들을 활용하여 바람직한 여가 활동에 참여하여 삶의 질 향상에 기여하고, 여가를 통해 자신의 발전 가능성 및 잠재력을 발견하거나 개발하도록 돕고, 다양한 여가 선용에 필요한 지식과 기술, 이해를 돕고자 하는 모든 형태의 교육을 의미한다. 스포츠는 참여하는 과정에서 재미와 즐거움을 느낄 수 있고, 100세 시대 건강한 삶에 대한 욕구를 충족시킬 수 있고, 여러 사람과 더불어 즐길 수 있고, 노력과 실패를 거듭하는 과정에서 위기를 극복하는 지혜를 터득할 수 있고, 전인적 발달을 도모할 수 있다는 측면에서 여가 교육의 콘텐츠로서 그 적절성을 갖는다.

또한 즐기는 스포츠를 통해 평생 교육의 기회를 열어준다. 신체활동 기능이 뛰어난지 아닌지는 중요하지 않다. 뛰고, 달리고, 친구들과 어울리는 과정에서 느끼는 즐거움, 숱의 성공과 실패를 통해 느끼는 성취감과 아쉬움, 멋진 플레이에 아낌없이 칭찬하고, 이겼지만 상대방의 패배를 함께 공감해주는 마음 등 살아가는 더 필요한 여러 가지 태도를 형성하는 것이 중요하다. 실제 스포츠 장면을 자세히 들여다보면 성공보다 실패 경험이 훨씬 많다. 유명한 타자들도 10번 중 3~4번밖에 안타를 치지 못한다. 6~7번의 실패를 통해 얻은 성취다. 이기는 법에만 집중하지 않아도 되는 이유이기도 하다. 실패를 도전의 에너지로 활용할 줄 아는 지혜가 스포츠 속에 담겨 있다.

스포츠 참여를 통한 즐거운 경험은 좋은 기억으로 자리 잡고, 이는 성인이 되어 자신의 여가를 주도적으로 활용할 때 첫 번째로 떠올리게 된다. 어린 시절 부모님과 함께 즐겼던 여가 활동을 성인이 되어서 선택할 가능성이 높다는 연구 결과도 이를 지지한다.

한편, 외동아이가 많은 요즘은 가족을 통해 자연스럽게 배우던 나눔과 배려, 양보 등의 가치를 학습하기 어렵다. 가정 교육에서 학교 교육으로의 책임이 확대되는 추세다. 스포츠 참여는 다양한 역할을 체험하는 데 매우 유용하다. 팀 스포츠는 각각의 역할에 충실함과 동시에 협업이 조화로움을 이룰 때 비로소 팀의 성과를 얻을 수 있다. 더불어 팀원 중 누군가가 한 발짝 나아가 격려하고 응원해줄 때 팀과 팀 전체 구성원에게 긍정적인 에너지가 퍼지게 되어 팀 전체에 좋은 결과가 생산될 수 있다. 공유된다는 것은 팀 전체 학습자에게 굉장히 좋은 영향력을 발휘한다. 지금까지 이야기한 배려와 공유, 나눔과 양보 등의 선한 영향력을 잘 활용하고 전달할 수 있도록 프로그램을 구성하는 노력이 필요하다.

스포츠가 여가 교육 콘텐츠로서 가치를 갖는 이유는 명료하다. 건강하게 오래 살아야 하고, 사람들 간의 소통이나 상호작용 기회가 미래사회로 갈수록 줄어들게 되면서 관계를 통해 배우고 익혀야 할 것들 또한 함께 줄어들기 때문이다. 스포츠를 통해 건강과 관계 두 가지 측면을 모두 얻을 수 있다. 건강과 관계에 대한 건전성이 확보되면 사회 전반의 건강이 자동으로 확보될 수 있기 때문이다. 앞으로도 스포츠는 복지 국가에 대해 건전성 확보 등의 측면에서 고려하여 꾸준히 개발하고 확장시켜야 한다.

2) 여가 사회의 스포츠, 무엇을 배우고 가르칠 것인가?

스포츠 전공자라면 한 번쯤은 고민해보아야 할 내용이 아닐까 한다. 해마다 신입생들에게 체육학과를 지원하게 된 이유를 물어보면, "운동을 잘하는데, 체육 선생님의 권유가 있어서"라는 응답이 절반을 차지한다. 질문을 바꾸어 "스포츠 전공자와 일반인의 차이는 무엇이라고 생각하는가?"라는 질문에는 쉽게 답하지 못한다.

생활체육 참여가 보편화되고, 나보다 축구, 농구, 배드민턴, 테니스를 잘 치는 사람들은 정말 많다. 운동을 잘한다는 것 외에도 전공자로서 갖추어야 할 전문성과 남다름이 무엇인지 고민해야 하는 이유다. 필자는 그 해답을 스포츠의 가치 발굴에서 찾고자 한다. 스포츠를 통해 충분히 공감하고 있지만, 그것이 무엇인지 구체화하지 못해 모호한 것들을 이해하기 쉬운 방식으로 정리하고 보급해야 한다. 수많은 가치가 있겠지만 몇 가지만 다루어보고자 한다.

첫째, 스포츠맨십이다. 스포츠맨십은 경기에서 이기고 지는 것에만 목적을 두는 것이 아니라 스포츠가 본질적으로 가지고 있는 가치를 몸으로 체득하고 어떤 상황에서라도 실천할 수 있는 역량을 의미한다. 승리보다 더 큰 가치가 있다면 그 선택이 나의 패배 혹은 팀에 패배로 돌아올지라도 실천할 수 있어야 한다. 올림픽이나 국제 대회에서 승리보다 스포츠의 가치를 몸소 보여준 선수들에게 미담이 쏟아지는 것도 진정 스포츠의 본질이 잘 지켜지고 충족된 것에 대한 반응이라 생각된다.

둘째, 방향성이다. 왜 스포츠에 참여하는가를 질문해야 한다. 스포츠 참여가 승리하기 위함인지, 건강을 도모하기 위함인지, 정정당당히 대결하고 과정과 결과를 온전히 즐기기 위함인지에 따라 스포츠에 대한 인식과 태도가 달라질 것이고, 이는 스포츠 참여 문화를 개선하는 데도 긍정적으로 작용할 것으로 생각된다. 승리를 위해 규칙을 어기고, 편법도 마다하지 않는 스포츠 문화가 근절되기를 기대한다.

셋째, 노력의 가치다. 《그릿(GRIT)》에서는 노력은 재능과 기술을 넘어 성취를 이루는 데 꼭 필요한 조건임을 강조하고 있다. 스포츠에는 힘듦을 재미로 바꾸어내는 재주가 있다. 더 나은 기술을 구사하고, 남들보다 뛰어난 실력을 갖추기 위해서는 힘든 과정을 겪어야 하지만, 힘듦을 즐거움으로 극복하려 했던 노력이 성취로 이어진다.

넷째, 실패의 가치다. 우리는 흔히 한국 축구의 문제점을 골 결정적 부족에 있다고 이야기한다. A매치 경기가 있는 날이면, 축구를 좋아하는 사람들은 득점 실패에 안타까워한다. 밥 먹고 공만 차는 데 골을 못 넣는다며 소리친다. 90분 동안 수많은 슈팅 실패를 통해 1~2골 정도 성공한다. 스포츠에는 무한한 실패가 존재하지만, 실패에 집중하지 않는다. 수많은 실패를 통해 얻은 성공에 더 큰 박수를 보낸다. 실패를 끝이 아닌 재도전의 에너지로 거듭나게 하는 능력이 스포츠에 담겨 있다. 예를 들어 타깃형 스포츠는 생각보다 쉽게 성공감을 선사한다. 골프에서 1m 거리의 퍼팅은 아무리 운동 신경이 없는 사람도 쉽게 성공할 수 있다.

이렇듯 스포츠 전공자는 이러한 가치들에 주목하고, 더 많은 사람이 스포츠의 다양한 가치를 체험하는 과정에서 행복을 경험할 수 있도록 해야 할 것이다. 급변하는 사회 속에 새롭게 우리 삶의 힘이 되어줄 새로운 가치들이 쏟아지기를 기대해본다.

3) 여가 활동! 재미를 넘어 힐링과 치료의 영역으로

카터, 반 안델, 로브(Carter & Van Andel & Robb)는 치료레크리에이션의 모델을 만들고 이론화하는 데 많은 기여를 한 학자들이다. "개인의 행동과 발달을 목표로 신체적·감정적·사회적 행위를 변화시킨다"라는 것은 대부분 학자가 공통으로 주장하는 이야기다. 쉽게 말하면, 개인이 성장하고 발달하는 데는 신체적 능력도 필요할 것이고, 정서적인 측면도 필요하며, 사회적 행동 능력도 필요하게 된다. 이러한 능력들이 결여 또는 결핍되어 있는 문제들은 레크리에이션 활동을 통해 원상복귀시키거나 회복시키는 방향으로 개선할 수 있으며, 이것이 치료레크리에이션이 필요한 이유다.

치료레크리에이션의 개념 도입 초기에는 게임이나 놀이에 기반을 두고 무엇인가 신체적이고 정서적인 측면에 즐거움을 주고 기쁨을 통해 안정감을 느끼는 데 중점을 두었다면, 학자들을 통해 점차 치료레크리에이션의 여러 가지 효과성, 기법들, 이론적 틀이 계발되어감에 따라 신체적·감정적 행위를 변화시키기 위해 특별한 목적을 가지고 행해지는 전문화된 레크리에이션의 한 분야로까지 발전하게 되었다. 지금까지 여러 학자의 의견, 주장을 종합해보면 첫째, 현재 치료레크리에이션의 개념은 행동 변화를 추구하기 위해 여가와 레크리에이션을 그 수단으로 사용한다. 클라이언트의 태도 및 행동 변화를 이끌어내는 과정에서 여가 및 레크리에이션 활동에서 다루어지는 내용이나 방법 등이 활용된다는 것이 그 공통점이다. 둘째, 클라이언트의 개인적인 성장과 향상이 수반되어야 한다는 목표를 가지고 있다. 결론적으로 치료레크리에이션을 정리해보면 질환이나 장애가 있는 사람들의 기능 촉진과 건강향상을 이야기한다. 여기서 '기능 촉진'이라는 것은 가지고 있는 잠재적 능력이나 체화된 여러 가지 기능을 다시 활성화시켜주는 내용을 설명하는 단어다. 이런 것들이 전문가에 의해 그 목적을 해결하고 레크리에이션 경험을 부여하는 것을 '치료레크리에이션'이라 한다.

'레크리에이션'이라는 개념도 굉장히 목적 지향적이지만, 치료레크리에이션은 훨씬 더 구체적인 목표를 해결하기 위해 좀 더 전문성이 있는 사람들이 구체적인 목표를 해결하기 위한 여러 가지 레크리에이션 활동을 구성해서 목적을 해결해나가는 것으로 이해하면 될 것이다. 그래서 치료레크리에이션은 학문적 측면에서 보면 여가학의 한 분야로 미국에서는 오래전부터 자리매김해왔고 현재까지 꾸준히 발달해왔다. 이를 더 큰 틀에서 보면 인간의 건강과 행동, 운동 수행 능력을 개선하는 영역의 학문 안에서 전부 치료레크리에이션을 다루고 있다.

우리나라에서도 치료레크리에이션 지도자가 양성되고 있지만 민간 자격제도에 의존하고 있고, 현장에서 임상적 치료 행위의 범위와 지위에 대한 법적 근거가 미약하여 그 활동이 미미한 상태다.

레저 스포츠는 치료레크리에이션 분야뿐만 아니라 다양한 분야로 그 활용 가치가 확대되고 있다. 산림청이 주관하는 자격제도 중 '산림치유 지도사' 양성 과정 내에는 산림치유 레크리에이션, 산림 레포츠 등의 교과목을 개설하여 산림 환경에서의 레크리에이션 및 스포츠 활동을 통한 힐링 및 치유 효과에 주목하고 있으며, 해양 환경에서의 다양한 걷기 운동이 뇌졸중 환자의 걷기 능력을 향상시키는 등 레저 재활에 대한 관심도 높아지고 있다. 2019년에는 산림레포츠 지도자 자격 과정이 신설되어 산림 환경을 이용한 산악스키, 산악승마, 산악자전거, 오리엔티어링, 행글라이딩 또는 패러글라이딩, 암벽 등반, 로프 체험 시설 종목의 지도자를 양성한다. 해당 종목의 스포츠지도자 자격을 소지한 사람으로 참여 대상을 제한하고 있어 스포츠 전공자들의 취업 기회가 확대될 것으로 기대하고 있다.

국가 공인 자격 분야	
스포츠지도사 (문화체육관광부)	• 영 제9조의 6에서 정하는 자격 종목에 대하여 선수들의 운동경기 활동이나 생활체육을 지도하는 역할 • 전문체육과 생활체육 분야로 구분하고, 1급과 2급에 따라 지원 자격에 차이를 두고 있음 • 지도 대상에 따라 유아스포츠지도사, 노인스포츠지도사 등의 자격을 추가 취득할 수 있음 • 종목별 스포츠센터나 공공스포츠 기관에 종사할 경우 유용 • 자격증 취득 정보는 '문화체육관광부' 홈페이지에서 찾아볼 수 있음
산림레포츠지도사 (산림청)	• 2020년 신설된 자격으로 생활스포츠지도사, 전문스포츠지도사 등 '국민체육진흥법'에 따른 체육지도자 자격을 가지고 있는 사람만 지원이 가능하도록 제한 • 산악승마, 산악자전거, 산악스키, 오리엔티어링, 스포츠클라이밍, 로프 체험 등의 종목이 해당되며, 지원 자격을 충족한 사람만이 산림레포츠지도사 교육기관에서 일정 교육을 이수하고 시험에 합격하면 최종 자격을 취득할 수 있음 • 산림레포츠 활동에서 발생할 수 있는 안전사고를 예방하고 올바른 산림레포츠 활동을 지도하는 업무 수행 • 자격증 취득 정보는 '산림청' 홈페이지에서 찾아볼 수 있음
민간 공인 자격 분야	
레크리에이션지도자 (한국레크리에이션센터)	• 레크리에이션지도자는 국가공인자격증은 아니지만, 한국레크리에이션센터에서 주관하는 레크리에이션 자격증과 YMCA나 레크리에이션 관련 사단법인(협회)에서 발급해주는 1급, 2급 레크리에이션지도자 민간자격증이 이에 해당함 • 레크리에이션지도자 민간자격증은 취업에 필수는 아니지만 도움이 되며, 민간자격증 발급 기관별로 해당 기관 및 협회 또는 각 협회가 인증한 교육원에서 교육연수를 이수하여야 자격이 부여됨 • 자격증 취득 정보는 '커리어넷' 홈페이지에서 찾아볼 수 있음

한국뉴스포츠지도자 (뉴스포츠협회)	• 언제, 어디서, 누구나, 쉽고 안전하게 즐길 수 있는 체험형 뉴스포츠 활성을 위하여 실기실습 및 지도법 등의 교육과정을 통해 뉴스포츠 전문지도자의 양성을 목적으로 함 • 연수시간: 과정 1급(총 50시간), 2급(총 30시간) • 자격증 취득 정보는 '한국뉴스포츠협회' 홈페이지에서 찾아볼 수 있음
여가·레크리에이션 활용 분야	
산림치유지도사 (산림청)	• 산림치유지도사는 치유의 숲, 자연휴양림 등 산림을 활용한 대상별 맞춤형 산림치유 프로그램을 기획·개발하여 산림치유 활동을 효율적으로 할 수 있도록 지원하는 국가자격의 전문가임 • 산림치유지도사 자격증은 산림청장이 발급하는 국가자격증으로 자격 기준에 따라 1급과 2급으로 구분됨 • 자격증 취득 정보는 '산림청' 홈페이지에서 찾아볼 수 있음
청소년지도사 (한국청소년활동진흥원)	• 급격한 사회변화에 따라 심각해지고 있는 청소년문제를 적극적으로 해결하고 체계적인 청소년활동을 위해 청소년지도사의 체계적이고 전문적인 양성을 목적으로 1993년부터 국가 공인 청소년지도사를 양성해오고 있음 • 청소년지도사 자격을 취득하기 위해서는 전문학사(3급), 학사(2급) 이상의 학력이 요구되며 자격검정시험(필기+면접시험)에 응시하여 합격 후 소정의 자격연수를 마쳐야 발급받을 수 있음 • 자격증 취득 정보는 '큐넷' 홈페이지에서 찾아볼 수 있음

특히, 민간 자격 분야에서는 기존 자격에 사회적 요구를 반영하여 역량을 확대할 수 있는 자격 분야가 다양하게 확대되고 있다. 레크리에이션지도자에서 웃음치료사, 치료레크리에이션지도사, 노인여가건강관리사, 뉴스포츠지도사 등 다양성과 전문성 등을 강화하는 자격이 새롭게 만들어지고 이를 바탕으로 프로그램이 개발·운영되는 사례가 증가하고 있다.

여가 활용에 대한 필요성 확대 및 건강한 삶에 대한 관심은 앞으로도 계속 증가할 것이다. 여가 향유를 통해 얻을 수 있는 새로운 가치와 이익을 지속적으로 발굴하고 이를 전달하고자 하는 노력을 통해 스포츠의 기능이 무한대로 성장하길 기대해본다. 이는 스포츠를 전공하는 우리 모두의 몫일 것이다.

참고문헌

고동우(2007). 《여가학의 이해》. 세림출판.

노용구(2002). 《치료레크리에이션》. 대경북스.

문화체육관광부(2019). 〈국민여가활동조사보고서〉

박세혁(2010). 《디지털시대의 여가 및 레크리에이션》. 가림출판사.

삼성경제연구소(2007). 《행복한 한국인의 7가지 조건》. 한국종합사회조사(KGSS).

이문진·황선환(2014). 여가시간이 증가하면 행복은?: 이스털린 역설의 여가학 적용. 《한국여가레크리에이션학회지》 38(2), 29-38.

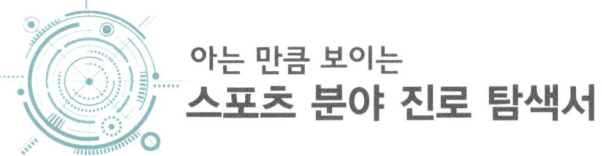

아는 만큼 보이는
스포츠 분야 진로 탐색서

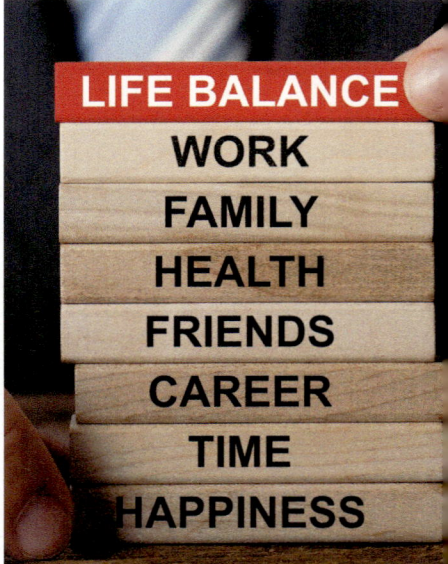

Chapter 2

스포츠로 세상 이해하기

스포츠사회학

국민대학교 체육대학 스포츠산업레저학과 • 조욱연

스포츠사회학이란 어떤 학문일까? 스포츠사회학을 이해하기 위해서는 먼저 스포츠의 의미를 파악해볼 필요가 있다. 현대사회에서 스포츠는 단순한 신체활동이라는 의미뿐만 아니라 복잡하고 다양한 사회적인 가치와 의미를 포함한 활동으로 인식되고 있다. 즉, 단순히 뛰고 즐기는 스포츠에서 발전하여 정치, 경제, 문화 등 사회의 다양한 영역 및 현상들과 깊은 관련성을 맺고 있다.

사회학자 조지 세이지(George Sage, 1986)는 "미국 사회에서 스포츠는 무시할 수 없을 정도로 아주 중요한 부분으로 인정받고 있으며, 시민에게 없어서는 안 될 매우 중요한 활동"이라고 강조했다. 이는 우리가 살아가는 사회 속에서 스포츠는 더 이상 건강 및 재미 추구의 차원을 넘어 여러 사회적인 분야와 상호작용하면서 중요한 하나의 사회현상으로 인정받고 있다는 의미다.

스포츠사회학은 스포츠와 관련해서 일어나는 인간 행동의 유형 및 변화 과정을 스포츠라는 특수한 사회 구조의 측면에서 설명하려는 학문으로 '스포츠'와 '사회학'이 결합한 영역이다. 쉽게 말해서 스포츠를 사회학적 시각으로 이해하려는 학문이다. 그러면 무엇이 사회학적일까? 여러 가지 의견이 있을 수 있겠지만, 사회학의 가장 큰 무기는 상상력, 즉 새로운 시선으로 세상을 바라보는 것이다. 사회학적 상상력은 기존에 존재하는 익숙한 현상을 새로운 시각으로 다시 분석하여 그 본질을 재정립하는 것을 의미한다. 따라서 스포츠사회학은 스포츠를 단순히 운동의 영역으로만 이해하는 것이 아니라 사회현상 속에서 나타나는 복잡한 현상으로 바라본다. 우리가 흔히 보는 스포츠의 겉면만이 아닌 진정한 내면적인 모습을 규명하는 것이 스포츠사회학이 추구하는 길이라 할 수 있다.

스포츠사회학 영역을 구분하는 기준은 여러 가지가 있겠지만, 이 책에서는 독자들이 쉽게 이해할 수 있도록 다음과 같이 구분했다.

- **스포츠와 정치**
- **스포츠와 경제**
- **스포츠와 교육**
- **스포츠와 미디어**
- **스포츠와 사회계층**

- **스포츠와 젠더**
- **스포츠와 일탈행동**
- **스포츠와 집합행동**
- **스포츠와 세계화**
- **스포츠와 미래사회**

1 스포츠사회학 살펴보기

1) 스포츠와 정치

　스포츠와 정치는 어떠한 관계를 맺고 있는가? 일반적으로 생각하기에는 상호관련성이 부족해 보이지만, 실제로 스포츠는 정치와 밀접한 관련성을 가지고 있다. 스포츠가 단순히 개인의 신체활동에만 초점을 둔다면 정치와 관련되기 어렵지만, 정치와의 결합을 통해 상호보완적인 역할을 수행하고 있다. 이러한 스포츠와 정치와의 관계는 긍정적인 측면과 부정적인 측면을 모두 내포하고 있다. 스포츠는 정치와 결합을 통해 성장하기도 하지만, 정치적인 이용이나 간섭으로 인해 순수성과 독립성에 문제가 발생하기도 한다.

　스포츠는 대중의 인기를 바탕으로 정치적으로 활용되기 쉽다. 이러한 대중성으로 인해 효과적인 정치 수단으로 이용되기도 한다. 올림픽이나 월드컵 같은 국제 스포츠 이벤트는 스포츠의 순수성과 페어플레이를 지향함에도 정치의 장이나 선전도구로 활용되기도 한다. 정치는 스포츠를 통해 대중에게 원하는 바를 전달하기 위해 개입한다. 또한 오늘날의 스포츠는 단순히 대중에 대한 선전 수단을 넘어 민족이나 국가의 우수성이 표출하는 수단으로 활용되기도 한다.

　올림픽, 월드컵 등 전 세계인이 함께 참여하는 스포츠 경기에서 우리나라 선수들이 우수한 성적을 거두면서 대한민국의 위상이 높아지는 효과를 기대할 수 있다. 이와 같이 스포츠는 국위선양의 효과를 지닌다. 또한 남과 북이 분단되어 있는 한반도의 가슴 아픈 역사적 배경에도 불구하고 남북 스포츠 친선 교류전, 국제 스포츠 경기에서의 남북한 단일팀 구성 및 공동입장 등 스포츠는 평화적 분위기를 조성하고 국제적 관심을 유발하기도 한다.

　스포츠와 정치의 관계는 국제사회에서도 여전히 유효하다. 국가 간 친선 도모, 관계 승인을 위한 외교적 기능과 국가 간 정치, 경제적 피해를 최소화하기 위한 외교적 항의, 국력 및 국가 우월성 과시, 이데올로기 및 체제 선전의 수단으로 활용되기도 한다. 또한 국제 이해 및 평화를 증진하기 위한 기능을 하는 반면 갈등 및 전쟁을 유발할 위험성을 내포하고 있다.

> **스포츠사회학 분야 재미난 연구!!!**
>
> 〈롯데 자이언츠의 (부산지방) 정치학적 함의(황영주, 2013)〉
> 롯데 자이언츠를 둘러싸고 발생하는 다양한 현상을 정치학적으로 분석

읽을거리

■ 핑퐁 외교

핑퐁 외교는 1971년 미국 탁구선수단이 중국을 방문하면서 20년 이상 막혔던 교류를 재개시킨 활동을 말한다. 이 일을 기점으로 1971년 7월 헨리 키신저 미국 국가안보담당 보좌관이 극비리에 중국을 방문했으며, 1972년 2월에는 리처드 닉슨 미국 대통령이 중국을 방문하게 된다. 결과적으로 이 두 차례의 핑퐁 외교로 인해 미국과 중국 양국이 외교 성명(상하이 코뮈니케)을 발표하게 된다.

■ 전두환 3S 정책

3S 정책은 대한민국에서 12·12 군사 반란, 5·17 쿠데타, 5·18 광주 민주화 운동 무력 진압을 거쳐 집권한 제5공화국 정부가 국민의 관심을 Sports, Sex, Screen 쪽으로 돌려서 반정부적인 움직임이나 정치·사회적 이슈 제기를 무력화시킬 목적으로 시행한 여러 우민화 정책들을 묶어 이르는 표현이다.

■ 축구와 전쟁 그리고 평화

[축구전쟁]

1969년에 개최된 1970년 FIFA 월드컵 북아메리카 지역 예선에서 엘살바도르와 온두라스 경기 중 발생한 시비가 전쟁의 기폭제가 된 사건을 말한다. 이런 이유로 해당 전쟁을 '축구전쟁'이라고 부른다.

> **[코트디부아르 내전을 멈추게 한 축구선수]**
> 드록바가 축구선수로 명성을 날리던 시절, 그의 조국인 코트디부아르는 내전에 의해 폐허가 되었고, 그는 이런 현실을 안타까워했다. 당시 내전이 지속되던 중인 2006년, 독일 월드컵이 개최되었고 드록바는 혼신의 힘을 다해 국가대표팀을 승리로 이끌었다. 드록바는 아프리카 전역으로 생중계되는 기자회견에서 무릎을 꿇고 "전쟁을 멈춰 달라"고 진심 어린 호소를 했다. 그의 진심 어린 호소에 정부군과 반군들마저 감동했고 일주일 동안 전쟁을 멈췄다. 이후 2007년 정부군과 반군은 극적으로 평화협정을 체결하게 되었다. 드록바의 노력과 간절함 그리고 스포츠가 긍정적으로 상호작용하여 수년간 지속되었던 코트디부아르의 내전이 끝나게 된 것이다.

2) 스포츠와 경제

현대사회에서 스포츠는 상업주의로 인해 많은 부분이 변화했다. 자본 유입의 개념에서 스포츠의 상업화 과정은 산업화, 도시화, 교통 및 정보통신의 발달 같은 사회적 요소와 함께 성장했으며, 이로 인해 스포츠는 발전을 거듭했다. 스포츠의 발전은 단지 상업스포츠라는 결과로 끝난 것이 아니다. 증가한 스포츠의 영향력은 스포츠용품, 시설, 브랜드 커뮤니케이션 등 다양한 사회경제적 측면에서 효과를 유발했다. 프로 및 대중이 참여하는 스포츠를 통해 이윤추구를 기대할 수 있게 되면서 다양한 영역의 이해관계자들이 역할을 공고히 하고 있다. 스포츠와 경제 관계를 중심으로 상업주의 속에서 변화하는 스포츠의 모습과 상업화된 스포츠의 역할을 이해하는 것이 필요하다.

스포츠의 상업화가 가속되면서 스포츠 산업과 관계한 부분은 크게 용품, 시설, 브랜드 커뮤니케이션 등으로 구분할 수 있다. 첫째, 삶의 질 향상, 여가의 증대 등 현대사회에서 스포츠를 향유의 대상으로 인식하면서 스포츠 참여를 위한 기구, 의류 등 스포츠용품을 제조하거나 유통하기 위한 산업으로 발전했다. 자신이 응원하는 스포츠팀, 구단이나 선수를 상징하는 용품이 소비자의 소비욕구를 충족시키면서 컵, 모자, 인형 등 관련 용품 사업이 등장했으며, 이와 같은 라이선싱(Licensing) 사업을 통해 상표 등록한 재산권을 직접 사용하거나 사용할 수 있는 권리, 권한을 판매하여 팀, 구단 같은 스포츠 조직 운영을 위한 수입원으로 자리매김하고 있다.

둘째, 스포츠 경기 참여 및 관람을 위한 경기장 건설 등 시설은 스포츠 상업화와 함께 비약적 발전을 함께한다. 이는 경기장 자체의 건설에 국한된 것이 아니다. 올림픽이나 월드컵 등과 같은 국가 단위 스포츠 메가 이벤트 개최를 위해서는 국제 규격에 맞는 경기장 및 시설을 갖추어야 하므로 막대한 자본이 투입되며, 교량, 도로, 항만 등과 같은 사회간접자본(SOC) 시설을 포함한 대규모 건설 사업에 경제적 효과 유발뿐 아니라 새로운 건축기술 도입, 건축기술 향상에도 긍정적 영향을 미친다.

셋째, 판매촉진, 수익 추구를 위한 광고, 홍보를 기업의 커뮤니케이션 활동이라고 했을 때, 스포츠는 기업과 대중의 소통을 원활하게 만드는 효과를 기대할 수 있다. 이 외에도 스포츠 활동, 리조트 등 스포츠 이벤트 참가를 관광과 연계하여 관광산업, 지역경제 활성화 같은 경제적 효과를 기대할 수 있다.

스포츠사회학 분야 재미난 연구!!!

〈2002 월드컵이 지역경제에 미치는 효과 분석(임재영·조광익, 2002)〉
2002 한일월드컵이 지역경제에 미치는 경제적 영향을 계량적으로 분석

📖 읽을거리

■ **스포츠용품, 기념품의 판매량**

스포츠용품과 기념품 제조의 대표적인 기업 '나이키'의 판매량은 지속적으로 증가하는 추세임을 아래 그래프를 통해 확인할 수 있다. 실제로 생활스포츠 참여의 증가, 프로스포츠의 인기 증가, 건강에 대한 관심 증가 등의 추세로 나이키뿐만 아니라 아디다스, 언더아머, 휠라 등 스포츠용품 및 기념품 제조기업의 총매출은 전반적으로 늘어나고 있다.

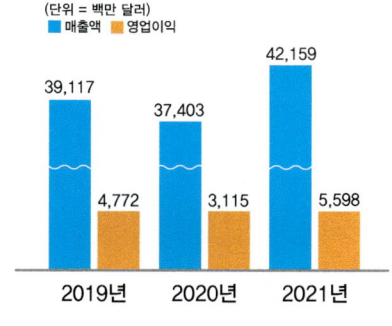

그림 2-1 나이키 실적 전망
출처: 하나금융투자

■ **프로스포츠 구단의 경제적 가치**

북미 프로스포츠 조직을 보았을 때 유명 리그 NFL, NBA, NHL, MLB 등의 팀 소유주는 주로 거대 기업이며, 수천만 달러에서 수억만 달러로 추정되는 자산을 보유하고 있다. 프로스포츠 구단을 운영하면서 기업은 많은 직접 수익을 창출했을 뿐 아니라 방송사와 다른 기업 스폰서로부터 추가적인 지원을 받는다. 그리고 스포츠팀 소유를 통해 재정적인 성공을 지속해서 보장받는 등 프로스포츠 구단으로부터 파생되는 경제적 가치는 매우 크다. 스페인, 영국, 이탈리아 등 유럽은 프로축구, 미국은 프로야구(MLB)와 프로농구(NBA)를 각각 앞세워 해외 팬들을 적극적으로 유인하고 있다. 그 중 스페인의 유명 프로구단인 FC바르셀로나의 홈구장 캄프누 박물관은 2015년 기준 약 180만 명이 방문했고, 이 수치는 바르셀로나시의 유명 관광지 중 세 번째로 높다. 그리고 레알마드리드 홈구장인 산티아고 베르나우베우도 세계 3대 미술관인 프라도 미술관, 스페인 왕궁과 함께 마드리드 3대 관광지로 소개되고 있다. 또한 FC바르셀로나와 레알마드리드는 1990년대에 투어 프로그램을 만들었으며, 현재 12개 언어 서비스를 제공하여 세계 각국의 관광객 유치에 힘을 쏟고 있다.

3) 스포츠와 교육

학교 교육에서 체육은 긍정적인 신체적·정신적·사회적 경험을 제공하는 중요한 과목으로 인식되어왔다. 이는 학교체육이 학생들의 건강과 체력을 향상하는 데 기여할 뿐만 아니라 인지적·정의적·감성적 측면에서도 긍정적인 역할을 하고 있기 때문이다. 학교체육은 학생들이 건강한 삶을 통해 행복감을 느끼고 평생 건강의 토대를 마련하는 데 중점을 두고 있다.

과거 학생 운동 선수에 대한 정책은 정부의 엘리트 스포츠 정책에 기반을 두고 있었지만, 최근 학생선수의 학습 능력 저하 및 수업결손 등의 문제가 제기되었다. 이러한 문제를 해결하기 위해 교육부는 학생선수의 학습권 보호를 위해 최저학력제 제도를 실행하고 있으며, 학생선수의 학업 성적이 기준을 충족하지 못할 경우 운동부 활동에 제한을 두고 있다.

또한 체육활동의 중요성이 부각되면서 일부 학교는 학교 차원에서 전인적 학생 양성을 위해 교사와 학생이 오전에 자율학습 대신 함께하는 0교시 체육활동을 적극적으로 시행하고 있다. 0교시 수업을 받은 학생들은 학기 초에 비해 학기 말의 읽기와 문장 이해력이 증가했고, 0교시 수업에 참가하지 않은 학생들보다 성적이 2배가량 높다는 연구 결과가 도출되기도 했다.

학원스포츠 분야에서 일어날 수 있는 문제로는 학생 운동 선수에 대한 폭력·성폭력 위험 노출을 들 수 있다. 일부 학교 운동부 지도자는 자신의 성공이나 위치를 확고히 하기 위해 학생 운동 선수들에게 폭력을 가하는 경우가 있다. 또한 학생 운동 선수에 대한 성폭력은 지도자가 자신의 지위와 권력 차이를 이용하여 성적 행위를 하도록 강요하기도 한다. 이러한 문제는 합숙 문화, 지도자의 출전 선발권 권한 같은 폐쇄적인 학원스포츠 문화와 관련이 깊으며, 오늘날 체육계가 해결해야 할 큰 문제라고 할 수 있다.

> **스포츠사회학 분야 재미난 연구!!!**
>
> 《다문화가정 학생들의 학교스포츠클럽 참여에 따른 학교생활적응경험(이근모·최동일, 2017)》
> 다문화가정 학생들의 학교스포츠클럽 참여가 가지는 사회학적 의미와 학교생활적응에 미치는 영향 분석

📖 읽을거리

■ 최저학력제

우리나라는 초등학교 3학년부터 고등학교 3학년까지의 학생선수에게 최저학력제를 적용하고 있다. 초·중학교는 국어, 영어, 수학, 사회, 과학 그리고 고등학교는 국어, 영어, 사회 과목에 적용한다.
최저학력 미달 학생선수에게는 기초학력 프로그램을 제공하여 중학교는 교과별로 12시간씩, 고등학교는 20시간씩 운영하여 총 60시간 이상 이수를 의무화했으며, 최저학력 기준을 충족해야만 전국 대회에 참가할 수 있게 하는 등 최저학력 기준 충족의 중요성과 필요성을 강조하고 있다.

■ 0교시 체육

1995년 UC 어바인 연구팀은 운동하면 뇌에서 학습에 주도적 역할을 하는 뇌세포가 자극받는다고 발표했다. 그리고 2007년 독일 학자들은 운동 후 어휘 습득 속도가 20% 빨라진다는 연구 결과를 발표했다. 매일 40분 이상의 신체활동을 하면 뇌가 자극을 받아 학습능력이 오르고 집중력과 창의력이 향상된다는 하버드대의 연구도 있다.
이런 연구 결과를 바탕으로 0교시 체육 수업을 진행한다면 격렬한 운동을 통해 학생들의 뇌를 활성화시킬 수 있고, 이후 진행되는 수업에서 학생들의 읽기 능력과 문장 이해력 등의 학습능력이 17% 향상될 것으로 예상할 수 있다.

■ 학생선수 폭력, 성폭력 문제

최근 트라이애슬론(철인3종경기) 국가대표였던 고(故) 최숙현 선수의 팀 내 가혹행위로 인한 극단적인 선택으로 인해 학생선수의 폭력 및 성폭력 문제에 대한 관심이 증가하고 있다. 그동안 학교체육의 비약적인 발전에도 불구하고 학생선수의 인권 문제는 여전히 많은 문제를 노출하고 있다. 이와 같은 문제들의 재발 방지를 위해 교육부는 폭력 피해를 신고할 수 있는 온라인 신고센터를 운영하기로 했으며, 전국 초·중·고 학교에 재학 중인 학생선수를 대상으로 폭력 피해 전수조사를 실시하겠다고 발표했다.

4) 스포츠와 미디어

현대사회는 미디어 중심 사회라는 말을 쉽게 접할 수 있다. 그만큼 현대인의 삶과 미디어는 밀접한 관계를 맺고 있다. 과거에는 전통적인 개념으로 미디어를 신문, TV 같은 인쇄매체, 영상매체 등으로 분류할 수 있었지만, 오늘날에는 인터넷, 스마트폰의 등장으로 우리의 일상생활은 매우 빠른 속도로 변화하고 있다. 이와 같은 미디어의 영향력 범위에 스포츠 또한 예외일 수 없다.

스포츠는 미디어와 밀접한 관계를 맺으며 상호 영향을 주고받는다. 미디어는 스포츠의 인기가 더욱 높아지도록 상품화시키는 한편, 스포츠는 미디어 보급과 기술발전에 기여하는 매력적인 콘텐츠로 자리매김하고 있다. 스포츠와 미디어 관계를 중심으로 스포츠와 미디어 결합의 특성에 대해 살펴보고, 스포츠와 미디어의 관계와 발전지향적인 미래에 대해 알아가는 것은 매우 의미 있는 일이다.

미디어는 중간, 매체, 도구, 수단 등의 뜻으로 정보 같은 어떠한 것을 전달하는 물체 또는 수단을 의미한다. 일반적으로 정보를 제공(송신)하고 습득(수신)하는 전달과정을 의미하며, 불특정 다수의 대중을 대상으로 하는 것을 '대중매체(Mass media)'라고 한다. 스포츠의 가치, 정서, 지식 등은 미디어를 통해 전달된다. 우리는 스포츠미디어를 통해 스포츠를 경험하고 관련 지식, 정보를 접할 수 있다.

이와 같은 스포츠미디어의 기능은 정보, 통합, 정의, 도피 등 4가지 기능으로 구분된다. 첫째, 스포츠와 관련하여 선수에 대한 소개 및 경기내용, 결과는 물론 규칙 등의 정보를 제공한다. 둘째, 대중은 스포츠미디어를 통해 함께 공유할 수 있는 문화를 소비하고 이것은 사회집단을 통합하는 기능이 있다. 셋째, 스포츠미디어를 통해 경험하는 즐거움, 흥미, 관심 등의 감정은 대중 집단을 정의한다. 넷째, 평소 일상생활에서 접하기 어려운 새로운 경험을 스포츠미디어를 통해 실현할 수 있으며, 대리만족을 통해 불안, 좌절, 스트레스 등의 해소를 기대할 수 있다.

발전적인 관계 형성으로 스포츠와 미디어의 결합 그리고 스포츠 상업화의 가속은 스포츠 경기 규칙, 용품, 일정을 변화시켰으며, 스포츠 중계 기술 발달 및 확산을 통한 많은 부분에서 변화를 주도했다.

> **스포츠사회학 분야 재미난 연구!!!**
>
> 《텔레비전 맥주광고에서 재현되는 스포츠-젠더 담론 분석(이정우, 2010)》
> 하이트 맥주의 광고 사례를 중심으로 나타나는 남성 위주의 문화 탐색

📖 읽을거리

스포츠 분야에서는 미디어와의 상호작용을 통해 여러 가지 변화가 발생했는데, 스포츠 규칙, 용구, 일정 변경 등에 대해 간단히 살펴보겠다.

■ 스포츠 규칙, 용구, 일정 변경

[스포츠 규칙 변경]

더 많은 경제적 이익을 위해 다양한 변화 요구

권투	15라운드 → 12라운드(시간 단축)
테니스	서브 준비시간 단축, 타이브레이크 도입
농구	프로 공격 제한 시간 24초
야구	야구공 반발력 향상, 지명대타제 도입
배구	랠리포인트제도, 리베로 기용

[스포츠 용구 변경]

시청자의 경기적 재미를 위해 용구의 색을 눈에 잘 띄게 변경

유도	유도 도복색 변경
테니스	테니스공의 색깔을 연두색에서 노란색으로 변경, 컬러 유니폼 착용
태권도	컬러 도복 공인 및 보호장비의 컬러화
탁구	탁구공의 색을 흰색에서 주황색으로 변경
배구	배구공의 컬러화(3원색)

[스포츠 일정 변경]

시청률이 광고료 수입에 직접적인 영향을 미치기 때문에 시청률이 잘 나오는 시간대에 경기를 진행하고자 스포츠 일정 변경

■ 스포츠미디어 발전사

우리나라에서는 이미 1890년대부터 미디어를 통해 스포츠를 보도하기 시작했다. 당시 독립신문에서 계

몽운동의 일환으로 체육 관련 기사를 실은 것이 시작이었다. 우리나라에서 미디어를 통해 최초로 중계된 스포츠 프로그램은 라디오 방송을 통한 1927년 9월 '전조선 야구 선수권 쟁탈전' 중계다. 이렇게 미디어와 스포츠의 상호작용이 본격적으로 시작되었다. 그리고 우리나라에서 TV 프로그램의 편성에 있어서 스포츠가 중요한 콘텐츠로 인식되기 시작한 것은 1982년 프로야구 출범 이후 본격적인 프로스포츠가 시작되면서부터라고 할 수 있다. 이 시기부터 미디어는 지속해서 발전했고, 스포츠와 미디어가 밀접하게 결합하면서 스포츠의 규모는 더 커지게 되었다. 현재는 인터넷뿐 아니라 모바일 분야에서도 스포츠 중계방송이 실시간으로 서비스될 정도로 발전했다.

5) 스포츠와 사회계층

스포츠는 평등성을 바탕으로 공평한 참여 기회를 제공하며, 스포츠를 통해 개인은 물론 조직, 단체 사이 사회적인 상호작용을 추구한다. 하지만 사실 스포츠 참여 및 성취의 기회는 누구에게나 보장되는 것은 아니며, 사회문화적 배경에 따른 차이가 발생할 수 있다. 스포츠에서 나타나는 불평등이나 차별 현상은 사회 구조와 매우 유사한 특징을 발견할 수 있는데, 이는 스포츠가 사회제도의 일부분임을 설명한다. 스포츠에서 발생하는 사회 구성원들 사이 불균등한 분배의 구조화와 제도화를 이해하기 위해 스포츠 상황에서 이루어지는 사회적 불평등 현상을 살펴보고, 스포츠의 사회이동 관련 사회이등의 유형과 사회이동 기제로서 스포츠의 영향을 파악하는 것이 필요하다.

사회계층은 사회적 불평등의 하위 영역에 해당하는 것으로 단계별로 구분되어 권력, 부, 사회적 평가 및 심리적 만족에서 차이가 발생한다. 이러한 차이로 인한 불평등의 형성은 사회의 위계질서에 따라 다양한 계층에게 주어지며, 사회계층 내에서 발생하는 불평등은 제도화되는 경향이 있다. 다시 말해 스포츠에서 사회 계층은 성, 연령, 신체수준 등 생물학적 특성 또는 사회경제적 지위 등 사회문화적 특성으로 인해 특정 개인 또는 집단이 스포츠에 참여하는 데 있어 차별적으로 배분되는 위계적 특성을 의미한다.

스포츠에서의 계층은 매우 복잡한 현상으로 우리 사회가 지닌 다양한 특성을 반영한다. 스포츠에서 계층이 형성되는 과정은 지위의 분화, 서열화, 평가, 보수 부여 등 순차적으로 구분할 수 있다. 스포츠라는 사회 체계 내에서 구성원들 사이 자신의 담당 역할을 구분하는 과정을 거쳐 지위, 역할에 대한 비교를 통해 서열을 형성한다. 서열화로 구분된 역할은 포지션별 임무를 부여하는 것이다.

〈대학생의 사회계층 배경이 스포츠 참여형태 및 참여정도에 미치는 영향(박해완·채재성, 2011)〉

대학생의 사회계층 배경에 따른 스포츠 참여 형태 및 참여 정도의 관계 분석

읽을거리

■ 인종차별

[미국 1968년 멕시코올림픽]

1968년 멕시코 하계올림픽 남자 200m 경기가 끝난 후 세계 신기록을 달성한 우승자 미국의 토미 스미스 선수와 2위에 오른 오스트레일리아의 피터 노먼 선수 그리고 3위에 오른 미국의 존 카를로스 선수 3명은 메달 수여를 위해 연단으로 향했다. 2명의 아프리카계 미국인 선수는 흑인의 빈곤을 상징하기 위해 신발을 신지 않고 검은 양말을 신은 채로 메달을 받았다. 그리고 토미 스미스는 목에 흑인의 자존심을 상징하는 검은 스카프를 두르고, 카를로스는 백인 우월주의 단체에 의한 차별 및 폭력 등의 린치를 받은 사람들을 기리기 위해 묵주를 지닌 채로 서 있었다. 한편 노먼도 다른 2명에 동조했고, 인권을 요구하는 올림픽 프로젝트(Olympic Project for Human Rights) 배지를 착용했다. 미국 국가가 연주되고 성조기가 게양되는 동안 계속하여 스미스와 카를로스는 머리를 숙인 채로 주먹을 드높이 올렸다. 이때의 모습은 전 세계에 톱 뉴스로 다루어졌다.

[골프계 인종차별]

PGA에는 1934년부터 1961년까지 백인만이 멤버가 될 수 있는 조항인 "Caucasian-only clause"가 있었고, 1975년까지는 마스터스 토너먼트에 흑인 선수들이 참가할 수 없었다. 마스터스에 타이거 우즈가 참가하여 고작 21세의 나이로 우승한 때가 1997년이라는 것을 생각한다면 골프계에서도 인종차별이 만연했음을 알 수 있다.

■ 사회계층에 따른 스포츠 참가유형 선호도 및 참가종목 차이

참가유형	사회계층에 따른 스포츠 참가유형 선호도			계(%)
	상류층	중류층	하류층	
참여	31	21.5	19.1	24.1
관람	69	78.5	80.9	75.9

하류층은 다른 계층에 비해 관람에 참가하는 비율이 상대적으로 높은 것을 확인할 수 있다.

다음으로 평가는 개인이 지닌 가치나 유용성 정도에 따라 좋고 나쁨을 기준으로 능력을 결정하는 것이며, 판단의 기준이나 사회적·도적적 가치에 따라 차별을 유발한다. 마지막으로 보수 부여는 금전적인 재화 또는 용역에 관한 권리, 책임을 의미하거나 비물질적인 보수로 인기 또는 명성 등을 의미한다. 사회계층의 형성은 스포츠 현장에서 쉽게 발견된다. 피부색, 인종에 따른 차별, 사회경제적 수준에 따른 차별 등 스포츠에 참여하는 데 있어 다양한 계층·계급의 형성을 이해할 수 있다.

6) 스포츠와 젠더

여성이 스포츠에 참여해온 역사는 어제오늘의 일이 아니며, 오랫동안 여성은 스포츠에서 관중과 운동선수의 임무를 수행했다. 실제로 오늘날 여성들은 단순한 여가 스포츠 참여에서부터 국제 및 전문 스포츠에 이르기까지 다양한 수준의 스포츠 활동에 참여하고 있다. 특히 한국 여성 선수들은 국제 스포츠 무대에서 남성을 능가하는 탁월함을 보임으로써 세계적으로 두각을 나타내고 있다.

그런데도 현대사회에서 여성의 스포츠 참여는 동전의 양면처럼 찬사와 비난을 함께 받아왔다. 이 사실은 역설적으로 편견과 차별로 인해 실제보다 한층 두꺼운 장벽에 가로막혀 있음을 반영하는 것이라 하겠다. 다시 말해 여성에 대한 사회적 성 역할에 대한 기대는 스포츠 시스템의 각 영역에서 여전히 제한되고 있다. 이는 스포츠에서 여성의 잠재력을 실현하는 주요 장애 요소로 남아 있다.

최근 스포츠 분야에서 여성의 지위는 높아지고 있으며, 활동 분야도 확장되고 있다. 스포츠도 여성 참여가 많은 변화와 발전을 경험했지만, 현실은 스포츠에서의 성차별이 여전히 해결되지 못하고 있다. 여자는 '태어나는 것이 아니라 만들어지는 것'이라는 구절의 전제는 모든 인간이 남성 또는 여성이라는 이분법적 가정이다. 스포츠에서 승마, 요트 두 종목만 제외하고 모든 종목의 기본 형태가 남녀를 구별한다. 이처럼 인간 사회는 남성과 여성으로 구성되어 있고 명확히 구별될 수 있다는 가정을 마치 과학적 사실처럼 전제하고 있다.

2016년 리우올림픽 여자 800M 금메달리스트이자 2009년과 2017년 세계선수권자인 남아프리카공화국의 캐스터 세메냐는 성별 논란으로 오랜 세월 동안 큰 화제를 불러일으켰다. 세메냐는 소녀로 태어나 여성으로 성장했다. 그러나 2009년 세계선수권 우승 이후, 경쟁했던 다른 국가들로부터 성별을 확인하라는 요청을 받았다. 이유는 세메냐가 전통적 기준에서 볼 때 너무 '남자답게' 보였기 때문이다.

스포츠에서 성 구분은 과학이 아닌 존중의 문제다. 세메냐의 사례는 앞으로 어떠한 기준으로 성별을 구분하더라도 신체에 대한 존중, 인원, 그리고 선수의 사생활이 먼저 고려돼야 할 것이다. 스포츠에서 여성에 대한 참여 및 권리가 확대되고 있지만, 우리 사회에서 스포츠 관련 젠더 문제는 여전히 큰 관심을 기울여야 할 중요한 영역이다.

> **스포츠사회학 분야 재미난 연구!!!**
>
> 《여성 스포츠 유니폼 트렌드와 성 상품화 현상의 관계 탐색(김지선 · 이근모 · 김준, 2011)》
> 여성 스포츠 선수 유니폼의 트렌드 변화가 가진 의미와 그 의미의 전달과 작용에 있어서 드러나는 사회학적 의미 분석

📖 읽을거리

- **캐서린 스위처**

  1967년 보스턴 마라톤에 참가한 캐서린 스위처는 귀걸이를 하고 립스틱을 짙게 바른 채 출발선에 섰고, 주위에서 립스틱을 지우는 것이 어떠냐고 조언했지만, 스위처는 "절대 지우지 않을 것"이라고 반박했다. 스위처가 6km 구간을 통과할 때쯤 여성 선수가 뛰고 있다는 사실이 조직위원회에 알려지면서 대회 감독관이자 조직위원인 조크 샘플이 스위처에게 달려들어 어깨를 낚아채며 "번호표를 내놓고, 나의 레이스에서 꺼져!"라고 소리쳤다. 하지만 그녀와 동행한 코치와 애인 톰 밀러가 감독관을 저지했고, 마침내 스위처는 피투성이가 된 발로 4시간 20분의 기록을 달성하며 완주에 성공한다.

- **캐스터 세메냐**

  캐스터 세메냐는 외모와 체형 그리고 낮은 목소리 등 외관상 18세의 여자로 보기 힘들다는 이유로 국제육상경기연맹에서 성별검사를 의뢰하는 사건이 발생했다. 세메냐는 성 판별 검사 결과 남성과 여성의 특성을 모두 지닌 간성으로 밝혀졌다는 검사 결과가 유출되기도 했다. 성 소수자 차별 논란이 거세지자 IOC는 공식 성 판별 검사 발표를 하지 않았으며, 세메냐가 계속 여성으로 국제 대회에 출전할 수 있도록 했다. 하지만 다른 이유로 국제육상경기연맹에서는 세메냐가 앞으로의 대회에 출전할 수 없게 제한했고, 결국 세메냐는 육상을 그만두고 축구선수로 활동하기 시작했다.

> **박은선**
> 2004년 받은 검사 결과에 따르면, 박은선은 남성호르몬 농도가 평균에 비해 높은 것으로 나온 적이 있었다고 한다. 2013 시즌 종료 후 11월 5일 서울시청을 제외한 WK리그의 6개 구단 감독들은 박은선의 성 정체성을 문제 삼고 "여자가 맞는지 검사해야 한다"라며 경기에 출전하지 못하게 해 달라고 요구하는 사건이 발생했다. 만약 2014년에도 박은선이 경기에 출전하면 리그 자체를 보이콧하겠다고 한국여자축구연맹에 통보했다. 이에 국가인권위원회에서는 이 사건을 박은선에 대한 성희롱으로 판단했고, 한국여자축구연맹 측에 재발 방지 대책을 마련하고, 위 발언을 한 6개 구단의 감독에 대해 징계를 내릴 것을 권고했다.

7) 스포츠와 일탈

우리는 일반적으로 스포츠를 통해 개인의 신체·심리·사회적 발전을 도모할 수 있다고 기대한다. 하지만 이러한 긍정적인 기대와는 달리 스포츠는 구조적으로 일탈의 징후를 내포하고 있다. 스포츠 일탈은 스포츠 환경에서 발생하는 일탈 행위를 의미하는 것으로 폭력 행위, 금지 약물 복용, 부정 및 금지 행위, 과도한 참가, 관중 폭력 등이 해당한다. 사회에서 일탈이나 범죄로 규정되는 행동일지라도 스포츠 상황에서는 용인되는 경우가 흔히 있다. 이러한 다양한 일탈로 인해 스포츠는 그 존재 이유가 위협을 받기도 한다.

우리가 흔히 접할 수 있는 스포츠 일탈 중 약물 복용과 부정행위, 선수폭력 등을 들 수 있다. 약물 복용이란 화학물질이나 천연물질(예:심장 흥분제와 근육 강화제)을 사용해 운동선수의 생리적·심리적 기능을 인위적으로 개선하는 것을 의미한다. 약물 복용은 일시적으로 경쟁 수준을 향상시킬 수 있지만, 장기적으로는 선수 개인의 신체적·생리적 기능 저하 및 사회·도덕적 문제 같은 위험 요소를 내포하고 있다. 이에 따라 약물 복용 금지 및 감독의 필요성이 제기되었고, 약물 복용은 경기 출전 제한 및 사회봉사 활동 등의 제재를 당하게 된다.

스포츠에서 발생하는 부정행위는 경기 규칙이나 규정 또는 스포츠 가치를 위협하는 올바르지 못한 행위를 의미한다. 부정행위의 대표적인 예는 경기성적 조작, 승부 조작, 심판 매수, 허가받지 않은 도구 및 장비 사용 등이다. 부정행위는 승리에 대한 보상이 크거나 경기규칙이 지나치게 엄격할 때 또는 경기 결과가 불투명할 때 더욱 빈번하게 발생한다. 특히 운동선수에 의한 직접적인 부정행위뿐 아니라 감독 및 코치, 관리자 심지어 심판에 의해서도 부정행위가 발생한다는 측면에서 문제의 심각성을 찾아볼 수 있다.

스포츠는 규칙이나 페어플레이를 준수하지만, 승리를 지향하는 목적을 지니고 있다. 이러한 상반된 가치를 추구하면서 승리에 과도하게 집착하게 되면 일탈행위를 할 가능성이 증가한다. 또한 승리에 대한 압박이 심할 경우 수단이나 방법을 가리지 않고 승리하기 위한 목적으로 일탈행동을 하게 된다. 예를 들어 학생들이 학생의 본분을 망각한 채 과도하게 선수로서의 역할을 강요받고 비정상적인 시스템에서 승리만을 강요받는 경우, 승리를 얻기 위한 폭력, 속임수, 반칙 등의 일탈행동을 유발하게 된다.

스포츠사회학 분야 재미난 연구!!!

〈대중의 감정: 올림픽 수영 스타 박태환 선수의 금지 약물 투여(이원미·정호진, 2017)〉
올림픽 수영 스타 박태환 선수의 금지 약물 투여에 대한 대중의 감정을 사회학적인 관점에서 분석

 읽을거리

- **도핑(doping)**

  스포츠 경기에서 좋은 성적을 거두고자 금지된 약물을 복용하는 행위를 의미한다. 선수들은 금지된 약물을 복용하는 행위, 즉 도핑을 하여 경기성적을 올리고자 하는 유혹에 빠지기도 하는데, 이는 여러 가지 부작용을 초래하게 된다. 1988년 서울올림픽에서는 캐나다의 육상선수 벤 존슨이 금지약물 복용이 적발되어 입상이 박탈되었고, 1994년 월드컵 축구대회에서는 아르헨티나의 마라도나가 도핑검사에 적발되었다.

- **기술 도핑**

  기술이 발달하면서 스포츠계에 기술 도핑 논란이 불거졌다. 스포츠는 신체적 능력의 한계에 도전하는 데 목적이 있으므로 과학의 도움을 받는 것이 적절치 않다는 것이다. 그 첫 번째 논란으로 운동화가 있다. 첨단 운동화가 선수의 기량 증가에 직접적인 영향을 준다는 것이다. 예를 들어 마라톤의 2시간 벽을 깨기 위해 스포츠용품 기업들은 관련 프로젝트를 시작했으며, 운동능력의 효율을 높이기 위해 운동화에 용수철 또는 발포 고무를 넣는 방법을 사용하고 있다. 현재 국제육상경기연맹 경기규칙 143조에서

는 선수에게 불공평한 이점을 줄 수 있는 기술이 포함된 신발을 허용하지 않고 있지만, 국제육상경기연맹의 기술위원회는 곧 첨단 운동화의 허용 여부 및 관련 규정 변경 등을 검토할 방침이다. 두 번째 논란으로 국제수영연맹은 2010년 최첨단 전신 수영복 착용을 금지했다. 폴리우레탄 재질을 이용해 물의 저항을 줄이자 세계 기록이 수 차례 갱신되었기 때문이다. 또한 세 번째로 2016년에는 국제사이클연맹이 세계사이클로크로스선수권대회에서 모터가 숨겨진 자전거를 적발했다. 마지막으로 같은 해 장애인 멀리뛰기 세계 챔피언인 독일의 마르쿠스 렘이 리우올림픽 출전을 희망했지만, 국제육상경기연맹은 카본 소재인 의족이 기록 향상에 영향을 미친다고 판단하여 거부된 사례도 있었다.

8) 스포츠와 집합행동

최근 들어 스포츠에 대한 관심이 늘어나고 스포츠 관람 시장이 확대됨에 따라 관중이 증가하고 있다. 스포츠 관람을 위해 경기장을 찾은 관중이 일반적인 기준을 넘어 경기에 몰입한 나머지 관중난동이 발생하기도 한다. 이러한 관중의 난폭한 행동은 심각해지면 사회적으로 문제가 될 수 있는 수준에 이르기도 한다. 실제로 우리나라 프로야구 출범 초창기에는 경기 결과에 만족하지 못한 관중이 차량 방화나 패싸움을 자행하여 커다란 사회문제로 부각되기도 하였다.

스포츠에서 발생하는 대부분의 관중 행동은 열성적인 스포츠팬들이 특정 형태의 행동에 단체로 참여한다는 점에서 집합행동(Collective behavior)으로 간주된다. 이러한 관중의 공격적인 행동을 '관중폭력'이라 한다. 우리는 스포츠 경기에서 관중의 폭력 사례를 흔히 접하곤 하는데, 경기장에 물건을 던지거나 난입 또는 집단 싸움 등의 형태로 나타난다.

일반적으로 관중폭력은 스포츠의 성격에 따라 다양하게 나타난다. 축구나 농구 등 접촉 스포츠를 관람하는 경우 관중은 감정적으로 동요되어 폭력적인 성향을 나타낼 확률이 높아진다. 하지만 당구나 테니스 등 비접촉 스포츠의 경우 관중이 폭력적인 성향을 드러내는 경우는 매우 드물다. 일반적으로 비접촉 스포츠에 참여하는 관중은 감정적으로 동요되더라도 폭력적인 행동을 보이지 않는다. 감정이 복받치더라드 거의 폭력을 행사하지 않는다. 1933년 테니스 시합에서 관중이 선수를 폭행한 일이 있는데, 이는 비접촉 스포츠에서 일어난 유일한 폭력적인 행동으로 알려져 있다. 이 사건의 경우 관중이 선수를 스토킹하는 과정에서 발생했기 때문에 순수하지 관중폭력이라고 보기는 힘들다고 할 수 있다.

스포츠에서 관중 폭력은 단일한 원인으로 설명할 수 없는 복잡한 사회현상으로 이해할 수 있다. 스포츠 경기를 관람하는 관중의 폭력적 행동을 설명할 때는 당시의 역사적·사회적·정치적·경제적 배경 등을 충분히 고려해야 한다. 예를 들어 한·일 축구경기 같은 국가 대항전 스포츠 경기는 양 국가가 지닌 역사적 배경이 관중의 감정에 투영되며, 경기의 성사 배경과 시간적 특성을 고려한 사회적 분위기가 경기장의 열기를 결정한다. 만약 한·일 관계가 정치적으로 민감하여 사이가 좋지 못할 때 양국 간에 축구 경기가 열릴 경우, 축구 경기에 정치적 분위기가 투영되어 평소보다 관중이 감정적이고 흥분할 가능성이 크다.

스포츠사회학 분야 재미난 연구!!!

〈붉은악마와 훌리건의 비교문화적 접근(김영갑, 2006)〉
붉은악마와 훌리건을 문화적 관점에서 비교분석

📖 읽을거리

■ 훌리건

[영국]

1960년대 이후 영국 각지에서 훌리건이 형성되었다. 1963년 리버풀에서 '더 콥'이라는 응원조직이 등장했다. 1970년대에 들어와서는 첼시의 극성팬들로 구성된 '헤드헌터스', 웨스트햄 유나이티드FC 팬들의 '인터 시티 펌' 등 훌리건 단체들이 잇달아 생겼으며, 그들은 집단 과격시위를 벌이게 되었다.

훌리건 무리 중 리버풀FC의 훌리건 단체가 가장 극성을 부렸다. 1985년 5월 29일 벨기에 브뤼셀의 헤이젤 경기장에서 열린 1985년 유러피언컵 결승전에서 리버풀FC와 유벤투스 훌리건 단체의 충돌로 39명이 사망하고 450여 명이 부상하는 사건이 발생했다. 이 사건을 '헤이젤 참사'라고 부르고, 훌리건의 대표적인 난동 사건으로 꼽힌다.

[한국 프로야구 훌리건]

1986년 10월 22일 대구시민운동장 야구장에서 열린 해태타이거즈와 삼성라이온즈의 한국시리즈 3차전에서 삼성이 역전패당하자 흥분한 2천여 명의 관중이 해태타이거즈의 구단 버스를 파손한 뒤 불을 지른 '해태 버스 방화 사건'이 발생했다. 이 사건은 1990년 잠실구장 관중 집단 난동 사건과 더불어 프로야구 사상 최악의 관중 폭력 사건으로 꼽히고 있다. 여담으로 해당 시즌 동안 여러 가지 논쟁 끝에 결국 삼성 구단 측에서 버스 수리비를 대신 물어주는 것으로 마무리되었다고 한다.

- **스튜어드**

  경기장에 직접 가서 경기 관람을 하거나 TV나 모바일을 통해 스포츠 중계 영상을 본 적이 있다면, 주황색 또는 노란색 조끼를 입고 경기장이 아닌 관중석 쪽을 바라보고 서 있는 사람들을 본 적이 있을 것이다. 그들을 '스튜어드'라고 하는데, 스튜어드는 경기 운영을 돕고 관중 안전을 위해 경기장 규칙을 확립하는 역할을 하는 사람을 일컫는다. 스튜어드는 경기장 안전사고 예방을 위해 유럽 평의회의 제안으로 1990년대 후반에 등장했다. 그들의 역할은 시합 전·중·후 경기장을 감시, 관찰하여 사고 위험의 증후를 파악하는 것이다. 경기장에 입장하는 관중에게 좌석을 안내하고, 시합 후 퇴장하는 관중을 통제하며, 비상사태 발생 시 관중을 신속하게 대피시키는 요령에 대해서도 숙지하는 등 관중의 안전사고 전반에 대비하고 있다.

- **무관중 경기**

  무관중 경기는 스포츠에서 관중석을 폐쇄하여 관중 없이 경기를 치르게 하는 것을 의미한다. 지금은 팀에 가하는 징계의 한 방안 또는 안전상의 이유로 진행되기도 했다. 실제로 집합행동에 대한 징계로 무관중 방법을 진행하는 사례는 우리나라뿐 아니라 세계 각국에서 확인할 수 있다.

9) 스포츠와 세계화

세계화는 인류가 탄생한 이래 오랫동안 지속해온 현상이다. 그러나 본격적인 세계화는 1989년 소련과 동구 사회주의 체제가 붕괴하면서 시작되었다. 소련과 동구 사회주의 체제의 몰락은 국가 간 이념적 대립을 완화하는 결정적인 사건이었으며, 이후 국가 간 교류를 통해 세계화가 확산되었다.

세계화는 국가 간 경계가 허물어지고 국가 간에 존재하는 시공간의 개념이 근본적으로 변화하는 현상이다. 과거에는 자국의 스포츠팀을 응원하는 것이 일반적이었지만, 미디어 기술의 발달로 인해 다른 국가의 특정 팀 경기를 보고 응원하는 모습이 나타나 국제 스포츠의 경계가 무의미해졌다. EPL 맨체스터 유나이티드의 경우 영국과 유럽 국가를 비롯한 중국 및 동남아시아 국가에서도 많은 인기를 얻고 있다. 우리나라에서도 박지성 선수가 맨체스터 유나이티드에서 활약했던 당시 '국민 팀'이라고 불릴 정도로 대단한 인기를 얻은 사례가 있다. 이처럼 세계화로 인해 국가 간 경계가 허물어지고 국가 간에 존재하는 시공간의 개념이 근본적으로 변화하는 것을 알 수 있다.

오늘날 세계화 속에서 국제사회는 각종 사회적·문화적·경제적 교류에 참여하고 있으며 자본과 노동의 이동은 다양한 형태로 나타나고 있다. 노동 이주는 스포츠 분야에서도 찾아볼 수 있다. 일반적으로 노동은 수요와 공급의 메커니즘에 의해 주도되고, 우수한 선수를 다른 나라에서 영입할 때 노동 이주가 발생한다.

프로스포츠에서는 다양한 국적과 배경을 가진 선수들을 영입하는 형태로 노동력 이주가 진행되고 있다. 이러한 추세로 인해 모든 프로스포츠에서 국제 노동력 이주 사례가 증가하고 있음을 알 수 있다. 우리나라 경우에도 스포츠 노동이주를 통해 손흥민(토트넘), 류현진(토론토) 등이 해외에서 활동하고 있다.

스포츠사회학 분야 재미난 연구!!!

〈외국인 프로농구 선수의 한국 프로 리그로의 노동 이주 특성과 적응 경험 연구
(양소예 · 원영신, 2007)〉
한국 프로스포츠 리그로 온 외국인 선수들의 노동이주와 사회 적응 경험 연구

📖 읽을거리

■ **노동이주 사례**

프로스포츠의 경우 우수한 선수를 다른 국가로부터 영입할 때 노동이주가 발생한다.

첫째, 스포츠 시장의 규모가 확대됨에 따라 노동이동은 전 세계적으로 확장되었다.

둘째, 상대적으로 많은 경제적 보상을 확보할 수 있는 미국이나 유럽으로 이동하는 경향을 보인다.

> 예: 축구선수 – 권창훈(분데스리가), 정우영(분데스리가), 지동원(분데스리가), 황희찬(분데스리가), 천성훈(분데스리가), 백승호(분데스리가), 이재성(분데스리가), 최경록(분데스리가), 최민수(분데스리가), 손흥민(프리미어리그), 이강인(라리가), 윤일록(프랑스 리그1), 황의조(프랑스 리그1), 석현준(프랑스 리그2), 황인범(러시아 프리미어리그) 등

셋째, 최근 들어 나타난 현상으로, 선진국에서 후발 발전국가로 의도적으로 이동하는 사례가 증가했다.

> 예: 이니에스타(FC바르셀로나→비셀 고베), 헐크(FC포르투→상하이 상강), 오스카(첼시→상하이 상강), 파울리뉴(FC바르셀로나→광저우 에버그란데), 김연경(엑자시바시 비트라→인천 흥국생명 핑크스파이더스)

■ **우리나라의 첫 올림픽 출전**

대한민국은 영국 런던에서 열린 제14회 하계올림픽에 처음으로 참가했다. 대한민국 정부가 수립되기 이전 시기였지만 'KOREA'라는 국명과 태극기를 내세워 출전했고, 대한민국 최초의 올림픽 출전이라는 데 의미가 있다. 선수 50명이 복싱, 역도 등 7개 종목에 참가하여 동메달 2개를 따냈다. 선수단이 떠나기 전 제헌국회에서 특별히 출전 선수들에게 보내는 격려 메시지를 채택하고, 덕수궁에서는 서울 시민이 환송 대회를 열어줄 만큼 관심이 높았다.

10) 미래사회와 스포츠

미래 스포츠는 기술, 통신, 전자 매치, 조직과 합리화, 상업화와 소비성향의 변화, 다양한 문화적 배경의 융합을 통해 변화할 것으로 기대된다. 스포츠와 과학의 결합은 다양한 분석 자료 제공을 가능하게 하여 운동선수들에게 더 효과적인 운동 능력 향상과 계발 기회를 제공할 수 있다. 또한 가상현실 스포츠 게임은 많은 사람이 스포츠에 대한 관심을 갖게 하며, 가상현실에서의 경험은 실제 스포츠 참여로 이어져 생활 스포츠 저변 확대를 기대할 수도 있을 것이다.

스포츠 상황에서 경기할 때, 그 열기를 가라앉히는 판정 문제가 종종 발생한다. 심판도 사람이기 때문에 판정과정에서 실수가 발생할 수 있다. 인공지능(AI), 가상현실(AR, VR) 같은 첨단 과학기술은 위와 같은 스포츠 상황에서 문제를 해결하는 대안으로 등장할 수 있다. 심판의 판정 시비를 스포츠 경기 규칙과 수많은 사례를 종합하여 올바른 판단을 내릴 수 있도록 유도하거나, 영상정보를 통한 새로운 훈련 기법의 도입은 머지않은 미래에 경험할 수 있을 것이다.

실제로 국내 프로야구 2군 경기에서 비디오 판독 시스템을 발전시킨 1세대 로봇 심판이 등장해 화제를 모으고 있다. 그뿐만 아니라 스크린 골프는 시간, 공간, 비용의 한계를 극복하고 직장이나 집 근처에서 친구나 동료들과 쉽게 즐길 수 있는 스포츠 활동으로 필드 골프만큼 많은 인기를 끌고 있다. 인공지능 서비스와 결합하여 라운드 시 골퍼의 위치를 인식하고 상황에 따라 필요한 정보를 자동으로 제공해주는 기술이 등장했다. 미래 첨단 기술의 활용은 스포츠 정보 및 지식을 더욱 정교하게 다룰 수 있을 것으로 기대할 수 있다.

스포츠사회학 분야 재미난 연구!!!

〈4차 산업혁명시대의 스포츠의 변화와 역할(김찬룡, 2018)〉
4차 산업혁명이 가져올 미래사회의 스포츠 변화 전망 및 역할 제시

📖 **읽을거리**

■ **로봇 심판**
로봇 심판은 최근 스포츠계에서 뜨거운 이슈다. 특히 야구계에서 논란이 확대되고 있다. 100년이 넘은 야구 역사에서 대부분 심판의 권위는 절대적이었다. 하지만 기술이 발달하면서 점차 기계들이 심판 판

정의 영역으로 들어가기 시작했다. 실제로 감독들이 중요한 순간 비디오 판독을 신청하는 것은 이제 전혀 어색한 장면이 아니다.

메이저리그는 독립리그와 마이너리그에 로봇 심판을 시범 도입했으며, 최종적으로는 빅리그에도 로봇 심판을 도입하는 것을 목표로 하고 있다. 코로나19로 인해 올 시즌에는 마이너리그가 취소되면서 로봇 심판 도입도 무산되었지만, 지난 시즌 독립리그에서 시범운영을 하면서 많은 데이터를 쌓았다. KBO리그 역시 퓨처스리그에서 로봇 심판을 시범 운영하면서 빠르면 2022년 1군에도 도입할 예정이다.

■ 스크린 스포츠

스크린 골프로 시작하여 스크린 야구 그리고 스크린 볼링, 낚시, 컬링 등 다양한 종목의 스크린 스포츠가 개발되어 스크린 스포츠 시장에 진입하고 있다. 스크린 스포츠는 가까운 곳에서 상대적으로 저렴하게 즐길 수 있다는 장점이 있으며, 최근에는 3D 그래픽과 VR, AI 등의 첨단 기술을 도입해 실제 야외에서 스포츠를 즐기는 듯한 기분을 제공한다. 관련 업계의 통계에 따르면 스크린 스포츠 시장 규모는 2007년 1천억 원에 불과했지만, 2018년 50배 팽창한 5조 원으로 급성장했다고 한다. 그리고 지금도 최신기술과 결합하고, 상용화를 통해 해당 시장의 규모는 더욱더 발전하고 있다.

2 스포츠사회학 관련 직무

사회과학은 원래 사회문제 해결을 위한 공공영역에서 처음으로 실시된 실천적인 학문 분야다. 따라서 현재 스포츠사회학은 이론적인 측면뿐만 아니라 각종 사회문제 해결 및 사회발전을 위한 학문적 노력을 기울이고 있다. 스포츠사회학은 스포츠를 이해하기 위한 기초학문으로서 많은 분야에서 응용할 수 있다. 따라서 학교뿐만 아니라 다양한 영역에서 스포츠사회학을 전공한 사람들을 필요로 하고 있다. 스포츠사회학은 현재 스포츠행정 및 스포츠정책 분야와 협업해서 많은 성과를 거두고 있으며, 스포츠복지 분야에서도 두각을 나타내고 있다.

3. 스포츠사회학을 좋아하는 사람

스포츠는 단순한 신체활동 수준을 넘어 다양한 사회제도와 관련되어 복잡하고 다양한 의미를 지니고 있다. 앞에서 설명했듯이, 스포츠사회학은 다양한 영역을 포함하고 있으며, 해당 영역과 관련된 각종 사회문제를 다루는 학문 분야다. 이러한 스포츠의 이면에 대한 이해를 바탕으로 현실을 개선하고 더 나은 스포츠 환경을 구축하는 데 많은 노력을 경주하는 분야다. 따라서 스포츠의 이해를 바탕으로 현실적인 문제를 해결하거나 사회발전에 관심이 있는 학생들은 스포츠사회학에 많은 흥미를 느낄 것이다.

참고문헌

권순용 · 조욱연(2015). 《스포츠사회학》. 서울: 대한미디어.
김범(2019). 《스포츠사회학》. 서울: 대경북스.
박보현 · 한승백 · 탁민혁(2018). 《스포츠사회학》. 서울: 레인보우북스.
원영신(2012). 《플러스 스포츠사회학》. 서울: 대경북스.
이창섭 · 남상우(2013). 《스포츠사회학》. 서울: 궁미디어.
이혁기 · 신석민(2018). 《개념 중심 스포츠사회학》. 서울: 레인보우북스.
임번장(2010). 《스포츠사회학개론》. 서울: 레인보우북스.

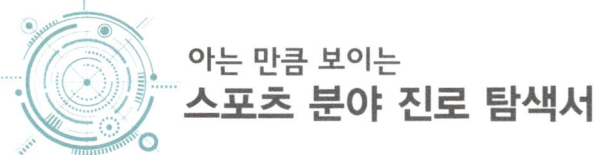

아는 만큼 보이는
스포츠 분야 진로 탐색서

Chapter 3

손흥민의 멘탈트레이너가 될래요

스포츠운동심리학

경북대학교 생태환경대학 레저스포츠학과 • 황승현

매번 하는 시합이지만 매번 심장이 터질 것 같이 떨린다.

중요한 순간에 실수할 것 같아 두려움이 앞선다.

'이번 시합에 우승하지 못하면 어떡하지?' 하는 스트레스에 잠을 설친다.

우승을 내려놓고 경기를 즐기려고 노력했다.

루틴에 집중하려고 하니 경기 전체가 잘 풀렸다.

팀 동료들과 함께 최선을 다했기에 후회는 없다.

1 스포츠운동심리학이란?

스포츠운동심리학(Sports And Exercise Psychology)은 일반인의 운동 참여와 전문 운동선수들의 스포츠 수행력과 관련된 심리학적 요소에 관한 과학적인 학문으로 크게 두 가지 목적을 두고 있다. 첫째, 국가대표, 실업 및 프로스포츠, 그리고 학생선수들과 같이 전문적으로 운동하는 선수들의 정신건강(Mental health) 유지와 경기력 향상(Performance enhancement)을 위한 심리적인 과정을 연구하고, 선수들이 최적의 컨디션을 유지할 수 있도록 도움을 주는 것이다. 둘째, 운동선수는 아니지만 일생 동안 운동에 참여하는 일반인의 심리적 건강과 웰빙에 운동이 어떻게 영향을 주는가를 이해하고 지속적인 운동 참여를 위한 심리적인 과정에 관한 연구를 수행한다.

특히, 응용스포츠심리학(Applied Sports Psychology)은 운동선수들이 어려운 환경 속에서 기량을 최대한 안정적으로 발휘할 수 있도록 하는 심리학적 원리를 연구하고 적용하는 학문으로 선수들의 경기력 향상과 인간으로서 존엄한 성장을 돕고자 정체성, 성격 발달, 정신력, 정서 조절, 동기유발 같은 지식과 기술을 연마할 수 있도록 선수들을 돕는 것이다(Weinberg & Gould, 2014). 스포츠심리상담사 또는 멘탈코치는 특별한 전문 교육과정을 통해 운동수행의 심리적·인지적·정서적·행동적·심리생리적 구성요소를 이해하고 선수들의 성장과 경기력 향상을 위한 상담지원 프로그램을 진행한다.

최근 선수들이 심리적 어려움을 호스하는 것뿐만 아니라 선수들이 지닌 잠재능력을 강화하기 위해 스포츠팀 내에서는 스포츠심리상담사와 멘탈코치가 지닌 전문적인 지원의 필요성을 요구하고 있다. 이에 따라 한국 스포츠운동심리학의 전문성과 교육과정이 점차 강화되고 있어 학문과 현장의 수요와 공급이 동시에 확대되어가고 있다.

2 운동선수들의 성공과 실패

운동선수들의 성공과 실패는 무엇인가? 전문 운동선수들은 어린 시절부터 끊임없는 노력과 경쟁 속에서 성장해간다. 그러한 성장과정에서 선수들은 항상 성공과 실패 경험에 지속적으로 노출되어 있다. 경쟁이라는 환경에 지속적으로 노출된다는 것은 심리적으로 매우 어려움을 느끼고 지쳐간다는 것과 같다고 할 수 있다. 체력적이고 기술적인 경기 요소를 제외하고 무엇이 성공과 실패의 경험을 유발하는가를 이해하는 것은 스포츠운동심리학의 매우 중요한 요소다.

승리에 대한 강한 집념인 정신력이 중요한 경기에서 성공의 경험을 이끄는 가장 중요한 심리적 능력이다. 정신력은 다양한 차원에서 설명되고 있지만, 승리를 추구하는 동기(Motivation)에서 출발한다. 고된 훈련과정을 견딜 수 있는 정신력과 무엇을 위해 운동하며 올림픽에 참가하는지에 대한 정확한 목표는 선수들의 성공을 경험할 확률을 높여준다.

올림픽과 프로야구 한국시리즈 결승과 같이 매우 중요한 경기에서 거의 모든 선수는 '이번 시합에서 성공해야 한다'라는 심리적 압박감(Pressure)으로 불안(Anxiety)이라는 정서적 반응을 유발한다. 불안은 시합 당일 순간순간마다 경기력에 지대한 영향을 미치기 때문에 효과적으로 통제하지 못하면 큰 실수를 하게 되어 중요한 시합에서 실패의 경험으로 이어진다. 자신감(Confidence)은 불안에 대응하여 어려운 순간을 긍정적으로 해석하는 데 도움을 주며, 이는 선수 개인의 문제이기도 하지만 팀 내에서 선수와 지도자 관계 및 동료 선수 간의 팀워크(Teamwork)를 통해서도 자신감이 형성되기도 한다.

이러한 선수들의 심리적인 능력을 훈련과 반복학습을 통해 향상시키고자 하는 것을 심리기술훈련(Psychological skill training) 또는 멘탈트레이닝이라고 한다. 심리기술훈련에는 목표설정, 루틴개발, 이미지트레이닝, 집중력 향상 등이 대표적으로 포함되며 최근에는 바이오피드백 훈련(Biofeedback training)도 실시되고 있다.

그림 3-1 올림픽 선수들의 성공과 실패

출처: https://www.dailymail.co.uk/news/article-3744528/Rio-Olympics-2016-Australian-athletes-break-tears-tragic-losses.html

3 스포츠심리학의 주요 주제

1) 불안(Anxiety)

불안은 스포츠운동심리학에서 매우 중요한 주제다. 운동선수들은 시합 전·중·후 지속적인 불안감을 느끼고, 이러한 불안감은 평소 컨디션 관리와 시합 중 경기력에 부정적인 영향을 미치게 된다. 불안은 다양한 원인에 의해 형성되지만, 결과에 대한 기대감(예: 우승, 예선 통과 등)과 자신의 상태 수준(예: 현 경기력, 컨디션, 상대와의 실력 차이 등)에 의해 가장 크게 유발된다고 할 수 있다. 불안은 크게 성격적 기질로 설명되는 특성불안(Trait anxiety)과 순간

순간의 상황에 따라 변화하는 상태불안(State anxiety)으로 크게 나뉜다(Weinberg & Gould, 2014). 특성불안은 상황에 따라 잘 변화하지 않는 선수 개인의 고유한 특성으로, 성격적으로 불안감을 더 많이 느끼는 선수들이 있다. 반면 상태불안은 중요한 경기 또는 시합 중 중요한 순간 각성상태의 변화로 인해 느끼는 불안감으로 인지불안(Cognitive anxiety)과 신체불안(Physical anxiety)으로 나누어볼 수 있다(Martin et al., 1990). 인지불안은 선수들의 부정적인 사고과정과 연관된 것으로, 일종의 걱정 같은 것이다. '이번 경기에서 실수할 것 같아', '이 골을 못 넣으면 우리 팀은 지는 거야'와 같은 부정적인 생각과 느낌이다. 신체불안은 각성상태의 변화로 인해 생기는 신체의 변화 반응이다. 예를 들어, 심장박동과 호흡이 빨라지고 몸이 경직되며 혈압이 올라가는 등의 신체·생리적 변화는 선수들의 불안감과 연관되어 있다. 운동선수들은 경쟁적인 상황 속에서 항상 긴장감과 불안감을 생활하고 시합에 참여한다. 선수들이 느끼는 불안감은 자연발생적인 것으로 없어질 수 없을뿐더러 최상의 경기력을 위해서는 적정수준의 각성상태가 유지되어야 한다(그림 3-2). 잘 통제하여 적정수준의 불안과 각성상태를 유지하느냐는 선수들의 높은 수준의 경기력을 유지하는 데 매우 중요하다. 경쟁상태불안검사지(표 3-1)를 통해 선수 자신의 시합상태 불안 정도를 인지불안과 신체불안으로 구분하여 평가해볼 수 있다.

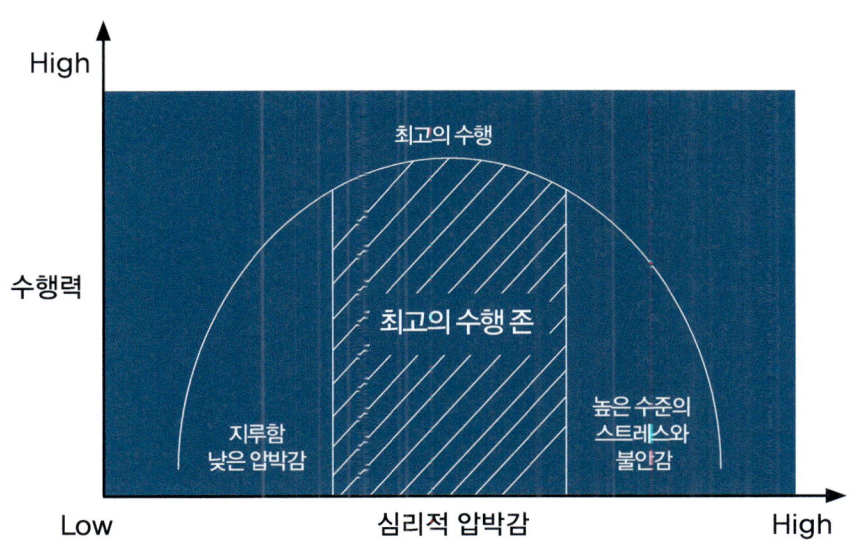

그림 3-2 역U 이론

표 3-1 경쟁상태불안 검사지(Martin et al., 1990)

	곧 다가올 시합을 생각하면서 답하세요.	전혀 그렇지 않다	그렇지 않다	그렇다	매우 그렇다
1	이번 시합에 신경이 쓰인다.	1	2	3	4
2	초조하다.	1	2	3	4
3	마음이 가볍다.	1	2	3	4
4	자신감에 대해 의문을 갖는다.	1	2	3	4
5	몸이 과도하게 민감해진다.	1	2	3	4
6	마음이 편해진다.	1	2	3	4
7	기량을 잘 발휘할 수 없을까 봐 걱정된다.	1	2	3	4
8	몸이 긴장된다.	1	2	3	4
9	자신이 있다.	1	2	3	4
10	질까 봐 걱정된다.	1	2	3	4
11	마음이 긴장된다.	1	2	3	4
12	안심된다.	1	2	3	4
13	압박감 때문에 답답할까 봐 걱정된다.	1	2	3	4
14	몸이 이완된다(R).	1	2	3	4
15	경기를 못 할까 봐 걱정된다.	1	2	3	4
16	경기 중 어려움(역경)을 극복할 자신이 있다.	1	2	3	4
17	심장이 빨라진다.	1	2	3	4
18	시합을 잘 해낼 자신이 있다.	1	2	3	4
19	목표하는 바를 이룰지 걱정된다.	1	2	3	4
20	속이 철렁한다.	1	2	3	4
21	정신적으로 여유가 생긴다.	1	2	3	4
22	다른 사람이 내 경기를 보고 실망할까 봐 걱정된다.	1	2	3	4
23	손이 끈적거린다.	1	2	3	4
24	내가 목표를 달성하는 것을 상상하니 자신 있다.	1	2	3	4
25	집중을 못 할까 봐 걱정된다.	1	2	3	4
26	몸이 굳는다.	1	2	3	4
27	정신적 압박을 견뎌낼 자신이 있다.	1	2	3	4

2) 동기(Motivation)

　　동기란 노력의 방향과 강도를 의미한다(Weinberg & Gould, 2014). 노력의 방향은 운동을 왜 선택했으며, 대회는 어떠한 목적을 이루기 위해 참가하는지를 말한다. 노력의 강도는 선택된 행동(예: 고된 훈련)을 수행하는 데 필요한 노력 정도를 말한다. 선수들의 강인한 정신력은 명확한 동기에서 출발한다고 해도 과언은 아니다. 선수들의 동기화에 대한 다양한 이론이 제시되고 있지만, 그중 가장 대표적인 이론은 성취동기(Achievement motivation)로 선수들은 고난을 견디며 시합에서 성공을 추구하고 자신의 명예를 위해 최선의 노력을 한다는 것이다. 선수들의 성취행동은 어떠한 성취목표를 설정하는가와 연관 지어 설명된다(Duda, 1989). 매우 경쟁적인 선수는 결과 중심적인 목표만을 지니고 있어 메달, 승리, 상대 선수와의 비교와 같이 사회적인 인정을 통해 자신의 능력을 입증하고 성취감을 느낄 수 있다. 반면 성장과 숙달 중심적인 목표를 중시하는 선수는 상대와의 경쟁이나 비교보다는 자신의 과거에 비해 현재 경기력이 어떻게 향상되었는지가 더욱 중요하고, 자신의 향상 정도에 의해 자신의 능력이 입증되기를 선호하고 성취감을 느끼게 된다. 선수들의 성향 차이는 있지만 성장과 숙달 지향적인 선수들에게서 노력의 강도, 운동의 지속성, 시합 결과, 운동의 즐거움과 같이 긍정적인 지표와 더 연관성이 높은 것으로 나타나고 있다. 목표성향검사 도구(표 3-2)를 통해 선수들은 자신의 목표 성향이 어떠한지를 평가받을 수 있다.

　　동기는 기본심리욕구(Basic psychological needs) 만족으로 강화된다. 인간에게는 기본적인 심리적 욕구가 있고, 이것이 어떻게 충족되어가는지는 행동의 동기를 설명하는 데 매우 중요하다. 운동선수들에게도 마찬가지로 적용된다. 왜 운동하는 것이며, 무엇을 위해 고된 훈련과 경쟁을 해야 하는 것인가 또는 운동을 즐겁게 하는 것인가에 대한 명확한 해답은 인간의 기본심리욕구인 자율성, 관계성, 유능감 형성에 달려있다(Deci & Ryan, 2012). 운동과 시합에 대한 자율적인 선택권이 보장되는가, 아니면 강제적으로 또는 의무적으로 운동과 시합에 참여하는가는 운동지속 동기에 매우 강하게 작용하기도 한다. 동료 선수 또는 지도자와의 촉진적 관계성 역시 운동에 대한 동기에 영향을 미친다. 훌륭한 지도자와의 유기적 관계는 운동을 지속할 수 있는 강한 동기가 되기도 한다. 마지막으로 자신이 하는 운동에 소질이 있는가와 유능한가에 대한 충분한 믿음은 선수들의 동기화에 중요한 역할을 한다.

표 3-2 **목표성향검사(Duda, 1989)**

No.	문항	전혀 아니다	아닌 것 같다	보통이다	그런 것 같다	항상 그렇다
1	나 혼자만이 어떤 플레이나 운동기술을 할 수 있을 때 가장 잘했다는 느낌이 든다.	1	2	3	4	5
2	새로운 기술을 배우고 더 많이 연습할 때 가장 잘했다는 느낌이 든다.	1	2	3	4	5
3	동료보다 더 잘할 때 가장 잘했다는 느낌이 든다.	1	2	3	4	5
4	남들이 나만큼 못할 때 가장 잘했다는 느낌이 든다.	1	2	3	4	5
5	재미있는 무엇인가를 배울 때 가장 잘했다는 느낌이 든다.	1	2	3	4	5
6	다른 애들은 실수하지만, 나는 그렇지 않을 때 가장 잘했다는 느낌이 든다.	1	2	3	4	5
7	땀 흘려 노력해서 새로운 기술을 배울 때 가장 잘했다는 느낌이 든다.	1	2	3	4	5
8	정말로 열심히 연습할 때 가장 잘했다는 느낌이 든다.	1	2	3	4	5
9	나 혼자서 득점을 거의 다 할 때 가장 잘했다는 느낌이 든다.	1	2	3	4	5
10	무엇인가를 배우고 좀 더 많이 연습할 때 가장 잘했다는 느낌이 든다.	1	2	3	4	5
11	내가 1등을 하거나 제일 잘할 때 가장 잘했다는 느낌이 든다.	1	2	3	4	5
12	배운 운동기술을 제대로 했다고 여겨질 때 가장 잘했다는 느낌이 든다.	1	2	3	4	5
13	최선을 다할 때 가장 잘했다는 느낌이 든다.	1	2	3	4	5

3) 자신감(Confidence)

자신감은 성공적으로 과제를 수행할 수 있다는 자신의 믿음으로 정의되며, 선수들에게 매우 중요하게 작용한다. 선수들의 자신감 강화는 다양한 심리기술로 이루어지고, 불안감을 감소시켜주고 노력을 증가시켜주며, 경기에 집중할 수 있게 도움을 준다. 긍정적 혼잣말, 이미지

트레이닝 같은 자신감 형성 기술과 더불어 자신감을 형성하는 데 도움을 주는 것은 성공 경험, 대리 경험, 사회적 지원, 생리·심리적 안정감 등이 있다(Feltz, Short, & Sullivan, 2008). 우선 자신감에 가장 크게 영향을 미치는 것은 자신의 성공 경험으로, 어려운 훈련을 성취하고 시합에 나가 승리를 경험하는 것은 매우 중요한 자신감의 원천이다. 자신의 경기 영상과 다른 선수들의 경기 영상을 통한 대리 경험은 선수 자신이 무엇을 잘하고 못했는지에 대한 분석적 능력을 향상시킴으로써 다음 시합에 대비하는 자신감을 증대한다. 안정적인 각성상태 유지와 정서적인 안정감은 선수들에게 심리적으로 편안하게 시합과 훈련에 집중할 수 있게 도움을 줌으로써 선수들의 자신감에 긍정적인 영향을 미칠 수 있다. 또한, 선수들의 중요한 주변인인 부모, 지도자, 동료 선수들의 열정적 지지는 선수들의 중요한 사회적 환경이 될 수 있다. 선수들은 자신감 검사도구(표 3-3)를 통해 자신의 자신감 상태를 평가받을 수 있다.

표 3-3 자신감 검사도구(Vealey, 1986)

No.	문항	전혀 아니다 ←					→ 매우 그렇다
1	나는 운동하는 것에 집중할 때 자신감이 생긴다.	1	2	3	4	5	6
2	나는 팀 동료로부터 격려나 칭찬을 받았을 때 자신감이 생긴다.	1	2	3	4	5	6
3	나는 유능한 지도자 밑에서 운동할 때 자신감이 생긴다.	1	2	3	4	5	6
4	나는 다른 선수보다 운동을 잘했을 때 자신감이 생긴다.	1	2	3	4	5	6
5	나는 지도자의 예측이 믿을 만할 때 자신감이 생긴다.	1	2	3	4	5	6
6	나는 운동기술을 향상시켰을 때 자신감이 생긴다.	1	2	3	4	5	6
7	나는 사람들이 나를 보고 믿음직한 선수라고 말할 때 자신감이 생긴다.	1	2	3	4	5	6
8	나는 지도자가 훌륭한 사람이라고 느껴질 때 자신감이 생긴다.	1	2	3	4	5	6

No.	문항	전혀 아니다 ←					→ 매우 그렇다
9	나는 상대편보다 경기를 더 잘했을 때 자신감이 생긴다.	1	2	3	4	5	6
10	나는 나의 목표에 집중이 잘될 때 자신감이 생긴다.	1	2	3	4	5	6
11	나는 코치와 가족이 격려해줄 때 자신감이 생긴다.	1	2	3	4	5	6
12	나는 지도자의 결정에 믿음이 갈 때 자신감이 생긴다.	1	2	3	4	5	6
13	나는 상대방보다 더 우수하다는 것을 보여주었을 때 자신감이 생긴다.	1	2	3	4	5	6
14	나는 신체적·정신적으로 시합을 잘 준비했을 때 자신감이 생긴다.	1	2	3	4	5	6
15	나는 코치로부터 칭찬을 받았을 때 자신감이 생긴다.	1	2	3	4	5	6

4) 응집력(Cohesion)

응집력은 '팀워크'라고 불리기도 하고, 집단 구성원 간 공동의 목표를 추구하며 구성원 간의 감정적 유대감을 형성하는 것을 말하며, 과제응집력과 사회응집력으로 구분된다(Carron, 1982). 공동의 목표를 위해 공동의 일과 노력을 함께하는 것을 과제응집력(Task cohesion)이라 하며, 사회응집력(Social cohesion)은 구성원 간의 친밀감으로 설명한다. 이러한 응집력은 스포츠팀에서 매우 중요하게 작용하고, 팀의 경기력과 안정성 향상뿐만 아니라 개인의 만족감과 행동에도 지대한 영향을 미친다. 응집력 향상에 영향을 주는 요소로는 선수들의 개인 성향도 중요하지만, 지도자의 리더십이 매우 중요하게 작용하며 팀의 분위기와 성향, 팀의 현재 경기력 등도 응집력에 영향을 미치는 것으로 보고된다. 팀의 응집력 향상을 위해 지도자와 선수 간의 신뢰 관계 형성이 무엇보다 중요하고, 이를 위해 서로 간의 소통이 강조된다.

4. 스포츠심리상담사가 되는 길

한국스포츠심리학회 홈페이지 내용 참조

1) 스포츠심리상담사의 정의

스포츠심리상담사는 한국스포츠심리학회의 회원으로서 한국스포츠심리학회가 인정하는 스포츠심리 및 스포츠과학 관련 교육과정을 이수한 후 소정의 시험에 합격하고, 현장 수련활동을 거쳐 자격관리위원회에서 그 자격을 인정한 자를 말한다.

2) 지원 자격

구분	지원 자격
1급 지원자	• 스포츠심리학 전공 박사학위자 또는 2급 스포츠심리상담사 자격증 취득자 • 자격관리위원회의 자격심사 통과자
2급 지원자	• 스포츠심리학 전공 석사학위자 또는 3급 스포츠심리상담사 자격증 취득자 • 자격관리위원회의 자격심사 통과자
3급 지원자	• 스포츠와 운동 관련 현장에서 2년 이상 전일 근무를 했거나 체육 및 건강 관련 자격증 소지자 • 체육 및 건강 관련 학과 재학/졸업자 • 자격관리위원회의 자격심사 통과자

3) 스포츠심리상담사 자격취득 조건

구분	취득조건
1급	• 자격관리위원회가 인정하는 연수과정을 이수하고 시험에 합격 • 자격관리위원회가 인정하는 전문가의 감독 아래서 200시간 이상의 현장수련 • 자격관리위원회가 인정하는 학술행사에서 사례발표(2회 이상) • 한국스포츠심리학회가 인정하는 학술행사 50시간 이수

구분	취득조건
2급	• 자격관리위원회가 인정하는 연수과정을 이수하고 시험에 합격 • 자격관리위원회가 인정하는 전문가의 감독 아래서 140시간 이상의 현장수련 • 자격관리위원회가 인정하는 학술행사에서 사례발표(1회 이상) • 한국스포츠심리학회가 인정하는 학술행사 30시간 이수
3급	• 자격관리위원회가 인정하는 연수과정을 이수하고 시험에 합격

※ 스포츠심리상담사의 지원자격과 취득조건은 변경될 수 있으니 한국스포츠심리학회 홈페이지를 참조 바람.

4) 스포츠심리상담사의 역할직무

구분	주요 역할
1급	• 스포츠심리상담을 할 수 있는 전문지식을 충분히 갖추고, 스포츠 및 운동과 관련된 현장에서 스포츠심리 프로그램을 개발·감독 • 2급 및 3급 스포츠심리상담사 훈련·양성 • 스포츠심리 측정 및 분석 서비스 등 수행 • 구체적으로 경기력 향상 심리기술훈련(Psychological Skill Training), 선수 위기 중재, 팀·조직관리, 선수 개인 성장, 팀·조직 의사소통, 기타 선수 부모와 지도자 교육, 경기분석 등의 직무를 현장에서 수행
2급	• 스포츠심리학에 관련된 전문지식을 갖추고, 스포츠와 운동 참가자를 대상으로 심리상태를 평가하고 심리기법 적용 가능 • 스포츠심리와 관련된 적절한 상담과 심리기술훈련 등 수행 • 구체적으로 선수들의 각성과 불안관리, 목표설정, 자신감 향상 기법, 수행루틴 등의 심리훈련과 팀 응집력과 팀 빌딩(team building), 대인관계 관리, 선수와 지도자 의사소통, 코칭스태프와 협의 등의 직무를 현장에서 수행
3급	• 스포츠심리학과 관련된 기본적 지식을 갖추고, 스포츠와 운동 현장에서 참가자의 참여와 수행을 촉진하는 역할 등 수행 • 구체적으로 교육과 연수를 통해 습득한 스포츠 심리상담에 대한 지식과 각성과 이완조절, 심상, 목표설정 등의 심리기술을 스포츠와 운동현장에 적용

5 스포츠심리상담사의 현장 직무

스포츠심리상담사는 전문적인 교육과 연수과정 그리고 자격취득 후 선수들의 경기력 향상을 목적으로 하는 다양한 심리적 지원 프로그램(상담, 심리기술 훈련, 바이오피드백 훈련 등)을 실시하게 된다. 선수들의 심리적 문제점 해결, 경기력 향상 및 인간적인 성장을 위해 심리지원 프로그램이 구성하며 선수 개인, 선수 부모, 팀 지도자, 소속팀 등과 긴밀한 협력구조를 형성하여 심리지원 프로그램을 더욱 촉진적으로 진행한다.

표 3-4 스포츠심리 지원 절차

절차	내용
① 지원협의	• 지원범위 및 내용 협의 • 선수, 지도자, 스포츠심리상담사 참석 • 선수 또는 팀 심리문제점 확인
② 측정	• 심리검사지 활용 • 1차 초기 상담 및 면담
③ 분석	• 심리상태 분석 • 심리지원 방법 선정 • 지원(상담)과정 및 내용 선정
④ 적용	• 개인(팀) 상담 • 심리교육 실시 • 바이오피드백 훈련 실시
⑤ 평가	• 심리지원 후 선수(팀) 재평가 • 심리능력 향상도 평가 • 심리지원 프로그램 재평가 및 수정 ※ ① 지원협의로 회귀될 수 있음
⑥ 현장참여	• 훈련장 관찰 및 면담 • 시합 전·중·후 실시간 심리상태 상담
⑦ 사후점검	• 시합 후 실패·성공 요인 분석 및 피드백
⑧ 종료	• 종료 후 선수 데이터 관리 및 이용 협의 • 종료 후 선수·팀·지도자와의 관계 재조정 • 심리지원 내용 보고서 작성
기타 고려사항	• 상담 및 측정내용 공유에 관한 안내 • 상담과정 중 선수와 개인적 관계 형성에 따른 주의점 • 정신과 의사, 일반 심리 상담사 간의 역할 규정 • 선수·팀 중심의 일정 관리

1) 개인상담 및 집단상담

　　스포츠심리상담사는 선수와 팀의 심리분석 자료를 토대로 개인 또는 집단 상담을 하게 된다. 상담하기에 앞서 비밀보장에 대한 동의서 내용을 구두로 다시 한번 전달하고, 설문 측정 결과에 따른 피드백 자료를 지도자 및 선수에게 제공하고 충분한 설명 시간을 갖는다. 상담과정의 궁극적인 목표를 설정한 후 선수와 팀의 심리적인 문제점 및 심리적 강점과 약점을 파악하여 개인과 집단 상담을 진행한다. 개인상담의 주된 주제로 지도자-선수 관계, 불안조절, 시합 중 인지전략, 운동의 목표 등을 다루며 집단상담의 주된 목표는 구성원 간의 역할 이해를 통한 팀 응집력 향상이다.

그림 3-3 선수-지도자 상담 중

표 3-5 **집단상담 구성 내용(예시)**

회기	주제	내용
1	오리엔테이션	집단상담의 필요성과 목적
2	팀 이해하기	팀의 장점 및 단점 파악
3	팀 훈련 분위기	훈련 분위기 파악

회기	주제	내용
4	응집력	응집력 이해하기
5	의사소통	의사소통 패턴 확인하기
6	갈등관리	갈등 해결 방안 모색하기
7	셀프리더십	자기조절 및 통제
8	마무리	목표 달성 여부 파악 및 보완점 확인 등

2) 심리기술훈련

'멘탈트레이닝'이라고도 불리는 심리기술훈련(Psychological Skill Training)은 고된 훈련과 경쟁적인 시합에 참가하는 선수들의 경기력 향상, 즐거움 증진, 운동에 대한 만족감을 향상시키기 위한 일련의 체계적인 심리기술 연습을 말한다. 심리기술훈련은 다양한 분야에서 개발되고 있으며, 특히 체육학, 심리학, 경영학, 교육학 등 분야의 이론을 활용하고 적용한다. 심리기술훈련이 선수들의 발전에 기여하는 것은 많은 연구 결과를 통해 밝혀지고 있으나, 좀 더 체계적이고 지속적인 과정을 통해 그 효과성을 보장받을 수 있다. 최근 영국 프로축구 토트넘 홋스퍼의 손흥민 선수는 경기 중 상대 선수를 태클하는 과정에서 상대 선수가 큰 부상을 입는 충격적인 사건을 경험한 후 구단의 심리지원 도움으로 빠르게 정신적인 충격에서 벗어날 수 있었다고 한다.

신체적 훈련에 집중해온 과거와 달리 전문선수들에게 심리기술훈련의 중요성이 점차 확대되어가고 있다. 심리기술훈련을 통해 자신의 잠재력을 끌어내고, 어려운 환경에 잘 적응하여 선수 자신의 최고의 경기력을 보여줄 수 있다. 심리기술훈련은 문제 있는 선수뿐만 아니라 다양한 수준의 선수들에게 필요하며 선수와 스포츠심리상담사 간의 신뢰 관계를 통해 장기간의 접근으로 발전해나가야 한다. 심리기술훈련을 통해 선수들은 자신감 향상, 각성조절 능력, 긍정적인 생각과 이미지, 의사소통 능력, 자기주도성 강화 등이 향상되는 것을 기대할 수 있다.

선수들이 경기 전에 느끼는 심리적인 압박감은 근육의 긴장을 높여주기도 하고 걱정 같은 불안감을 느끼게 하기 때문에 해소하는 것이 필요하다. 신체적 각성을 조절하기 위해 점진적 이완 훈련, 호흡 훈련, 바이오피드백 훈련이 실시되고 인지적인 불안감을 줄이기 위해 사고정지 방법과 인지재구성 기법이 사용되고 있다. 또한, 목표설정 방법을 통해 훈련과 시합에 대한

몸관리	영양제 먹기	FSQ 90kg	인스텝 개선	몸통강화	축이 흔들리지 않기	각도를 만든다	공을 위에서 던진다	손목강화
유연성	몸만들기	RSQ 130kg	릴리스 포인트 안정	제구	불안정함 없애기	힘모으기	구위	하체주도로
스태미너	가동역	식사 저녁7수저 아침3수저	하체강화	몸을 열지않기	멘탈 컨트롤	볼을 앞에서 릴리스	회전수 증가	가동역
뚜렷한 목표, 목적 가지기	일희일비 하지 않기	머리는 차갑게 가슴은 뜨겁게	몸만들기	제구	구위	중심축 회전	하체강화	체중증가
위기에 강하게	멘탈	분위기에 휩쓸리지 않기	멘탈	8구단 드래프트 1순위	스피드 160km/h	몸통강화	스피드 160km/h	어깨주위 강화
기복 만들지않기	승리를향한 집념	동료를 배려하는 마음	인간성	운	변화구	가동역	라이너 캐치볼	피칭 늘리기
감성	사랑받는 사람	계획성	인사	쓰레기 줍기	부실청소	카운트볼 늘리기	포크볼완성	슬라이더 구위
배려	인간성	감사	장비는 소중히	운	심판에대한 태도	슬로우커브	변화구	좌타자 결정구
예의	신뢰받는 사람	지속력	긍정적 사고	응원받는 사람이되자	책읽기	직구와 같은폼으로 던지기	스트라이크에서 볼을던지는 제구	거리의 이미지화

그림 3-4 오타니 쇼헤이의 만다르트 목표설정 방법

체계적이고 명확한 가이드라인을 제공하기 때문에 선수들에게는 필수적인 심리기술이다. 목표설정은 마인드지도 형성(Mind mapping) 과정으로 구체 적이고 다소 어렵지만, 실현 가능하며 단기간의 목표와 장기간의 목표가 동시에 설정되어야 한다. 경기 결과의 목표보다는 훈련과 시합 과정에 대한 목표설정 방법(그림 3-4)을 유도하는 것이 심리기술훈련의 중요한 요소다.

이미지트레이닝도 스포츠심리기술훈련 중 하나의 중요한 부분으로, 실제 훈련과 시합에 참가하지는 않지만 훈련의 효과를 기대해볼 수 있으며 훈련을 통해 집중력 및 자신감 향상, 시합 전략 준비, 기술 수정 등에 효과적으로 영향을 미친다. 이미지트레이닝의 핵심은 머릿속으로 그리는 이미지의 명확성과 통제성이다. 얼마나 실제처럼 이미지를 그릴 수 있는지와 이미지를 줌인-줌아웃과 같이 크기를 조절하고 보는 방향을 조절할 수 있는지가 매우 중요한 요소다.

루틴(Routine)과 혼잣말(Self-talk)의 활용은 선수들의 시합 집중력 향상을 위한 좋은 심리기술이다. 혼잣말은 훈련과 시합 중에 선수 스스로에게 하는 말로 '이겨낼 수 있을 거야'와 같이 동기부여의 형태가 될 수 있고, '페널티킥은 중앙으로 강하게 찬다'와 같이 기술적인 부분에 키워드를 제공해주기도 한다. 실제로 2016년 리우올림픽에서 펜싱 박상영 선수가 경기 중 자신

에게 '할 수 있다'라고 읊조린 장면은 혼잣말이 경기집중력과 불안감 감소에 중요한 역할을 하는 것을 보여주고 있다. 루틴은 선수들이 일관적으로 행하는 행동 패턴으로 시합 전·중·후에 나타나며, 일관성 있는 행동은 선수에게 필요한 것을 놓치지 않게 도움을 주기 때문에 불안감 감소와 집중력 향상에 도움이 된다. 시합 1주일 전부터 하는 루틴과 시합 직전에 하는 루틴이 구별될 수 있으며, 시합 전에 하는 루틴은 선수들의 컨디션 관리에 매우 중요하다. 경기 중에도 특정 기술 수행 전에 하는 루틴도 있다. 세계적인 테니스 스타인 라파엘 나달 선수는 휴식 후 경기장에 들어가는 루틴과 서비스 루틴으로 유명하다.

3) 바이오피드백 훈련(Biofeedback training)

선수들이 심리적 스트레스와 불안감에 효율적으로 대처하기 위해서는 불안을 느끼게 되는 생물학적(Biological) 이해가 필요하다. 왜냐하면 신경전달물질(Neurotransmitter), 호르몬(Hormone) 등의 신경 변화는 선수가 느끼는 기분(Mood)과 정서(Emotion)에 매우 큰 영향을 미치기 때문이다. 예를 들어, 결정적인 순간에 역전홈런을 허용한 투수의 경우 '큰일났다'라는 인식이 뇌에 전달되며 이는 다시 신경계, 호르몬, 근육 등에 정보가 전달되어 심박수가 올라가고, 땀이 나고, 몸이 오싹거리고, 근육이 경직된다. 아무리 인지적으로 '괜찮다'라고 중재하려 해도 극도의 불안감이 잘 조절되지 않는 경우는 신경계 활동이 인지적 활동을 압도해서 그런 것이다. 중추신경계(대뇌) 중 불안 같은 정서조절과 관련된 영역은 변연계(Limbic system)에 포함된 편도체(Amygdala)다.

바이오피드백 훈련은 뇌파, 심박수, 체온, 호흡 비율, 심박 변이도 등의 생리적인 지표를 측정함과 동시에 시각화하는 것으로 생각, 감정의 변화가 생리적 지표에 어떤 변화를 유발하는지에 대한 피험자의 자각도(Awareness)를 높여 생리적 각성(Arousal)에 대한 자기통제감(Self-control)을 높여주는 훈련이다(Weinsberg & Gould, 2014). 특히, 심박 변이도-바이오피드백 훈련은 특정 호흡률을 통해 심박 변이도를 높여 스트레스와 불안 감소 그리고 경기력 향상에 좋은 효과가 있는 것이 연구를 통해 검증되고 있다. 연구에서 제시하는 특정 호흡은 깊고 느린 호흡을 말하며, 들숨과 날숨 비율을 같게 하는 주기호흡이다. 불안조절을 위해 특별히 제시되는 호흡 방법은 들숨 5초, 날숨 5초로 한 번의 호흡 주기가 10초로 1분에 6회의 호흡을 하는 것이다. 주기호흡법은 호흡성동성부정맥(Respiratory Sinus Arrhythmia: RSA)을 최대화하는 데 효과적이다(Lehrer, 2013; Lehrer & Gevirtz, 2014). 호흡성동성부정맥(RSA)은 호흡과 심장박동 패턴 간의 동조현상을 말하며, 들숨 때는 심박수가 증가하고 날숨 때는 심박수가 감소하는 패턴이 유지된다. 깊고 느린 호흡을 통해 호흡과 심박 간의 동조현상과 심리생리적 안정감을 유지하는 것이다. 이러한 상태는 엘리트 운동선수들의 심리 컨디션 조절과 경기 몰입에 매우 큰 영향을 미친다. 〈그림 3-5〉는 바이오피드백 훈련 장면과 컴퓨터 모니터를 통해 다양한 생리적인 데이터의 변화 정도를 확인하는 모습을 보여준다.

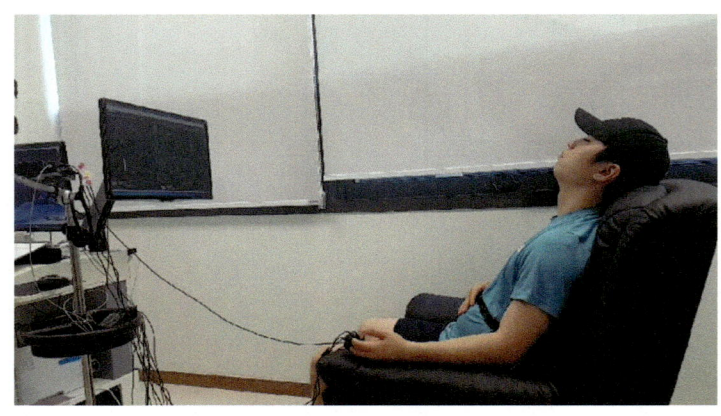

그림 3-5 바이오피드백 훈련 장면

4) 스포츠심리상담사 활용

최근 선수와 팀의 경기력 부진을 심리적인 문제로 여기는 곳이 많아 스포츠심리지원 프로그램에 대한 문의와 요청이 많아지고 있다. 현재 프로팀, 실업팀, 체육회 등에서 스포츠심리전문가를 직접 고용하거나 외부 전문기관에 의뢰하는 형태로 선수들의 심리교육 및 상담과정에 대한 지원을 제공하고 있다.

	기관명
공공기관	• 대한체육회 • 대한장애인체육회 • 한국스포츠정책과학원 스포츠과학실 • 시 · 도체육회 지역스포츠과학센터
전문기관	• 케이스포츠심리상담 • 한국스포츠심리개발원 • TOP 멘탈코칭 • 한국멘탈코칭센터

참고문헌

한국스포츠심리학회(www.kssp.or.kr)

Carron, A. V. (1982). Cohesiveness in sport groups: Interpretations and considerations. Journal of Sport Psychology, 4, 123-138.

Deci, E. L., and Ryan, R. M. (2012). Motivation, Personality, and Development within Embedded Social Contexts: An Overview of Self-Determination Theory. The Oxford Handbook of Human Motivation. Oxford: Oxford University Press.

Duda, J. L. (1989) Relationship between task and ego orientation and the perceived purpose of sport among high school athletes. Journal of Sport and Exercise Psychology, 11, 318-335.

Feltz, D. L., & Short, S. E., & Sullivan, P. J. (2008). Self-efficacy in sport. Champaign, IL: Human Kinetics.

Lehrer, P. M. (2013). How does heart rate variability biofeedback work? Resonance, the baroreflex, and other mechanisms. Biofeedback, 41, 26-31.

Lehrer, P. M., & Gevirtz, R. (2014). Heart rate variability biofeedback: how and why does it work? Front Psychol, 5: 756.

Martens, R., Vealey, R. S., Burton, D., Bump, L., Smith, D. E. (1990). Development and validation of the Competitive State Anxiety Inventory-2 In R. Martens, R. S. Vealey, & D. Burton (Eds.), Competitive anxiety in sport (pp. 117-178) Champaign, IL: Human Kinetics.

Vealey, R. S. (1986). Conceptualization of sport-confidence and competitive Orientation: Preliminary investigation and Instrument Development. Journal of Sport Psychology, 8(3), 221-246.

Weinsberg, R. S., & Gould, D. (2014). Foundation of Sport and Exercise Psychology (6th Ed.). Champaign, IL: Human Kinetics.

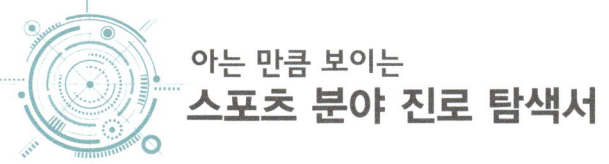

아는 만큼 보이는
스포츠 분야 진로 탐색서

Chapter **4**

건강과 퍼포먼스 향상을 위한 스포츠과학의 기초

스포츠생리학

동국대학교 사범대학 체육교육과 · 김언호

1 신체활동과 운동의 이점

운동은 고대 문화를 시작으로 수천 년 동안 인간의 건강에 중요한 것으로 여겨져왔다. 그리스 의사이자 '의학의 아버지'라고 불리는 히포크라테스는 "걷기는 사람의 가장 훌륭한 약(Walking is man's best medicine)"이라고 했다. 누구나 알고 있는 것처럼 건강을 유지하고 증진하는 데 운동은 필수다. 그러나 많은 사람은 운동의 중요성은 알고 있지만 행동하지 못하다가 건강에 이상이 생기면 그제야 운동 혹은 신체활동의 중요성을 깨닫는다. 우리 삶에 중요한 건강을 잃기 전에 규칙적인 운동 습관을 가지는 것이 중요하고, 운동을 어떻게 해야 최대의 효과를 볼 수 있는지 알아야 한다.

운동을 생리학적으로 보면 여러 가지 이점이 있다. 적절한 운동을 하면 근육과 심폐기능을 증진시키고, 혈압을 조절하는 데 도움을 주며, 많은 호르몬과 효소의 활성을 증진시키는 데 도움을 준다. 운동을 꾸준히 하면 근력을 증가시킬 뿐만 아니라 순발력과 균형성 같은 운동능력 발달을 가져다주고, 이러한 운동 능력의 향상은 건강한 삶을 영위할 수 있는 매우 긍정적인 효과를 준다. 건강하게 살기 위해서는 여러 가지 요소를 살펴봐야 할 것이다. 예를 들어 식습관, 유전자, 환경요인, 운동, 스트레스 등이 있을 것이고 이러한 요소들을 유지하고 관리하는 것이 신체의 기본 단위인 세포의 기능일 것이다. 이러한 세포들이 모여서 조직(Tissue), 기관(Organ) 및 계통(System)을 만들어 삶을 유지하게 해준다. 호흡을 통해 들어온 산소와 영양소는 혈액의 순환을 통해 세포로 전달되며, 이러한 과정을 통해 만들어진 에너지는 장기 또는 신체기능을 할 수 있는 원동력이 된다. 신체활동 혹은 운동을 통해 튼튼해진 심장과 폐는 산소와 영양소 전달을 촉진하여 신체기능을 증진시킨다. 이렇듯 운동은 생명을 유지하거나 삶의 질을 높이는 데 매우 중요한 역할을 하고 있다.

신체활동과 운동은 종종 혼용(Interchangeable)되지만 같지는 않다. 신체활동(Physical Activity)은 모든 신체적 움직임을 나타내는 말이고, 운동(Exercise)은 여가 신체활동의 한 종류다. 대부분의 트레이닝 및 스포츠는 운동으로 여기면 될 것이고, 그 이유는 계획되고 체력(Physical Fitness)을 향상시키는 데 도움이 되기 때문일 것이다. 주변 사람들에게 규칙적으로 운동을 하는지 물어보면 많은 사람의 대답은 아니라고 할 것이다. 그러나 많은 사람은 규칙적인 신체활동의 건강 효과를 알고 있다. 미국대학스포츠학회(ACSM: American College of

Sports Medicine)에 의하면 규칙적인 신체활동과 운동을 통한 건강의 이점은 다음과 같다.

가. 당뇨병과 대사증후군 위험 감소

당뇨병은 높은 혈당(Blood Sugar)으로 인해 발생하는 질병이다. 이러한 혈당을 조절하거나 치료하지 않으면 신장 기능부전 및 시력상실 등 많은 문제를 초래할 수 있다. 규칙적인 신체활동과 운동으로 혈당을 조절함으로써 제2형 당뇨병의 발병 위험을 감소시킬 수 있다.

[당뇨병 환자를 위한 운동 권고]
- 권고기관: 미국스포츠의학회(ACSM)
- 목적: 혈당 조절, 인슐린 민감도 조절, 당화혈색소(HbA1c) 조절, 체중 조절, 혈압 조절
- 출처: 미국스포츠의학회 운동검사 · 운동처방 지침

권고사항

구분	특징	강도	지속시간	형태
유산소운동	주당 3~7일	중강도~고강도(Moderate to Vigorous)	제1형 당뇨병: 중강도에서 주당 150분 또는 고강도에서 주당 75분 제2형 당뇨병: 중~고강도로 주당 150분	대근육군을 이용한 신체활동(걷기, 사이클링, 수영)
저항운동	연속되지 않은 주당 2일 혹은 주당 3일	중~고강도(Moderate to Vigorous)	초기 트레이닝에서는 10~15회 반복으로 1~3세트 실시하고 점차적으로 무게를 올려 8~10회 반복으로 1~3세트 실시	프리웨이트나 머신운동기구
유연성운동	주당 2~3일 이상	불편한 지점이 올 때까지 실시	정적 스트레칭일 경우 10~30초로 2~4회 반복	정적, 동적, PNF 스트레칭

나. 심혈관계 질환 위험요인 감소

심혈관질환(Cardiovascular Disease)은 현대사회의 주요 사망 원인이다. 규칙적인 신체활동과 운동은 심혈관질환의 발병 위험을 감소시키고 심장발작 같은 사망 위험을 줄인다. 규칙적

인 유산소운동을 할 경우 안정기 수축기 및 이완기 혈압 감소 및 체지방 감소와 심장질환이나 뇌졸중 발생 위험이 감소한다. 콜레스테롤 수치를 개선하는 데도 효과적이다.

[심장재활환자를 위한 운동 권고]
- 권고기관: 미국스포츠의학회(ACSM)
- 목적: 심장질환 예방 및 심장질환 개선
- 출처: 미국스포츠의학회 운동검사·운동처방 지침

권고사항(입원환자)

요소	빈도	강도	기간	종류
유산소운동	입원 후 3일 동안 2~4회 세션	심근경색 환자와 심장수술 후 회복 중인 환자는 목표심박수를 안정시심박수보다 각각 20회와 30회 높게 설정	3~5분 걷기부터 시작하고 운동시간과 휴식시간의 비율이 2:1을 유지하도록 하고 10~15분 걷기가 되도록 함	걷기(트레드밀 사용 가능)
저항운동	1일 1회 이상 권고하지만 가능한 범위 내에서 횟수를 늘릴 수 있음	낮은 강도의 스트레칭	30초 이상 실시	능동스트레칭을 하고 관절가동범위를 신경 씀

※심장재활 입원환자에게는 저항성운동을 권장하지 않음.

다. 뼈와 근육의 강화

뼈는 신체 움직임이 일어날 수 있도록 하는 지렛대 역할을 하며 내부 장기를 보호한다. 골밀도(Bone Mineral Density) 개선은 골절 위험을 줄이며, 특히 나이 많은 여성에게 더 보편적이다. 운동은 골밀도를 개선하고 뼈의 건강을 향상시킬 수 있다. 많은 연구에 의하면, 규칙적인 운동은 노화에 따른 골밀도의 감소를 늦출 수 있으며 고관절 골절, 관절염, 근감소 예방에도 효과가 있다. 저항성운동(Resistance Exercise) 같은 신체활동은 골밀도에 영향을 주며, 특히 노인의 골감소증(Osteoporosis)을 예방하고 골다공증을 치료하는 데도 유용하다.

[골다공증 환자를 위한 운동 권고]

- 권고기관: 미국스포츠의학회(ACSM)
- 목적: 골다공증 예방 및 골다공증 환자의 골밀도 개선
- 출처: 미국스포츠의학회 운동검사·운동처방 지침

권고사항

구성	빈도	강도	기간	형태
유산소운동	주당 4~5일	중강도(여유심박수의 50% 수준)	20분으로 시작하여 서서히 최소 30분으로 늘림	걷기, 사이클링 등
저항운동	연속되지 않은 주당 1~2일로 시작하여 주당 2~3 늘림	마지막 2번이 힘이 들도록 강도를 설정	8~12회 반복으로 1세트로 시작하여 2주 후부터는 2세트로 증가(세션당 8~12회 이상 하지 말 것)	안전을 고려하여 장비를 선정할 수 있음
유연성운동	주당 5~7일	불편한 지점이 올 때까지 실시	10~30초 동안 실시 (2~4회 반복)	정적 스트레칭

라. 암 발생 위험 감소

규칙적으로 운동을 실천하는 사람은 그렇지 않은 사람보다 대장암과 유방암의 위험이 낮고, 다른 여러 가지 암에도 긍정적인 효과를 주어 삶의 질과 더불어 암을 극복할 수 있는 체력을 길러준다.

[암 환자를 위한 운동권고]

- 권고기관: 미국스포츠의학회(ACSM)
- 목적: 신체기능 저하 예방
- 출처: 미국스포츠의학회 운동검사·운동처방 지침

권고사항

운동요소	빈도	강도	기간	종류
유산소운동	주당 3~5일	중~고강도(Moderate to Vigorous)	중강도에서 주당 150분 또는 고강도에서 주당 75분	걷기, 사이클링, 수영 같은 대근육군을 사용하는 규칙적인 운동
저항운동	주당 2~3일	저강도에서 시작하여 점증적으로 강도를 증가시킴	최소 8~12회 반복으로 1세트	대근육군 운동을 위한 프리웨이트 또는 머신운동기구
유연성운동	주당 2~3일	관절가동범위 내에서 실시	10~30초 동안 실시	정적 스트레칭이 주로 쓰이고 방사선 치료 또는 수술로 인한 특정관절은 제외

마. 기타 이점

- 불안과 우울증 감소
- 지적기능 개선
- 행복감 개선
- 낙상 위험 감소
- 노인질환 예방과 치료효과 증진

2 운동생리학이란?

생리학은 분자, 세포, 그리고 장기가 화학적 또는 물리적으로 어떻게 기능하는지를 연구하는 과학의 한 분야다. 그리고 운동생리학은 신체적 스트레스에 대한 단기적인 반응과 시간이

지남에 따라 신체활동에 반복적으로 노출되는 것과 관련하여 신체가 어떻게 적응하는지를 다루는 학문이다. 다시 말하자면 신체활동 및 운동을 하면 세포 단위에서부터 변화가 생기고 그런 변화에 신체가 어떻게 변하는지를 연구하는 학문이라고 할 수 있다. 운동생리학자들은 비만, 당뇨병, 만성질환, 고혈압 등과 같은 질환을 감소시키기 위해 운동이 어떻게 건강을 증진시키는지에 대해 연구했으며, 규칙적인 운동에 의해 발달한 체력이 건강에 긍정적인 역할을 하는 근거를 제시하고 어떻게 삶의 질과 수명을 연장시키는지를 보여주었다. 그리고 운동생리학은 융·복합적인 학문이고 신체활동 및 운동을 통해 체력향상 및 재활운동의 생리학적 기초를 제공한다. 따라서 운동생리학은 해부학, 스포츠의학, 운동영양학을 포함한 학문이라고 할 수 있다.

운동생리학은 비만, 우울증, 당뇨병, 고혈압, 관절염, 골다공증 등 질병의 치료 및 관리에 도움을 준다. 일반적으로 만성질환은 한국과 세계 여러 나라에서 주요 사망 원인 중 하나다. 만성질환의 주요 원인은 신체활동 부족이다. 규칙적인 운동은 만성질환의 관리 및 건강 개선에 도움이 된다. 예를 들면 유산소운동 같은 규칙적인 신체활동은 체내 인슐린을 도와 혈당 수치를 효과적으로 낮추어 당뇨병을 관리할 수 있고, 에너지 사용의 증가를 통해 체중을 조절하는 데 중요하다. 관절염의 치료 및 관리에서 운동은 통증을 완화하고 관절의 근육 강도를 유지하고 관절 경직을 줄이는 데 도움이 된다. 우울증이 있을 때 운동은 불안의 증상을 완화하고, 기분을 개선하며, 자신감을 얻고, 걱정을 떨쳐버리는 데 도움이 된다. 규칙적인 운동으로 관리할 수 있는 또 다른 질병으로는 고혈압이 있다. 규칙적인 운동이 심장에서 혈액을 더 많이 펌핑할 수 있도록 도와주고 혈압을 조절해주는 기능을 한다.

운동생리학은 재활과정에서 회복할 수 있도록 많은 도움을 줄 수 있다. 재활은 부상, 질병 또는 수술 후 통증을 줄이거나 기능을 회복하기 위해 노력하는 전반적인 과정이다. 재활운동은 관절가동범위, 근력 및 지구력을 회복하는 데 도움이 되므로 재활과정에서 매우 중요하다. 손상 후 재활운동의 주요 목표는 손상 전의 활동 수준과 힘을 회복하는 것이다. 이는 재부상 확률을 낮춰준다. 완전한 회복을 보장하기 위해 재활에 대한 전문적인 도움을 구하는 것이 중요하고 운동생리학자는 재활의 기본 원리와 영향을 받은 관절이나 근육이 어떻게 기능해야 하는지에 대한 완전한 지식을 가지고 있어야 한다. 이러한 지식은 효과적인 재활 계획을 구성하는 데 도움이 된다. 재활운동에는 일반적인 초기 운동인 스트레칭이 포함된다. 스트레칭은 유연성 같은 관절의 가동범위를 증가시킨다. 무릎, 어깨, 목, 발목, 손목 및 엉덩이에 부상을 입은 사람들에게 통증을 줄이고 서서히 움직임을 회복시킨다.

3 알아두어야 할 운동생리학의 기본

정부는 직장, 지역사회 또는 체육단체 등에서 체육을 지도할 수 있도록 국민체육진흥법에 따라 자격증제도를 마련하고 있다. 이러한 자격증의 목적은 국민건강증진 및 전문체육지도자 양성을 위해 전문스포츠지도사, 건강운동관리사, 생활스포츠지도사, 유소년스포츠지도사, 노인스포츠지도사, 장애인스포츠지도사 같은 체육지도자를 양성하기 위한 것이다.

스포츠지도사는 운동 시 일어나는 인체의 생리적 과정을 이해하고 적용하는 것이 중요하다. 인체의 생리학적 과정을 이해하지 못하면 움직임과 신체활동의 수행력을 극대화시키는 효율적인 방법을 제시할 수 없다. 그렇다면 체육전문가로서의 건강 및 신체활동 수행력 향상의 방법을 모색하는 데 어려움이 있을 것이다. 물론 예전부터 전수 받은 경험에 의해 성과를 거두는 경우도 있지만, 이러한 방법이 최상의 방법이라고 할 수는 없다. 경험에 의존하는 방법도 중요한 한 부분이라고 할 수는 있지만, 지도자 자신의 경험이라는 한계적인 방법에 의해 지도방법이 결정되기 때문에 좀 더 창조적이고 과학적인 방법의 지도는 어려움을 겪게 될 것이다. 이러한 관점에서 볼 때 운동생리학은 지도자에게 과학적이고 체계적인 지도 방법을 모색할 수 있는 능력을 제공해줄 것이며 최상의 지도 방법을 구성하는 능력에 도움을 줄 것이다. 운동생리학적 지식은 다양한 집단의 개인차에 따른 지도방식을 개발하는 데 도움을 줄 것이고, 체력적인 발육과 발달에 미치는 운동의 영향에 따른 이상적인 체력향상과 운동기술 습득과정에서 중요한 가이드라인을 줄 수 있다. 스포츠지도자나 건강 관련 전문가들은 더욱 포괄적인 의학적인 지식도 함께 요구된다. 왜냐하면, 스포츠 활동의 참여를 원하는 사람들에게 건강은 아주 중요한 동기이기 때문이다. 특히 여러 가지 기계화된 환경에서 많은 사람은 비만 같은 만성질환의 유병률이 증가했으며, 이러한 질병을 예방하고 치료하기 위해 여러 가지 조건에서 나타나는 운동에 대한 급성 혹은 만성적인 반응을 이해하는 스포츠전문가가 필요하게 되었다.

운동생리학은 운동 자극에 대한 인체 반응 및 적응 과정을 분석하는 것으로 스포츠과학의 중요한 한 분야다. 또한, 운동생리학은 운동이라는 자극 형태의 트레이닝 등에 의해 나타나는 적응 현상을 다루는 학문으로, 신체가 기능적인 관점에서 어떻게 반응하고 조절되며 적응하는지를 다루는 학문이라고 할 수 있다. 신체활동 혹은 운동으로 인한 인체의 반응과 적응이 사람에게 미치는 수행력과 건강에 상응하는 생리적 의미를 연구하고 운동지도자에게 최상의 운동방법을 제시하는 능력을 갖게 해주는 운동생리학은 스포츠 관련 분야의 가장 기초적인 학문이라고 할 수 있다. 인체의 생리적 과정을 이해하지 못하면 인체의 수행력을 극대화할 방법을 모색하기 어렵기 때문에 운동생리학은 중요하다고 할 수 있다. 운동생리학에서 무엇을 공부하는지 간단하게 살펴보면 다음과 같다.

- 생체에너지의 기초
- 운동 시 에너지 대사
- 순환계와 운동
- 심혈관계와 운동
- 근신경계와 운동
- 내분비계와 운동
- 무산소성 및 유산소 에너지 시스템과 운동
- 산-염기 균형과 운동
- 만성질환과 운동
- 심폐 체력과 운동
- 영양 및 신체조성과 운동
- 환경과 운동
- 노화와 운동
- 운동수행 능력을 위한 트레이닝
- 건강을 위한 운동요법

1) 운동과 에너지 대사(metabolism)

인간은 살아가기 위해 에너지가 필요하며, 자고 있어도 책상에 가만히 앉아있어도 운동할 때도 에너지를 사용한다. 즉, 인체가 활동하기 위해서는 지속적인 에너지 공급이 필요하다. 자동차를 움직이려면 연료가 필요하듯이 사람이 운동하기 위해서는 반드시 ATP(Adenosine Triphosphate)라는 고에너지 화합물이 필요하다. 에너지는 물리적인 일을 할 수 있는 능력을 의미하며, 우리 인체는 음식물을 통해 에너지를 보충한다. 인간이 사용하는 에너지는 화학에너지로 대사작용을 통해 생물학적으로 이용 가능한 에너지로 바뀌게 되며, 신체는 탄수화물, 지방, 단백질을 매일 섭취함으로써 휴식과 운동 중에 필요한 에너지를 공급받는다. 운동 중에 필요한 주요 영양소는 지방과 탄수화물이며, 단백질은 전체 에너지 생산에 매우 적은 기여를 한다. 효소 촉매를 통해 대사경로를 거친 에너지원들은 ATP 분자로 변환되며, 이러한 고에너지 화합물(ATP)은 근수축과 다른 많은 세포 기능을 위해 이용된다. 이러한 경로들은 우리가 태우는 연료의 연소를 조절하고, 인체의 연소량(에너지소모량)을 측정하기 위해 측정 단위인 열량이나 칼로리로 측정된다. 어떤 종목의 운동을 하느냐에 따라 어떠한 에너지 대사를 주로 강화시켜야 하는지를 이해하는 것이 중요하다. 단거리 선수와 장거리 육상선수의 훈련 방법에 따라 어떤 에너지 대사를 강화시켜야 하는지의 이해가 반드시 수반되어야 할 것이다. ATP를 공급하는 방법인 ATP-PC 시스템, 해당과정 시스템, 유산소 시스템에 대한 지식을 가지고 있어야 한다. 운동의 강도와 동작의 지속시간에 의해 운동의 주 에너지 시스템이 결정된다.

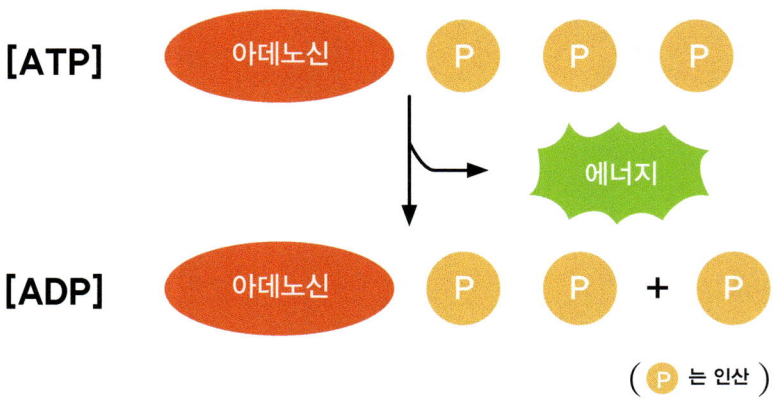

그림 4-1 운동과 에너지 대사

가. 탄수화물

탄수화물은 탄소, 수소, 산소로 구성되고 저장된 탄수화물은 신체에 가장 빠르게 에너지를 제공하며, 탄수화물 1g당 약 4kcal의 에너지를 생산한다. 탄수화물은 세 가지 형태로 단당류, 이당류, 다당류로 나눠진다. 첫째, 단당류는 포도당과 과당 같은 단일 설탕이다. 둘째, 이당류는 2개의 단당류가 결합하여 형성되며, 각설탕인 자당은 포도당과 과당으로 구성된다. 셋째, 다당류는 3개 이상의 단당류를 포함하는 복잡한 탄수화물이며, 3개의 단당류로 구성되거나 비교적 큰 분자인 수백 개의 단당류로 구성되어 있다. 인간은 녹말, 밀, 강낭콩, 감자, 완두콩에 있는 전분은 쉽게 소화하는데 이런 것들은 우리의 식사에 가장 중요한 탄수화물의 원천이 된다. 음식물 섭취 후 전분은 단당류로 분해되어 세포의 에너지원으로 사용되거나 나중에 필요한 에너지로 사용되기 위해 세포 안에 저장된다.

나. 지방

지방은 탄수화물 같은 화학적 요소를 포함하고 있지만, 산소에 대한 탄소의 비율이 탄수화물보다 훨씬 더 크다. 지방 분자는 무게당 많은 양의 에너지를 포함하고 있기 때문에 저장된 체지방은 장시간 운동에 적합한 연료다. 지방 1g은 약 9kcal의 에너지를 생산하며, 이는 탄수화물이나 단백질보다 2배나 많다. 지방은 물에 녹지 않으며 식물과 동물에서 모두 발견된다. 과도한 지방 섭취는 과체중과 비만의 주요한 원인이고, 심장병, 고혈압, 당뇨, 몇 가지 종류의 암 그리고 다른 질병들의 주요 인자다. 그리고 많은 연구에서 신체활동이 적은 사람들이 지방 섭취가 높다고 했다.

다. 단백질

단백질은 '아미노산'이라고 불리는 작은 하위단위로 구성되는데, 신체에 필요한 여러 형태의 조직, 효소, 혈중 단백질 등을 형성하려면 적어도 20여 종의 아미노산이 필요하다. 이 중 9개의 아미노산은 필수아미노산으로 체내에서 합성되지 않으므로 반드시 음식을 통해 섭취해야 한다. 단백질은 '펩타이드 결합'이라고 불리는 화학적 결합에 의해 아미노산 고리로 형성되어 있으며, 1g당 약 4kcal의 에너지를 낸다. 근조직의 손실을 방지하고, 훈련의 이점을 얻기 위해서는 적절한 단백질과 칼로리를 섭취해야 한다. 가장 좋은 방법은 체중을 천천히 줄이거나 혹은 격렬한 훈련 중에도 체중을 잃지 않는 것이다. 심지어 적절한 단백질 섭취를 할지라도 훈련 중 빠른 체중 감소는 근육과 효소단백질의 손실을 위협한다.

2) 근육 기능과 운동

　근육 기능은 신체활동에서 가장 핵심적인 능력이라고 할 수 있다. 신경계에 의한 신경 자극의 전달 및 호흡 순환계에 의한 산소 운반 등을 바탕으로 근수축을 수행하게 된다. 근력이란 근육이 단 한 번에 발휘할 수 있는 최대의 힘이나 외부에서 가해지는 힘에 대해 저항하는 능력이며, 근력은 근수축 방법에 따라 정적 근력과 동적 근력으로 구분할 수 있다. 근육의 길이 변화 없이 힘을 발휘하는 근력을 말한다. 동적 근력은 파워 또는 순발력 같은 정적 근력에 비해 순간적으로 근섬유를 수축시켜 폭발적인 힘을 발휘할 때 사용하는 근력을 말한다.

가. 골격근의 구조

　근육은 '근섬유(Muscle Fiber)'라고 불리는 세포로 구성되어 있으며 근섬유는 여러 개의 근원섬유로 구성되어 있다. 근원섬유는 액틴과 마이오신이라는 단백질 필라멘트로 구성되어 있다. 근형질세망은 근육의 근형질 내 근섬유와 평행하게 붙어 있는 막 채널 연결망으로, 칼슘의 저장소 역할을 한다. 인간의 골격근은 각각 근섬유의 조직화학적 특성에 따라 여러 종류로 구분할 수 있다. 특히 근섬유는 두 가지 일반적인 범주인 지근섬유와 속근섬유로 구분한다. 지근섬유는 수축 속도가 느린 골격근 섬유로 유산소성 대사 능력이 좋다. 속근섬유는 수축 속도가 빠른 골격근 섬유로 무산소성 대사 능력이 좋다. 따라서 개인의 골격근 섬유 비율은 유전적 요인과 혈액 속의 호르몬 수준, 운동 형태에 따라 영향을 받으며, 골격근을 구성하는 섬유 비율은 파워와 지구력 경기에서 운동 능력을 좌우하는 중요한 역할을 한다.

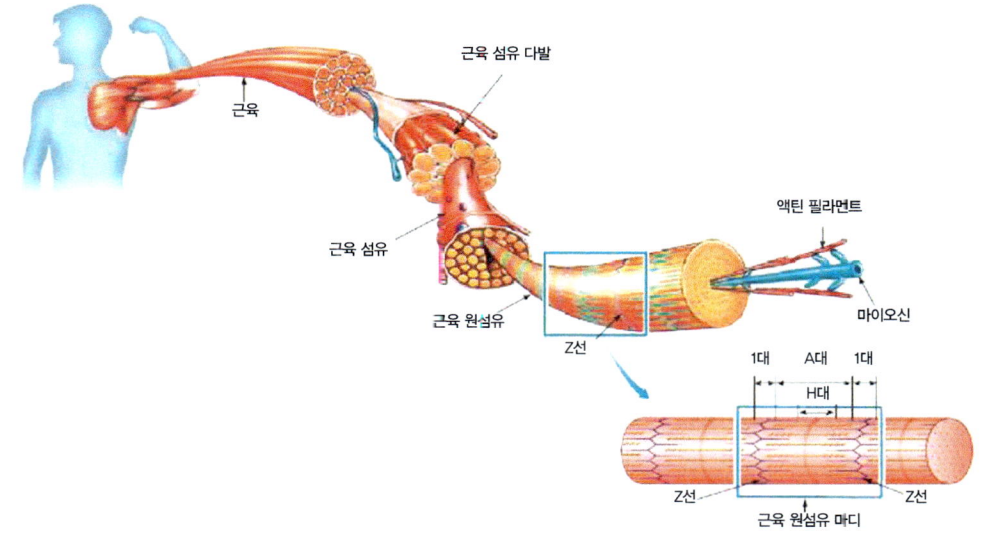

그림 4-2 골격근의 구조

나. 근 기능에 영향을 미치는 요인

저항성운동은 다양한 필요 및 목표와 능력을 가진 사람들의 근육 기능을 높이는 데 안전하고도 효과적인 방법임이 입증되었다. 최근에는 아동, 여성 그리고 노인을 대상으로 한 저항운동이 일반인 및 의료계 종사자들의 관심을 지속적으로 유발하고 있다. 저항운동 프로그램을 계획하고 평가하려면 근력 및 컨디셔닝 전문가는 연령과 성이 인체 조성, 근력, 그리고 훈련 가능성에 어떤 차이를 초래하는지와 그것들의 각 개인에 대한 의미를 이해할 필요가 있다고 한다.

노화가 점진적인 근력의 감소를 가져오는 것은 잘 알려진 사실이다. 노화가 진행되는 동안 신경계의 변화가 발생함에도 노화로 인한 대부분의 근력 손실은 근육량의 감소로 인한 것이며, 나이와 관련된 근육량의 손실은 '근육감소증'이라고 부른다. 노화가 모든 사람의 근육량과 근력의 손실을 가져오지만, 근력 트레이닝의 평생 프로그램으로 상대적으로 높은 수준의 근력을 유지할 수 있다. 그러므로 근력 트레이닝이 노화로 인한 근 손실을 완벽하게 막지 못하지만, 규칙적인 저항성운동을 하는 사람은 적게 활동하는 사람에 비해 일생에 걸쳐 훨씬 더 높은 수준의 근력을 유지할 수 있다.

> **유전은 체력에 영향을 미치는가?**
> 세계 수준의 운동 종목 선수들, 특히 지구성 능력은 부모에게서 물려받는다. 이는 선천적으로 타고나는 엄청난 재능이기도 하고, 높은 수준의 지구성 운동 능력을 얻기 위한 다년간의 조직적인 트레이닝에 많은 영향을 미치기도 한다. 최근 자료들에 의하면 트레이닝에 의한 근육의 능력 역시 선천적으로 타고나는 것이며, 트레이닝에 의한 5~30% 이상이 유전에 영향을 받는다고 하며, 생리적 그리고 체 구성과 같은 다른 선천적인 요인들도 높은 수준의 운동수행에 잠재적인 영향을 미치게 된다.

다. 근수축의 형태

동적 근력(등장성 수축, Isotonic Contraction)

일부 저항이 일정한 상태에서 근육이 짧아지는 수축 유형으로, 동적 근력 측정은 스포츠나 운동수행과 관련이 있으며, 기계장치를 이용한 웨이트 리프팅이나 프리웨이트는 등장성 근력 훈련의 흔한 형태다.

정적 근력(등척성 수축, Isometric Contraction)

근섬유 길이에는 변함없이 장력을 발생하고, 고정된 대상에 대해 저항하여 최대 힘을 쓸 때 측정될 수 있으며, 동작의 모든 범위에 걸쳐 반드시 동적 근력이나 근력을 반영하지 않는다. 고정된 대상에 대해 최대 힘을 발휘함으로써 훈련된다.

등속성 근력(Isokinetic Contraction)

관절각이 동일한 속도로 움직이는 근수축으로 재활치료에 효과적이며, 값비싼 장치나 유압 기계장치로 측정할 수 있다. 이는 근수축의 속도 제어뿐만 아니라 동작의 모든 범위에 걸쳐 최대 힘을 쓸 수 있도록 한다. 스포츠의학 전문가들은 무릎 신전과 굴곡의 근력, 파워, 지구력을 검사하고, 무릎 수술을 한 운동선수를 회복시키는 데 이 기계장치를 이용한다.

3) 신경계와 운동

신경계는 근육수축을 위한 전기적 자극과 화학적 자극을 이용해 근육의 수축을 유도한다. 인체를 조절하는 기능을 가지고 있으며, 대뇌로부터 척수를 이루는 중추신경계(Central Nervous System)와 각 신체 부위의 움직임을 조절하는 말초신경계(Peripheral Nervous System)로 나누어진다. 신경계는 인체 내에서 매우 복잡한 구조를 가지고 있으며, 자극전달 및 인체의 정보를 통합해서 조절한다. 운동신경은 감각신경으로부터 들어온 정보에 대한 반응 신호를 중추신경계에서 신체의 각 조직 및 기관, 계통에 보내는 역할을 하며 운동신경계는 자율신경계(Autonomic Nervous System)와 체성신경계(Somatic Nervous System)로 구성되어 있다. 이때 감각신경은 중추신경계로 정보를 전달하므로 '구심성 섬유(Afferent Fibers)'라고 하고, 운동 신경은 중추신경계로부터 자극을 전도하므로 '원심성 섬유(Efferent Fibers)'라고 한다. 신경계는 신경세포(Neuron)들로 구성되어 있으며 뉴런은 세포체(Cell Body), 가지돌기(Dendrite), 축삭(Axon)으로 나뉜다. 그리고 운동은 감각성 기능의 구심성과 운동 기능의 원심성을 포함하는 말초신경계의 상호조절작용에 의해 조절된다.

4) 심폐 체력과 운동

운동 시 가장 기본적으로 요구되는 산소 공급과 이산화탄소 배출은 매우 중요하다. 우리 인체는 생명 유지와 활동을 위해 산소를 공급받아야 한다. 체내에 흡수된 산소를 이용해 에너지원인 글리코겐과 체지방을 연소시키고 운동하는 데 필요한 에너지를 만들어낸다. 유산소운동은 호흡에 의해 조직으로 들어오는 산소를 이용하여 에너지를 형성하고 그 에너지에 의해 근수축을 일으키는 운동을 의미한다. 몸 안에 최대한 많은 양의 산소를 공급함으로써 심장과 폐의 기능을 향상시키고 스트레스를 감소시켜 심신 안정에 영향을 줄 수 있다. 유산소 훈련에 의해 체중과 체지방의 변화, 젖산과 심폐 기능의 변화, 혈청지질과 스트레스 호르몬의 변화 등이 이루어지는데, 이 유산소 능력의 주체가 되는 심폐지구력은 심박수, 최대산소섭취량, 환기역치, 젖산 등과 밀접한 관계가 있다. 유산소운동은 적은 양의 젖산을 만들어낸다는 점에서 상대적으로 즐겁고 고통 없이 즐길 수 있는 운동이며, 운동 중에도 다량의 저장 지방을 산화시키기 때문에 장시간의 운동 중 충분한 에너지를 공급받을 수 있다. 또한 유산소운동 중 파트너와 함께 이야기도 나눌 수 있고 수 분에서 수 시간 동안 오래 운동하는 것도 가능하다. 유산소운동과 무산소운동의 차이로는 운동 강도로 설명할 수 있다.

　유산소운동은 활동 전반에 걸쳐 지속적인 산소 공급을 위한 유연한 호흡 조절을 통해 신체를 효과적으로 다루도록 하여 호흡과 동작에 균형을 전제하며, 비교적 편안한 호흡을 전제로 신체를 물리적으로 사용함으로써 탄수화물뿐만 아니라 지방도 에너지원으로 사용하게 된다. 무산소운동은 호흡을 멈추고 짧은 시간에 강하고 많은 에너지를 이용하는 활동이 포함되며, 이는 주로 단시간에 근육을 활성화시킬 목적으로 사용된다. 유산소운동과는 다르게 고강도 운동으로 이루어지고, 신체가 긴급하게 에너지 공급을 받는 과정에서 에너지 생산효율이 가장 높은 탄수화물을 에너지원으로 사용하게 된다.

가. 최대산소섭취량

　유산소 체력이란 산소를 섭취, 운반 그리고 활용하는 최대 능력을 말하며, 이것은 최대산소섭취량(VO_2max)을 측정하는 실험실을 통해 가장 정확하게 측정할 수 있다. 검사는 트레드밀이나 다른 운동장비를 통해 주어지는 운동 강도를 얼마나 오랫동안 유지할 수 있는지에 대해 측정하는 것이며, 산소섭취량과 이산화탄소 생성량 그리고 들이마시는 공기량에 대한 대사적 측정 시스템으로 컴퓨터를 통해 자동으로 계산된다. 이렇게 얻어진 높은 산소 수준을 '최대산소섭취량' 혹은 '유산소 체력'이라 한다. 최대산소섭취량은 산소운반계와 소비계가 최대로 활동하여 소비한 산소량으로 정의되며, VO_2max로도 나타낸다. V는 섭취량을 의미하며, O_2는 산소, max는 최대를 의미하며, 유산소성 능력을 정확하게 나타내는 객관적인 지표다.

나. 심폐 기능과 트레이닝

　유산소 트레이닝은 에너지를 유산소적으로 생성하고 지방을 사용하기 위한 근육의 능력을 향상시키는 트레이닝이며, 지방 연소 능력을 향상시키며 지방조직에 저장된 풍부한 양의 에너지를 더 잘 사용할 수 있도록 해준다. 트레이닝은 지방조직으로부터 지방을 동원하고, 순환계를 통해 지방을 운반하며, 운동하는 근육에서 지방을 대사하는 능력을 향상시킨다. 유산소적으로 단련된 사람은 휴식이나 회복하는 동안에도 지방을 사용하고, 근육이 더 많은 글리코겐을 저장하도록 해주며, 장시간의 트레이닝은 유산소성 역치를 증가시킬 것이고, 고강도의 운동은 젖산 역치를 증가시킨다.

　건강은 습관, 유전, 환경 및 병력 등의 기능에 해당하며, 생리학적 연령은 건강, 생리적 능력 및 운동능력 결합의 척도다. 생리학적 연령의 가장 최적의 측정지표는 아마 유산소운동 능력일 것이다. 체력, 운동능력 및 건강에 관한 체중 및 체지방 관리 프로그램의 유익함은 분명하다. 심폐 기능의 향상과 체지방 감소는 더욱 활동적인 생활이 가능하도록 해주며, 연령 증가에 따라 나타날 수 있는 체력 감소 현상을 최소화할 것이다.

5) 운동생리학과 진로

운동생리학은 신체적인 움직임이나 운동과 관련된 생리학적 변화를 공부하는 분야다. 일시적이거나 만성적인 건강과 신체활동 적응에 관해 공부하는 전문적인 건강 관련 전문가라고 할 수 있다. 운동생리학은 운동과 관련된 운동대사, 세포신호 및 호르몬 반응, 면역체계, 신경계, 순환계, 골격계 등에 미치는 적응 및 변화를 주로 연구한다. 오늘날 많은 사람은 건강에 대해 관심이 높고, 만성질환 예방을 위한 방법으로 신체활동 및 운동에 대한 역할이 높다는 것을 인식하고 있다. 현대의 운동생리학은 의학, 면역학, 약학, 생물학 등의 학문과 학제 간의 연계가 필요하고, 운동과학에 대한 기초분야로서 광범위한 지식을 연마해야 한다. 운동생리학은 경기력(Performance) 향상 및 운동처방과 관련된 임상(Clinical) 분야에서 필수적인 학문으로 인식되고 있다.

가. 운동선수의 경기력 향상을 위해 트레이닝 프로그램을 계획하고 관리하여 최상의 퍼포먼스를 가져올 수 있도록 지원한다.

- 정확한 생리학적 데이터를 얻기 위한 체력측정
- 맞춤형 트레이닝 프로그램 개발
- 트레이닝에 대한 모니터링과 재평가
- 트레이닝 효과를 극대화하기 위한 코칭 스태프와의 협력
- 재활 및 퍼포먼스 향상을 위한 교육
- 물리치료사, 영양사, 체력코치, 스포츠심리학자와의 협력

나. 심혈관 질환, 당뇨병, 골다공증, 우울증, 암 및 관절염 같은 만성 질환 및 부상을 예방하고 관리하기 위한 운동 프로그램을 계획하고 관리하여 최적의 신체기능 및 건강증진을 지원한다.

- 근육 기능을 향상시키기 위한 신체활동 및 운동 프로그램 작성
- 신체적 문제와 질병을 식별하고 평가하기 위해 다양한 검사 실행
- 환자의 체력적인 기능을 회복하기 위한 체중 및 체력 관리
- 피트니스 · 치료 프로그램의 설계, 모니터, 평가
- 운동 프로그램에 따라 환자의 반응과 진행 상황 기록
- 의사 및 다른 건강 전문가와 협력
- 환자의 위험을 평가하기 위해 운동부하검사를 포함한 스트레스 검사
- 환자 상태의 개선을 위한 교육

다. 연구 및 교육과 관련된 직업군에도 종사할 수 있다.

- 체육 관련 연구직이나 대학교수
- 초등학교, 중학교, 고등학교 체육강사 및 교사
- 공공기관이나 사설 기관의 트레이너
- 생활체육지도자
- 운동처방사

라. 자격증 소개

- 자격증은 국가자격증과 민간자격증으로 분류할 수 있다. 국가자격증의 종류로는 중등학교 2급 정교사 자격증, 생활체육지도자 자격증, 건강운동관리사 자격증이 있으며 민간자격증으로는 수상인명구조원 자격증, 스포츠테이핑지도자 자격증, 레크리에이션지도자 자격증 등이 있다.

마. 건강운동관리사 자격증에 관련된 자격제도 및 시험안내

건강운동관리사 자격제도 및 시험 안내

체육지도자 연수원(www.insports.or.kr) – 시험안내 – 자격제도 안내 – 건강운동관리사

■ **자격 정의 및 관련 근거**

[자격 정의]

- "건강운동관리사"란 개인의 체력적 특성에 적합한 운동 형태, 강도, 빈도 및 시간 등 운동수행 방법에 대하여 지도·관리하는 사람
- ※ 의사 또는 한의사가 의학적 검진을 통하여 건강증진 및 합병증 예방 등을 위하여 치료와 병행하여 운동이 필요하다고 인정하는 사람에 대해서는 의사 또는 한의사의 의뢰(「의료기사 등에 관한 법률 시행령」 별표1 제3호가목1) 및 7)의 물리요법적 재활훈련 및 신체 교정운동 의뢰는 제외한다)를 받아 운동 수행방법을 지도·관리함

[관련 근거]

- 국민체육진흥법 제11조(체육지도자의 양성) 또는 제12조(체육지도자의 자격취소) 등
- 국민체육진흥법 시행령 제8조(체육지도자의 양성과 자질향상) 또는 11조의 3(연수계획)
- 국민체육진흥법 시행규칙 제4조(자격검정의 공고 등) 또는 제23조(체육지도자의 자격취소) 등

■ **자격요건 및 제출서류**

- 응시자격 공통사항
  - 각 요건 중 어느 하나에 해당하는 자격 구비 및 서류 제출
  - 만 18세 이상 응시 가능
- 경기실적은 각종 대회 등에 참가한 실적(입상 여부와 무관)을 의미하며, 대회참가확인서 등으로 대체 가능함
  - 1년(1.1~12.31)에 1회 이상 대회 참가실적이 있는 경우 해당연도 경기실적 인정
  - 경기실적증명서 및 대회참가확인서 등 각종 실적증명서 제출 시 대한체육회(대한장애인체육회) 가맹 중앙경기단체(준가맹 또는 인정단체 포함) 또는 문화체육관광부 지정 프로스포츠단체 또는 국제경기연맹 가맹 국가별 경기단체 단체장의 직인 날인 필요
  - ※준가맹단체 또는 인정단체는 종목별 대표단체에 한함

응시자격	취득절차	제출서류(인정요건)
① 「고등교육법」 제2조에 따른 학교에서 체육분야에 관한 학문을 전공하고 졸업한 사람 (졸업예정자 포함) • 체육 분야 전문학사, 학사, 석·박사	필기 – 실기 – 구술 – 연수 (200)	체육분야 전문학사 이상 졸업(예정)증명서 또는 재학증명서(졸업예정자) • 전문학사 이상: 전문학사 또는 학사, 석·박사 • 졸업예정자 재학 또는 졸업예정증명서 제출 시 제출일 기준 다음연도 2.28까지 졸업(학위)증명서 제출해야 함. 미제출 시 자격검정 및 연수 불합격처리(수수료 및 연수비 환불 불가)
② 문화체육관광부장관이 인정하는 「고등교육법」 제2조에 해당하는 외국의 학교(학제 또는 교육과정으로 보아 「고등교육법」 제2조에 따른 학교와 같은 수준이거나 그 이상인 학교를 말한다)에서 체육 분야에 관한 학문을 전공하고 졸업한 사람 • 문체부 장관 인정 외국의 체육분야 전문학사, 학사, 석·박사	필기 – 실기 – 구술 – 연수 (200)	문화체육관광부 장관 인정 외국학교 체육분야 전문학사 이상 졸업증명서 *전문학사 이상: 전문학사 또는 학사, 석·박사 ※ 문체부장관 인정 외국학교의 경우 학위증명서에 대한 번역공증서 제출
③ 2015년 1월 1일 이후 「병역법」에 따른 군 의무복무를 마친 사람이 다음 요건을 갖춘 경우 • 2015.1.1. 당시 다음 자격 요건을 갖춘 사람, 종전 2급 생활체육지도자 자격을 가진 사람으로서 해당 자격 종목의 선수 경력이 3년 이상인 사람 ※ 적용시한: 2020년 12월 31일까지	필기 – 실기 – 구술 – 연수 (200)	• 경기실적증명서(3년 이상) 또는 대회참가확인서(3년 이상) • 선수등록확인서(3년 이상) 또는 선수경력증명서(3년 이상) • 병적증명서
④ 2015년 1월 1일 이후 「병역법」에 따른 군 의무복무를 마친 사람이 다음 요건을 갖춘 경우 • 2015.1.1. 당시 다음 자격 요건을 갖춘 사람, 종전 2급 생활체육지도자 자격을 가진 사람으로서 해당 자격 종목의 체육에 관한 행정·연구·지도 분야의 경력이 3년 이상인 사람 ※ 적용시한: 2020년 12월 31일까지	필기 – 실기 – 구술 – 연수 (200)	• 행정·연구·지도 경력증명서(3년 이상, 홈페이지 자료실) • 사업자등록증 사본 • 병적증명서

■ 필기시험 과목(8과목)

기능해부학 (운동역학 포함)	운동생리학	스포츠심리학	건강·체력평가	운동처방론
병태생리학	운동상해	운동부하검사		

■ 자격검정기관 및 연수기관 지정 현황

필기 검정기관	국민체육진흥공단
실기 및 구술검정기관	국민체육진흥공단

※ 실기 및 구술검정내용: 심폐소생술(CPR)/응급처치(관련 교육이수증으로 대체/홈페이지 공지사항 참조), 건강/체력측정평가, 운동트레이닝 방법, 운동손상 평가 및 재활

■ 유의사항

[일반사항]
- 동일 자격등급에 한하여 연간 1인 1종목만 취득 가능
- 필기 및 실기·구술시험 장소는 추후 체육지도자 홈페이지에 공지 예정
- 필기시험에 합격한 사람에 대해 합격한 해의 다음 해에 실시되는 필기시험 1회 면제
- 필기시험에 합격한 해의 12월 31일부터 3년 이내에 연수과정을 이수하여야 함(병역 복무를 위해 군에 입대한 경우 의무복무 기간은 불포함)

[자격검정 합격기준]
- 필기시험: 과목마다 만점의 40% 이상 득점하고 전 과목 총점 60% 이상 득점
- 실기·구술시험: 실기시험과 구술시험 각각 만점의 70% 이상 득점
※ 실기시험에 합격한 사람에 한하여 구술시험에 응시할 수 있음을 원칙으로 하되, 자격종목 및 현장 상황 등을 고려하여 자격검정기관이 정한 바에 따라 실기 및 구술시험을 통합 시행한 후 합격 및 불합격 결정 가능(수수료는 환불하지 않음)

[기타사항]
- 경력증명서 인정범위
- 종류 및 발행 기관

구분	내용	발행 기관 인정 범위
경기 경력	선수 활동 경력(동호인 및 비선수 불인정)	대한체육회(대한장애인체육회) 가맹 중앙경기단체 또는 문화체육관광부 지정 프로스포츠단체 또는 국제경기연맹 가맹 국가별 경기단체
지도 경력	선수 또는 일반인 지도 경력	체육시설 또는 학교, 직장

※ 체육시설: 「체육시설의 설치・이용에 관한 법률」 제5조부터 제7조까지의 규정에 따른 체육시설과 제10조에 따른 체육시설업의 시설
※ 대한체육회(대한장애인체육회) 가맹 준가맹단체 또는 인정단체는 대한체육회(대한장애인체육회) 가맹 중앙경기단체에 포함(준가맹단체 또는 인정단체는 종목별 대표단체에 한함)

[행정・연구・지도 분야 경력(장애인 대상 지도 포함)]
- 체육에 관한 행정・연구・지도 경력에 한해 인정
- 인정기관
  - 행정: 공공기관, 체육(경기)단체 등
  - 연구: 학교, 행정기관, 연구소(법인) 등
  - 지도: 학교, 체육시설, 직장
- 제출서류
  - 경력증명서: 지정양식 활용(홈페이지 자료실 참고)
  - 사업자등록증 사본: 폐업사업장은 폐업사실증명원 사본 제출
  ※ 학교 등 사업자등록이 불필요한 단체는 사업자등록증 사본 제출 생략

■ **학위증명서 인정범위**
- 졸업증명서는 학위증명서로 제출 가능

■ **체육분야 인정범위**
- 체육분야
  - 학위(학과, 전공)명에 체육, 스포츠, 운동, 건강, 체육지도자 자격종목이 포함되면 인정
  - 복수전공은 인정하나, 부전공은 불인정

■ **기준일 및 첨부서류 등**
- 연령 및 경력, 자격, 학위 등 각종 응시자격은 자격별 시험일 기준임
  - 실기는 실기시험기간 첫날 기준, 연수는 연수시행기간 첫날 기준임
  - 법령에 별도 기준일이 있을 경우 해당 법령에 의함

- 각종 증명서 및 확인서는 원본, 자격증은 사본 제출
- 2개 이상 근무처 경력 제출 시 근무처별로 각각 작성
- 경력 관련 진위 여부 증명을 위해 유선 등 확인 가능
- 선수의 코치 또는 감독 겸직기간 포함하여 지도(경기지도) 경력 인정
- 동일 기간에 경력(경기, 지도, 수업 면허, 근무 등)이 중복되는 경우 하나의 경력만 인정

■ 프로스포츠단체(2015.1.14 문화체육관광부장관 지정)

구분	축구	야구	농구		배구	골프	
지정단체	(사)한국프로축구연맹 [K League]	(사)한국야구위원회 [KBO]	(사)한국농구연맹 [KBL]	(사)한국여자농구연맹 [WKBL]	(사)한국배구연맹 [KOVO]	(사)한국프로골프협회 [KPGA]	(사)한국여자프로골프협회 [KLPGA]

■ 기타
- 체육지도자 자격응시와 관련하여 모든 지원 및 등록 절차는 체육지도자 홈페이지(www.insports.or.kr)를 통하여 확인 가능하므로 수시로 홈페이지 확인 요망
- 체육지도자 자격 원서접수는 온라인 홈페이지를 통해서만 접수 가능

■ 체육지도자 결격 사유(국민체육진흥법 제11조의5, 제12조)
- 제11조의5(체육지도자의 결격사유) 다음 각 호의 어느 하나에 해당하는 사람은 체육지도자가 될 수 없다.
  ① 피성년후견인 또는 피한정후견인
  ② 금고 이상의 형을 선고받고 그 집행이 종료되거나 집행이 면제된 날부터 2년이 지나지 아니한 사람
  ③ 금고 이상의 형의 집행유예를 선고받고 그 유예기간 중에 있는 사람
  ④ 다음 각 목의 어느 하나에 해당하는 죄를 저지른 사람으로서 금고 이상의 형 또는 치료감호를 선고받고 그 집행이 종료되거나 집행이 유예·면제된 날부터 20년이 지나지 아니하거나 벌금형이 확정된 날부터 10년이 지나지 아니한 사람
  - 「성폭력범죄의 처벌 등에 관한 특례법」 제2조에 따른 성폭력범죄
  - 「아동·청소년의 성보호에 관한 법률」 제2조제2호에 따른 아동·청소년대상 성범죄

⑤ 선수를 대상으로 「형법」 제2편제25장 상해와 폭행의 죄를 저지른 체육지도자(제12조제1항에 따라 자격이 취소된 사람을 포함한다)로서 금고 이상의 형을 선고받고 그 집행이 종료되거나 집행이 유예·면제된 날부터 10년이 지나지 아니한 사람

⑥ 제12조제1항제1호부터 제4호까지에 따라 자격이 취소(이 조 제1호에 해당하여 자격이 취소된 경우는 제외한다)되거나 같은 조 제3항에 따라 자격검정이 중지 또는 무효로 된 후 3년이 경과되지 아니한 사람

- 제12조(체육지도자의 자격취소 등)

① 문화체육관광부장관은 체육지도자가 다음 각 호의 어느 하나에 해당하면 그 자격을 취소하거나 1년의 범위에서 자격을 정지할 수 있다. 다만, 제1호부터 제4호까지의 어느 하나에 해당하면 그 자격을 취소하여야 한다. 〈개정 2020.2.4.〉
 - 거짓이나 그 밖의 부정한 방법으로 체육지도자의 자격을 취득한 경우
 - 자격정지 기간 중에 업무를 수행한 경우
 - 체육지도자 자격증을 타인에게 대여한 경우
 - 제11조의5 각 호의 어느 하나에 해당하는 경우
 - 선수의 신체에 폭행을 가하거나 상해를 입히는 행위를 한 경우
 - 선수에게 성희롱 또는 성폭력에 해당하는 행위를 한 경우
 - 그 밖에 직무수행 중 부정이나 비위 사실이 있는 경우

② 삭제 〈2020.2.4.〉

③ 자격검정을 받는 사람이 그 검정과정에서 부정행위를 한 때에는 현장에서 그 검정을 중지시키거나 무효로 한다.

④ 제1항에 따라 체육지도자 자격이 취소된 사람은 문화체육관광부령으로 정하는 바에 따라 체육지도자 자격증을 문화체육관광부장관에게 반납하여야 한다.

⑤ 제1항에 따른 행정처분의 세부적인 기준 및 절차는 그 사유와 위반 정도를 고려하여 문화체육관광부령으로 정한다.

참고문헌

박인국 · 부문종 · 정헌근(2004).《생리학 7판》. 서울: 라이프사이언스.

윤성원 · 김기진 · 김창균 · 김형돈 · 김훈 · L-영일. … 임완기(2002).《근력 트레이닝과 컨디셔닝》. 서울: 도서출판 대한미디어.

임완기 외 43인(2004).《저항운동의 이해》. 서울: 도서출판 홍경.

임재형 · 지용석(2005). 〈근방추와 신전반사〉.《코칭능력개발지》 7(1), 3-13.

최대혁 · 최희남 · 전태원(2006).《파워운동생리학》. 서울: 도서출판 라이프사이언스.

한국운동생리학회(2018).《운동생리학 제2판》, 한미의학.

American College of Sports Medicine. (2017). ACSM's guidelines for exercise testing and prescription. Lippincott Williams & Wilkins.

Aubert, A. E., Seps, B., & Beckers, F. (2003). Heart rate variability in athletes. Sports medicine, 33(12), 889-919.

Bandy, W. D., Lovelace-Chandler, V., & McKitrick-Bandy, B. (1990). Adaptation of skeletal muscle to resistance training. Journal of Orthopaedic & Sports Physical Therapy, 12(6), 248-255.

Brooks, G. A., Fahey, T. D., & White, T. P. (1996). Exercise physiology: Human bioenergetics and its applications (No. Ed. 2). Mayfield publishing company.

Davis, J. M., & Bailey, S. P. (1997). Possible mechanisms of central nervous system fatigue during exercise. Medicine and science in sports and exercise, 29(1), 45-57.

Fleck, S. J., & Kraemer, W. (2004). Designing Resistance Training Programs, 3E. Champaign, IL: Human Kinetics.

Fleck, S. J., & Kraemer, W. (2014). Designing Resistance Training Programs, 4E. Human Kinetics.

국민체육진흥공단(KSPO) 체육지도자 연수원 https://www.insports.or.kr/main/main.do

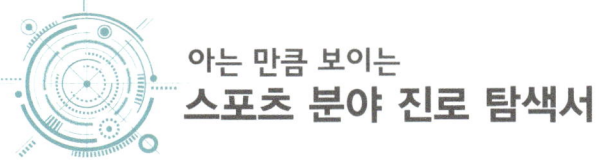

아는 만큼 보이는
스포츠 분야 진로 탐색서

Chapter 5

쇼미더머니(Show Me The Money)의 원조는 나야 나!

스포츠산업

한국스포츠정책과학원 스포츠산업연구실 ● 김민수

1   쇼미더머니의 원조

　　요즘 10대와 20대는 〈쇼미더머니〉를 2012년부터 케이블방송국 엠넷(M.net)에서 방송된 힙합 가수 공개 오디션 프로그램으로 알고 있을 것이다. 하지만 〈쇼미더머니〉의 원조는 스포츠산업이라고 할 수 있다. 정확히 말하면 1996년 개봉한 톰 크루즈 주연의 〈제리 맥과이어(Jerry Macguire)〉라는 영화에 나온 대사다. 그 당시 한국에서는 생소한 직업이던 스포츠 에이전트의 세계를 다룬 영화로, 능력 있는 스포츠 에이전트였던 제리 맥과이어(톰 크루즈)가 회사의 이익에 반대되는 내용의 제안서를 작성했다는 이유로 부당한 해고를 당하고 새로운 에이전시를 차려서 자립해가는 이야기다. 회사에서 해고를 통보받고 제리가 관리하던 모든 스타 선수가 제리를 외면하고 단 한 명 남은 NFL 후보 선수인 로드가 제리 맥과이어와 전화로 에이전트 계약을 맺으며 한 말이었다. "Show me the money!" 로드가 제리에게 큰소리로 따라 하게 하고 마지막 남은 고객을 확보해야 했던 절박한 제리는 사무실의 모든 사람이 듣도록 크게 외쳤다. "Show me the money!" 결국 제리는 로드와의 에이전트 계약에 성공하고 로드를 통해 성공한다는 스토리다. 영화에는 다양한 명대사들이 등장하지만, "쇼미더머니"라는 대사는 스포츠 에이전트를 상징하는 말로 남아있다. 영화에서 소개된 스포츠 에이전트는 당시에는 생소한 직업이었지만, 미국프로야구(MLB) 구단들에게는 악마의 에이전트로 알려진 스콧 보라스가 알렉스 로드리게스(Alex Rodriguez), 박찬호, 추신수, 류현진 등의 FA(Free Agent: 자유계약선수) 계약을 천문학적 액수와 5년 이상의 장기계약으로 이끌어내면서 현재는 국내에도 잘 알려진 직업이 되었다. 그래서 쇼미더머니(SMTM)의 원조는 스포츠 에이전트가 종사하는 스포츠산업이다. 그러면 스포츠산업은 무엇이고 스포츠경영학이란 무엇인지 알아보도록 하자.

1) 스포츠산업이란?

　　스포츠산업진흥법에 따르면 스포츠산업이란 "스포츠와 관련된 재화와 서비스를 통해 부가가치를 창출하는 산업"이라고 정의되어 있다. 구체적으로 설명하면 스포츠 활동에 요구되는 용품과 장비, 스포츠시설과 서비스, 스포츠경기, 이벤트, 스포츠강습 등과 같은 유·무형의 재화나 서비스를 생산 및 유통시켜 부가가치를 창출하는 산업이라고 할 수 있다(2018 스포츠산업백서). 글로벌 스포츠산업의 규모는 2019년 기준 1조 4,500억 달러(한화 약 1,580조 원) 규모의 거대한 시장이다(plunkettresearch, 2019). 국내 스포츠산업은 주 5일제 근무 및 주 5일 수업, 그리고 주 52시간 근무 제한 등의 제도가 정착되면서 국민의 여가가 증가했고, 이에 따라 건강과 여가에 대한 관심 증가로 인해 스포츠산업의 규모가 지속적으로 성장하고 있다. 국내 스포츠산업 규모는 2019년 기준 약 80조 6천억 원이고 최근 5개년간 매출액 증가율은 약 4.5%로 국내 경제성장률 2.95%보다 1.5배 빠른 추세를 나타내고 있으며 종사자 수는 44만 9천 명, 사업체 수는 10만 5,445개로 조사되었다(스포츠산업 실태조사 2020). 국내 스포츠산업은 스포츠의 경제적 가치에 대한 인식이 제고되면서 스포츠산업의 분류 체계에 관한 논의가 활발히 이루어졌다. 정부는 2000년 스포츠산업 특수 분류 v1.0을 만들었고, 2008년 개정을 통해 v2.0, 2012년 재개정을 통해 스포츠산업 특수 분류 v3.0을 만들어 사용하고 있으며, 이에 따라 국내 스포츠산업은 스포츠용품업, 스포츠시설업, 스포츠서비스업의 3가지 대분류로 구분되고 있다. 스포츠용품업은 "야구, 축구, 농구, 배구, 골프 등의 스포츠 활동에 필요한 장비, 용품 등을 제조하고 유통하여 부가가치를 창출하는 업"을 뜻하며 운동 및 경기용품업과 운동 및 경기용품 유통 및 임대업으로 나누어진다. 스포츠용품업은 일반적으로 전문화된 용품 및 장비일수록 부가가치가 높다. 스포츠시설업은 "스포츠 활동에 필요한 운동장, 실내체육관, 수영장, 골프장, 스키장 등의 시설을 건설하고 운영하는 업"을 뜻하며 크게 스포츠시설 운영업(경기장 운영업, 참여스포츠시설 운영업, 골프장 및 스키장 운영업, 수상스포츠시설 운영업, 기타 스포츠시설 운영업)과 스포츠시설 건설업으로 분류된다. 운동기술의 교습과 프로그램이 진행되는 곳으로 국민의 직접적인 스포츠 활동이 이루어지는 장이다. 스포츠서비스업은 "스포츠를 통해 파생되는 유무형의 제품 및 서비스를 수요자에게 제공하는 활동"으로 정의될 수 있으며(고정민·김정우, 2008) 올림픽, 아시안게임 같은 국제 스포츠 이벤트, 프로스포츠리그 등 스포츠가 핵심서비스인 관람스포츠와 스포츠 동호회 등의 생활스포츠 참여 활동을 모두 포함한다(강준호·김화섭·김재진, 2013). 스포츠서비스업은 프로스포츠, 스포츠베팅업, 스포츠에이전트업 등이 포함된 스포츠경기서비스업, 방송 중계가 포함된 스포츠정보서비스업, 태권도학원, 축구교실 등이 포함된 스포츠교육기관, 스포츠게임, 스포츠여행업 등이 포함된 기타 스포츠서비스업으로 분류될 수 있으며 최근 들어 점점 더 세분화되고 다양한 업종이 생기고 있다. 또한 프로스포츠를 중심으로 한 경기서비스업의 저변이 확대되면서 파생된 스포츠마케팅과 스포츠베팅업의 비중이 확대되고 있는 추세다. 스포츠산업은 4차 산업혁명으로 신기술과 연계하여 빅데이터(Big Data), 사물인터넷(IoT: Internet of Things), 인공지능(AI: Artificial Intelligence), 증강현실(AR: Augmented Reality), 가상현실(VR: Virtual Reality) 등의 영향과 패션, 문화, 여행, 엔터테인먼트, 건강, 의료(Healthcare) 등과의 융·복합을 통해 외형적인 경계가 무너지고 있으며 지속적으로 성장하고 있다. 특히 스크린골프로 대표되는 국내 시뮬레이션 스포츠시장은 2013년 기준 1조 5천억 원 규모였으나 스크린야구, 스크린승마, 스크린테니스, 스크린사격 등으로 범위가 확장되면서 2017년 기준 약 5조 원으로 추정되고 지속적으로 성장하고 있다. 하지만 국내 스포츠산업은 외형적 성장에도 불구하고 10인 미만이 종사하는 사업체가 전체의 95.1%를 차지하고 있는 영세한 구조다. 또한 스포츠용품과 관련해서는 나이키, 아디다스, 타이틀리스트, 캘러웨이 등의 글로벌 브랜드가 국내 스포츠용품시장의 70% 이상을 점유하고 있으며, 양궁을 제조하는 원앤윈, 행글라이더를 제조하는 진글라이더, 오토바이 헬멧을 제조하는 HJC 등의 글로벌 강소기업이 있기는 하지만 나이키, 아디다스 같은 글로벌 브랜드가 없는 것이 현실이다. 이에 따라 전체 스포츠산업의 매출은 내수시장 위주로 구성되어 있으며 해외 수출 비중이 2.1%밖에 되지 않는 기형적 구조를 가지고 있다.

2) 스포츠경영학이란?

스포츠경영학의 기원은 1957년 마이애미 대학교(University of Miami)의 제임스 메이슨(James G. Mason)과 브루클린 다저스(The Brooklyn Dodgers)의 구단주인 월터 오말리(Walter O'Malley)가 스포츠경영학의 교과과정에 대해 논의했고, 이들의 아이디어를 바탕으로 1966년 미국 오하이오 대학(Ohio University)에서 처음으로 석사과정이 개설되었다. 그 후 비스케인 칼리지[Biscayne College, 현 세인트 토머스 대학교(St. Thomas University)]와 세인트존스 대학교(St. John's University)에서 학부 과정이 개설되었다(Parkhouse & Pitts, 2001). 1971년 매사추세츠 대학교(University of Massachusetts Amherst)에서 두 번째로 석사과정을 만들었다. 그 후로 스포츠경영학은 미국 전역에 걸쳐 급속하게 프로그램이 늘어나기 시작했다. 1985년에는 약 40개의 학부 과정, 32개의 대학원 과정이 개설되었고 학부와 대학원 과정을 모두 개설한 학교도 11개나 되었다. 최근에는 300개가 넘는 미국 대학교에 스포츠경영학과가 있는 것으로 알려져 있다.

국내에서는 어느 학교에서 처음으로 스포츠경영학 과목을 개설했고 처음으로 학부 과정과 석사과정을 설립했는지 명확히 알려지지는 않았다. 대학교의 체육 관련 학과에서 체육행정, 체육경영을 중심으로 스포츠경영학이 발전해왔기 때문에 현재 국내 대학에서는 일반적으로 체육학과 계열에서 스포츠경영학 과목을 일부 개설한 학교들이 상당수 있으며 스포츠경영, 스포츠산업, 스포츠비즈니스, 스포츠마케팅 등의 이름으로 스포츠산업/경영에 특화된 과를 개설한 학교들이 많이 생기는 추세다. 대표적으로는 연세대학교 서울캠퍼스 스포츠응용산업학과, 고려대학교 세종캠퍼스 국제스포츠학부 스포츠비즈니스 전공, 서강대학교 스포츠미디어 연계전공, 한양대학교 서울캠퍼스 스포츠산업학과, 이화여자대학교 체육과학부 글로벌 스포츠산업 전공, 경희대학교 골프산업학과, 중앙대학교 안성캠퍼스 스포츠과학부 스포츠산업 전공, 국민대학교 스포츠산업레저학과, 한국체육대학교 레저스포츠산업학과, 단국대학교 천안캠퍼스 스포츠경영학과, 을지대학교 스포츠아웃도어학과, 조선대학교 스포츠산업학과, 계명대학교 스포츠마케팅학과 등이 있다.

스포츠경영학이란 "스포츠 또는 건강과 관련된 활동과 생산품 그리고 서비스 제공을 주목적으로 하는 조직의 계획, 조직, 지휘, 통제하는 기능을 포함"(Mullin, 1980)한다고 할 수 있으며 "스포츠 상품의 효과적인 생산과 서비스 발전을 위해 제한된 인간적·물질적 자원과 관련 기술 그리고 다양한 상황 등을 조화시키는 분야"(Chelladurai, 1994)라고도 한다. 스포츠경영학의 기본 개념, 학문적 체계 및 관련 이론, 시장분석, 스포츠마케팅, 스폰서십, 홍보, 재무관리, 인사관리 등 스포츠경영의 전반적인 내용을 공부한다. 대학별로 교과과정이 다르게 구성되어 있지만, 일반적으로 스포츠경영원론, 스포츠마케팅원론, 스포츠사회학, 스폰서십과 홍보, 스포츠재무관리, 스포츠시설경영론, 스포츠이벤트경영론, 스포츠소비자행동론, 스포츠미디어, 스포츠경제학, 스포츠와 법, 스포츠마케팅조사방법론, 스포츠세일즈, 스포츠관광, 스포츠조직관리, 스포츠창업, 스포츠산업실무, 스포츠산업현장실습 등의 과목으로 구성된다. 최근에는 4차 산업혁명의 영향으로 빅데이터를 통해 스프츠의 다양한 분야를 분석하는 스포츠 애널리틱스(Sports Analytics) 과목도 추가되는 추세다. 스포츠경영학에서 가장 대표적인 과목은 스포츠마케팅으로, 스포츠가 가지고 있는 가치를 마케팅을 통해 거대한 산업으로 성장시킨 배경을 바탕으로 스포츠경영학을 하나의 학문으로 성장시킨 동력이라고 할 수 있다.

스포츠마케팅이란 "스포츠 제품을 매개로 스포츠 소비자의 욕구를 충족시켜주고, 스포츠 관련 조직의 목적달성을 위한 창조적인 교환활동"이라고 정의할 수 있다(김용만·박세혁·전호문, 2009). 스포츠마케팅에서는 스포츠마케팅의 개념, 정의, 형태, 역사, 스포츠마케팅믹스(Marketing Mix), 참여스포츠와 관람스포츠의 소비자에 대한 이해, 스포츠마케팅 전략 등의 개념에 대해 공부한다. 스포츠마케팅은 크게 스포츠의 마케팅(Marketing Of Sports)과 스포츠를 통한 마케팅(Marketing Through Sports)로 나누어질 수 있는데, 이는 스포츠마케팅을 행하는 주체, 목적, 목적 달성을 위한 활동 등에 의해 결정된다. 스포츠의 마케팅은 참여스포츠와 관람스포츠가 모두 포함되며 스포츠 관련 제품이나 서비스 판매를 위한 활동으로 스포츠용품 회사들이 제품의 판매를 위한 활동, 태권도장이나 피트니스클럽 등에서 회원을 모집하기 위한 활동, 프로스포츠의 관람객을 모객하기 위한 활동 등을 의미한다. 스포츠를 통한 마케팅은 스포츠와 관련된 유무형의 자산인 선수, 팀, 협회·연맹, 로고, 마스코트, 이벤트 등을 활용하여 커뮤니케이션 효과를 극대화하려는 기업 또는 조직의 마케팅 활동을 실행하는 것으로 스폰서십(Sponsorship), TV중계권, 라이선싱(Licensing), 머천다이징(Merchandising), 인도스먼트(Endorsement) 등이 있으며 삼성전자가 올림픽을 후원하는 것, 기업들이 프로스포츠 구단을 운영하는 것, 기업들이 프로스포츠구단의 유니폼에 기업 이름 혹은 로고를 부착하는 것 등이 흔히 말하는 스포츠마케팅의 좋은 예라고 할 수 있다. 최근 필자가 근무하는 한국스포츠정책과학원 스포츠산업연구실이 문화체육관광부와 함께 손흥민의 경제적 파급효과를 분석한 결과 그 규모가 1조 9,885억 원에 이르는 것으로 나타났다. 유럽시장에서 손흥민의 가치는 1,206억 원으로 추산됐고, 손흥민의 활약에 따른 대유럽 소비재 수출 증대 효과가 3,054억 원, 그에 따른 생산유발효과 6,207억 원, 부가가치 유발효과 1,959억 원으로 추산됐다. 추가로 감동 및 자긍심 고취, 유소년 동기부여 등 손흥민이 국내에 유발하는 무형의 가치는 7,279억 원, 광고 매출 효과는 연 180억 원으로 추산됐다. 프로스포츠 선수 한 명이 만들어내는 경제적 효과는 대단하다고 볼 수 있으며, 이러한 효과는 스포츠마케팅을 통해 이루어지는 것이다. 손흥민이 뛰고 있는 토트넘 홋스퍼의 유니폼에 붙어 있는 AIA 로고는 스폰서십의 대표적인 예로, AIA라는 보험회사가 2019년 토트넘 홋스퍼와 2026-27시즌까지 8년 동안 유니폼 앞에 AIA 로고를 집어넣는 스폰서십을 3억 2천만 파운드(한화 약 4,870억 원)에 체결한 것이다(Reuters, 2019.7.25.). 손흥민의 소속팀인 토트넘 경기의 한국 생중계 방송 권리는 SPOTV(스포티비)에서 가지고 있으며, 프리미어리그 경기는 케이블TV 가입자라면 무료로 시청할 수 있으나 유로파리그 경기는 무료가 아니라 SPOTV NOW를 통해 유료로 시청권을 구매해야 한다. 예전에는 대부분 경기를 네이버나 아프리카TV 등을 통해 시청이 가능했으나 손흥민과 토트넘 그리고 프리미어리그 경기에 대한 인기가 높아지면서 방송중계권 경쟁이 벌어졌고 협상이 결렬되어 오로지 스포티비에서만 토트넘의 경기를 볼 수 있다. 손흥민이 나오는 빙그레 슈퍼콘, 볼보(VOLVO)의 S90 자동차, 질레트면도기, TS 샴푸 등의 각종 광고는 인도스먼트의 좋은 예시이며, 손흥민의 인기로 인한 토트넘 구단의 프리시즌 아시안 투어는 선수와 구단을 활용한 마케팅, 맨체스터시티 FC의 홈구장인 에티하드 스타디움(Etihad Stadium) 등은 스폰서십의 한 종류인 경기장의 명칭권(Naming Rights)이라고 하며 모두 스포츠마케팅의 좋은 예시들이다.

2 스포츠경영 직업 및 직무

스포츠경영을 전공한 사람이 가질 수 있는 직업은 다양한 편이며 일반적으로 직업군에 따라 스포츠 매니저(Sports Manager), 관리자/행정가(Sports Administrator), 혹은 스포츠마케터(Sports Marketer)라고 한다. 스포츠경영 전공자의 직업군은 스포츠연구 전문직, 스포츠행정 전문직, 스프츠마케팅 전문직, 스포츠미디어 전문직으로 분류할 수 있다.

1) 스포츠 연구 전문직

스포츠 연구 전문직(Sports Researcher)은 스포츠를 학문적 · 과학적으로 연구하는 전문가로 스포츠경영 및 스포츠산업과 관련한 석사학위 및 박사학위가 필요한 전문직종이다. 일반적으로 석사학위를 취득한 경우 보조연구원/위촉연구원 등의 명칭으로 박사급 연구원의 책임 하에 진행되는 연구과제의 보조연구원으로 근무한다. 박사학위를 취득한 경우 학위취득 후 국민체육진흥공단 한국스포츠정책과학원의 스포츠산업연구실에서 연구위원으로 스포츠산업 관련 정책 연구를 할 수 있고, 대학교에서 스포츠경영 담당 교수로 근무하거나 대학교 부설 스포츠경영연구소에서 연구원으로 근무할 수 있다. 연구 분야는 스포츠산업 정책 연구, 스포츠 소비자 행동 연구, 스포츠 이벤트의 유치타당성 연구 및 경제적 효과 연구, 프로스포츠 관련 정책 및 제도 연구 등의 다양한 분야가 있다.

한국스포츠정책과학원을 소개합니다

2) 스포츠 미디어 전문직

　　스포츠 미디어 전문직은 스포츠 정보를 언론매체를 통해 전달하는 분야다. 스포츠 미디어 전문직은 크게 스포츠 PD, 스포츠 기자, 스포츠 아나운서 등으로 분류될 수 있으며 일반적으로 언론사의 공채 시험을 준비해야 한다. 스포츠 프로듀서(PD)는 스포츠 관련 프로그램을 제작하여 스포츠 관련 정보를 제공하는 전문가로 스포츠경영 전공이 아니더라도 공채 시험을 통해 지원할 수 있다. 스포츠 기자는 스포츠 정보와 뉴스를 언론 매체를 통해 전달해주는 전문가이며, 언론사별로 차이가 있지만 영어, 일반상식, 국어, 논술 등의 시험을 통해 입사할 수 있다. 스포츠 아나운서 혹은 리포터는 스포츠 관련 정보와 소식을 TV 방송 혹은 라디오를 통해 전달하는 전문가로 전공과 상관없이 전문 지식과 입사 시험을 통해 선발된다. 일반적으로는 방송아카데미를 통해 전문교육을 받고 추천을 통해 방송 기회를 얻게 되는 경우와 공개채용으로 선발되는 경우가 있다.

3) 스포츠 행정 전문직

　　스포츠 행정 전문직(Sports Administrator)은 스포츠 시스템을 기획·관리·통제하는 분야의 전문가다. 국민체육진흥공단, 대한체육회 및 산하 가맹단체, 대한장애인체육회, 한국도핑방지위원회, 스포츠안전재단, 한국프로스포츠협회, 서울시체육회 등 스포츠 행정기구에서 운영시스템의 기획·개발·관리·통제 등을 담당하는 전문가다. 대한축구협회, 대한양궁협회, 한국야구위원회(Korea Baseball Organization: KBO), 프로농구연맹(Korean Basketball League: KBL), 한국여자농구연맹(Women's Korean Basketball League: WKBL), 한국배구연맹(Korean Volleyball Federation) 등의 종목별 단체 및 프로리그연맹에서 해당 종목의 선수·지도자·심판의 육성 및 관리, 국내·외 대회의 기획 및 운영, 국제단체와의 업무, 국제대회 파견 및 참가, 산하 조직(예: 중고농구연맹, 부산 배드민턴협회 등)의 운영 및 관리 등을 담당하기도 한다. 또한 올림픽, 아시안게임, 세계선수권대회 등의 국제 스포츠 이벤트를 유치한 경우 대회의 성공적인 개최를 위해 조직위원회를 구성하는데, 해당 지방자치단체의 인력과 더불어 외부 전문인력을 채용하기도 한다. 이러한 전문가들을 모두 스포츠 행정 전문직이라고 한다. 국민체육진흥공단과 대한체육회 같은 규모가 큰 행정조직은 매년 공채를 통해 채용하며 국민체육진흥공단의 경우 체육계열 학과 졸업생을 대상으로 특별 전형을 실시하기도 하며 일반적으로 서류전형, NCS(National Competency Standard: 국가직무능력표준) 기반의 필기전형, 인성검사 및 면접전형으로 이루어진다.

대한체육회 소개

4) 스포츠마케팅 전문직

스포츠마케팅 전문직(Sports Marketer)은 스포츠와 관련된 제품이나 서비스를 기획·개발·계약·판매하는 분야의 전문가로 홍보와 마케팅을 통해 기업과 프로구단의 인지도 향상, 이미지 개선, 판매증진 등의 업무를 담당하며 근무하는 회사·기관에 따라 업무가 조금씩 다를 수 있다. 스포츠마케터는 다양한 스포츠마케팅을 대행하는 스포츠마케팅 전문회사, 삼성이나 현대자동차 같은 대기업의 스포츠마케팅 부서, 나이키, 아디다스, 언더아머 같은 스포츠용품 기업의 스포츠마케팅 부서, 두산베어스, 삼성라이온즈, NC다이노스 같은 프로스포츠 구단의 마케팅 부서, 한국프로축구연맹, 대한축구협회, ㈜KBOP(KBO의 마케팅을 담당하는 자회사) 같은 스포츠협회나 연맹의 마케팅 부서, 스포츠마케팅의 효과를 분석하는 회사에서 근무하는 경우, 그리고 스포츠에이전트로 분류될 수 있다.

스포츠마케팅의 진짜 매력은…

스포츠마케팅 전문회사는 대기업과 연계된 회사와 독립된 회사로 나누어지며 국내에는 갤

럭시아에스엠, 브라보앤뉴, 브리온컴퍼니, 세마스포츠, 스포티즌, 올댓스포츠 등이 대표적인 스포츠마케팅 전문회사이며 선수, 이벤트, 방송중계권 등의 다양한 스포츠 파생상품을 통해 공유가치를 극대화시키는 전문가 집단이다. 선수 매니지먼트, 스포츠 이벤트 기획 운영, 기업의 목표 달성을 위한 스포츠마케팅 전략 수립 및 실행, 스포츠시설 운영 및 개발, 스포츠 이벤트 관련 중계권 및 스포츠 프레젠테이션 사업, 스폰서십 판매 등의 다양한 업무를 담당한다. 대기업과 연계된 스포츠마케팅 회사는 제일기획, 이노션, SK 마케팅 & 컴퍼니, ㈜대홍기획 등이 있다. 삼성그룹 계열의 스포츠마케팅 커뮤니케이션 회사인 제일기획은 삼성그룹의 스포츠마케팅을 주로 담당하고 TV, 라디오, 신문, 잡지, 광고 등의 커뮤니케이션 관련 전 분야의 사업을 진행한다. 현대자동차그룹 계열의 전문 광고대행사인 이노션은 현대자동차와 기아자동차, 현대카드, 현대캐피탈 등의 광고 제작 및 스포츠마케팅을 대행한다. SK그룹 계열의 SK 마케팅 & 컴퍼니는 SK그룹 관련 스포츠마케팅 대행, 제휴사 마케팅, 커뮤니케이션, 소비자 리서치 등의 사업을 진행한다. 롯데그룹 계열의 ㈜대홍기획은 롯데그룹 계열의 종합광고대행사로 롯데자이언츠 관련 스포츠마케팅 대행 사업을 진행하며 브랜드 마케팅 계획 수립, 캠페인 광고 및 광고 기획, 브랜드 관련 컨설팅 및 리서치, 소비자 조사 등의 업무를 수행한다.

　기업의 스포츠마케팅 담당 부서는 스포츠 이벤트, 스포츠팀 운영 및 각종 스폰서십을 통한 기업-스포츠-고객 간의 관여를 극대화시켜 상호 간의 이익 추구를 목적으로 한다. 프로스포츠를 제외하고 삼성, 현대, 기아, SK, LG, GS, kt, CJ 등의 대기업에서 운영하는 아마추어 스포츠 종목의 선수 및 팀 관리, 이벤트 운영 및 관리, 스폰서십 관리 등의 업무를 담당한다.

　스포츠용품 기업의 스포츠마케팅 담당자는 담당 종목의 다양한 용품을 스폰서십, 스포츠 이벤트, 선수 보증 광고 등의 다양한 스폰서십 활동을 통해 브랜드가치를 극대화시키는 전문가다. 나이키가 NBA의 르브론 제임스, 축구의 크리스티아누 호날두, 골프의 타이거 우즈, 테니스의 로저 페더러 등의 슈퍼스타를 후원하면서 브랜드 이미지를 극대화하는 마케팅 전략을 사용한 것이 좋은 예라고 할 수 있다. 세계 유명 경제잡지인 〈포브스(Forbes)〉에 따르면 2020년 기준 세계에서 가장 수입이 많은 선수는 테니스의 로저 페더러(Roger Federer)로 1억 600만 달러이며, 이 중 1억 달러가 인도즈먼트로 벌어들이는 수입이다. 2위는 축구의 크리스티아누 호날두(Cristiano Ronaldo)로 1억 500만 달러이며 광고 수입이 4,500만 달러, 연봉이 6천만 달러다. 5위인 미국 프로농구 NBA의 르브론 제임스(LeBron James)는 8,820만 달러이며 이 중 연봉이 2,820만 달러, 광고 수입이 6천만 달러다. 8위인 프로골퍼 타이거 우즈(Tiger Woods)는 기량 하락으로 인해 상금은 230만 달러밖에 되지 않지만 광고 수입이 6천만 달러로 대부분 수입을 광고에서 얻고 있다. 이렇듯 스포츠용품 및 일반 기업의 스포츠마케팅 담당자는 선수들을 활용한 보증 광고 업무가 매우 중요하다고 할 수 있다.

프로스포츠 구단의 업무는 일반적으로 구단의 선수단과 연계된 구단 운영과 비즈니스 부분으로 나누어진다. 선수단 연계 구단 운영 부문은 선수단을 지원하는 부문으로 선수단의 훈련 및 경기 등을 지원하며, 코칭스태프와 긴밀한 관계를 통해 선수단이 경기에만 집중할 수 있도록 지원하는 부서다. 반면 비즈니스 부문은 구단의 재정적인 부문과 관련하여 경기장 이벤트, 사회공헌활동, 유니폼 판매, 머천다이징 판매, 회원관리 등 마케팅을 통해 관중을 모객하고 구단의 수입 확보를 위한 부서다.

스포츠연맹/협회의 스포츠마케팅 담당자는 연맹/협회의 이름, 로고, 이벤트 등의 유·무형자산을 활용하여 기업의 후원 계약을 체결하고 이를 통해 협회/연맹의 재정적 자립을 도모하는 역할을 한다. 연맹/협회의 규모에 따라 이러한 스포츠마케팅을 전담할 담당자가 있는 경우가 있고 규모가 작은 협회/연맹의 경우 스포츠마케팅 전문회사가 이러한 역할을 대행하기도 한다.

스포츠마케팅 효과를 측정하고 분석하는 회사의 담당자는 스포츠마케팅으로 인한 여러 가지 효과를 정성적·정량적 방법을 통해 분석하는 업무를 담당한다. 예를 들어 최근 프로축구연맹은 2020시즌 K리그 스폰서십의 노출 효과는 1,727억 원으로 전년 대비 15% 상승했다고 발표했는데, 이러한 효과측정을 담당하는 회사가 미디어 분석 전문업체다. SMS미디어 리서치앤컨설팅, ㈜더폴스타, ㈜데이타포트, 닐슨미디어, 티엘오지 등이 있다.

스포츠마케팅 전문회사에서 선수 매니지먼트를 업무 일부로 취급하는 회사도 많지만 선수 매니지먼트, 즉 스포츠 에이전트만 전문적으로 하는 기업들도 있다. 스포츠 에이전트는 스포츠선수의 협상, 계약, 이적, 마케팅 등의 업무를 대리하고 각종 관리서비스를 제공하는 사람을 말한다. 양의지, 허경민, 김현수, 안치홍, 오재일 등의 대형 FA 계약을 이끌어낸 ㈜리코스포츠에이전시, 김연경, 지소연 등을 대행하는 ㈜인스포코리아, 황의조를 대리하는 ㈜이반스포츠, 기성용 에이전트인 씨투글로벌, 박주호를 대리하는 ㈜지쎈 등의 회사가 대표적인 스포츠 에이전시들이다. 대한축구협회에 등록된 중개인은 2020년 7월 기준으로 법인 소속이 148명이고 개인으로 활동하는 중개인이 35명으로 총 183명이다. 2015년 FIFA가 공인 에이전트 제도를 폐지하면서 국내 에이전트 시험제도 역시 사라졌고, 이에 따라 현재는 만 19세 이상의 전과가 없고 축구계 종사자가 아니면 누구나 등록만으로 축구중개업을 할 수 있다. 시험제도가 없어지면서 등록자가 증가하는 추세로 2018년 9월 107명에서 2020년 7월 183명으로 2년 사이에 76명(약 58.5%)이 증가했다. 2019년 4월부터 2020년 3월까지 총 274건의 중개계약에서 발생한 중개수수료는 40억 3,900만 원으로 전년 대비 약 6억 원이 증가했고 20건이 줄었다. 따라서 계약 건수는 줄어들지만, 수수료는 늘고 있어 축구 에이전트 시장규모가 성장하고 있는 것을 알 수 있다.

프로야구 에이전시 대표가 말하는 '스포츠에이전트' 되는 법

프로야구 에이전트는 한국야구위원회(KBO)가 2018년 2월 공식적으로 도입했고, 2017년 12월 제1회 KBO 공인 에이전트 자격시험을 치른 이래 2019년 12월까지 총 3차례 실시됐으며, 153명이 공인 에이전트 자격증을 획득했다. 2020년 시험은 코로나로 인해 연기되었다. 합격자 중 65명은 변호사이고 선수 출신은 1명이다. 프로야구 공인 에이전트 시험 과목은 네 과목으로 1) KBO리그 대리인 규정과 표준 선수대리인 계약서, 2) KBO 규약과 야구선수 계약서·협정서, 3) KBO리그 규정(야구 배트, 국가대표 운영, 상벌위원회), 4) 프로스포츠 도핑 규정과 국민체육진흥법 및 계약법으로 나뉘며 400점 만점으로, 과목별로 60점 이상 취득해야 합격이다. 평균 60점 이상이라고 하더라도 일부 과목이 60점 미만이면 불합격이다. 법과 관련된 과목이 많아서 변호사들에게 유리한 구조다. 153명의 에이전트 중에서 실제로 선수를 대리하는 에이전트는 37명(24.2%)이다. KBO 규약 제42조에 의하면 "대리인은 동시에 구단당 선수 3명, 한 에이전시가 총 선수 15명을 초과하여 대리할 수 없다"라고 명시돼 있다. 즉 개인인 에이전트 1명이 선수 3명을 대리할 수 있고, 회사인 에이전시는 15명까지 확보할 수 있다. 하지만 KBO 규약에 의해 수수료를 5% 이상 받기 어려워 수십억 원 이상의 FA 계약을 이끌어내지 못하는 이상 일반적으로 선수 연봉이 1억 원인 경우 에이전트에게 돌아가는 수수료는 500만 원이고 선수 3명만으로는 수익을 낼 수 없는 상황이다.

남자프로농구(KBL)는 규약 제75조(에이전트)에 의해 선수로부터 위임받은 KBL에 등록한 에이전트는 대리인 역할을 할 수 있으며, 계약 시에는 이사회가 정한 'KBL 선수 표준계약서'에 의해 계약을 체결할 수 있다. 다만 KBL 규약과 KBL 선수 표준계약서의 조항에 위배되지 않는

범위 내에서 당사자 간의 합의에 따라 보험가입 등 계약사항을 추가할 수 있으나 이 사항에 위배되는 특약사항은 무효로 한다. 외국인선수의 경우 여자프로농구(WKBL)는 규약 제76조(대리인 등)에 의거하여 역시 대리인 제도가 활성화되어 있다. 다만 대리인의 조건은 변호사와 법정대리인으로 한정되어 있으며 이사회가 제정한 'WKBL 선수 계약서'에 의해 계약을 체결한다. KBL과 WKBL 모두 샐러리캡 제도(구단이 당해 시즌 KBL 선수등록규정에서 정한 등록기일 내에 등록한 국내 선수 및 이에 준하는 선수에게 지급하기로 한 보수 총액의 상한선)가 있기 때문에 프로야구와 프로축구처럼 수십억 원의 연봉 계약이 이루어지기 힘들다. 특히 WKBL의 경우는 규약 제95조(선수연봉의 상한)에 의해 선수 1인의 최고 연봉 상한선은 이사회에게 결정하기 때문에 큰 액수의 연봉 계약 체결이 힘들어서 에이전트의 수수료는 더욱더 제한적일 수밖에 없다.

프로배구(KOVO)의 경우 규약 제6조(선수계약)에 의거해서 연맹의 표준계약서를 바탕으로 계약을 체결하며 대리인 제도를 인정하고 있으나, 2항에 별도 조항으로 "단, 대리인의 인정시기 및 범위는 연맹의 제반 사정을 고려하여 별도로 정한다"라고 되어 있어서 실질적으로는 운영되지 않고 있는 것으로 보인다. 프로배구는 샐러리캡과 옵션캡 제도(매 시즌 구단별 등록 선수에게 지급하기로 한 옵션 총액 상한)를 도입하고 있어 대형 계약을 이끌어내기는 쉽지 않다. 더불어민주당의 유정주 의원이 문화체육관광부를 통해 확인한 결과 2020년 에이전트를 통해 계약한 비율이 야구는 3.9%, 축구는 7.7%로 2019년 야구 7.7%, 축구 10.6%에 비해 감소한 것으로 나타났고, 농구와 배구는 규정상 에이전트 제도가 명시되어 있으나 실제로 에이전트를 통해 계약한 경우는 없는 것으로 나타났으며, 배구의 경우 외국인 선수만 에이전트를 통해 계약한 것으로 나타났다.

3 스포츠경영 전공자의 자질 및 준비사항

　　스포츠산업의 전반적인 현황을 잘 모르는 10대는 일반적으로 본인이 좋아하는 야구, 축구, 농구, 배구 같은 스포츠 종목을 중심으로 스포츠산업계에 종사하기를 막연히 꿈꾸거나 〈제리맥과이어〉 같은 영화를 관람한 후 혹은 〈스토브리그〉 같은 드라마를 시청한 후에 프로스포츠구단의 프런트로 일하는 꿈을 갖게 되는 경우가 많다. 이는 현실을 잘 모르기 때문이다. 스포츠산업의 일자리는 현실적으로 전체산업 평균보다 열악한 상황이다. 스포츠산업의 일자리 특징을 살펴보면 스포츠산업 전체의 사업체당 종사자 수는 4.0명으로 국내 전체산업 평균인 5.2명에 비해 적고, 취업자 중 임금근로자가 차지하는 비중은 63.8%로 전체산업 평균인 76.3%보다 적으며, 스포츠산업체의 임시일용직이 차지하는 비율은 29.8%로 전체산업 평균인 16.0%보다 높다. 이는 스포츠산업체가 평균적으로 직원이 4명인 기업들이 대부분이고, 이 중 가족경영회사가 많기 때문에 임금근로자가 차지하는 비중이 낮으며, 경기에 따라 임시일용직을 고용하는 경우가 많다는 것을 의미한다. 반면에 스포츠산업 인력의 특징을 살펴보면 스포츠산업 분야 인력의 평균 연령은 44.0세로 전체산업 평균 연령인 49.9세보다 젊고, 4년제 대졸 이상의 고학력자 비율이 25.0%로 전체산업 평균인 2.1%보다 높지만, 스포츠산업의 주당 평균 노동시간은 45.1시간으로 전체산업 평균인 43.5시간보다 길고, 스포츠산업체의 월평균 임금은 187.2만 원으로 전체산업 평균인 216.4만 원의 약 87%에 그치고 있다. 따라서 스포츠산업과 전체산업을 비교해보면 일자리 환경은 열악한 반면 고급인력이 더 많은 것을 알 수 있다.

　　외형적으로 성장하고 있는 스포츠산업은 앞으로도 성장 잠재력이 충분하지만 새롭게 스포츠산업 진출을 원하는 10대와 20대는 기존의 야구, 축구, 농구, 배구의 4대 메이저 프로스포츠가 아닌 골프와 e스포츠 시장에 주목해야 한다. 젊은 층은 상대적으로 4대 프로스포츠에 비해 골프를 참여스포츠로 접할 기회가 많지 않기 때문에 골프에 대한 관심과 이해도가 떨어진다. 하지만 국내 골프산업의 규모는 2018년 기준으로 약 16조 7천억 원으로 축구산업 4조 4천억 원, 야구산업 2조 3천억 원, 농구산업 1조 4천억 원, 배구산업 4,210억 원에 비해 월등히 큰 규모를 나타내고 있다. 한국 여자프로골프는 세계에서 가장 실력 있는 선수들을 보유하고 있고 LPGA(Ladies Professional Golf Association)와 JPGA(Japan Ladies Professional Golfer's Association)에서 많은 선수가 활약하고 있으며 세계랭킹 1위 자리를 한국 선수들이 번갈아 가면서 차지하고 있다. 또한 KLPGA(Korea Ladies Professional Golf Association)에서도 매년 새로운 선수들이 등장하며 끝없는 경쟁으로 인기를 끌고 있다. 특히 KLPGA의 경우 2007년 연간 2억 5천만 원의 방송중계권료가 2018년에는 68억 원으로 27배 상승했다. KLPGA는 2015년 기준 상금 규모가 184억 원에서 2017년 기준 219억 원으로 상승했고, KPGA는 2015년 기준 12개 대회가 개최되고 총상금 규모가 81억 원에서 2017년 기준 19개 대회 총상금액 140억 원 규모로 성장했다. 프로골프대회를 유심히 살펴보면 골프대회는 스포츠마케팅의 모든 부문이 종합적으로 시행되고 있는 것을 알 수 있다. 골프장 입구부터 다양한 스폰서들의 홍보 부스 및 텐트가 자리하고 있고 선수들의 경기복 및 경기용품은 모든 것이 스폰서로부터 지급받은 것이라고 볼 수 있다. 선수들이 사용하는 클럽, 가방, 우산, 골프공 등은 골프 관련 용품회사로부터 지원받으며 선수들의 모자, 선글라스, 상의 및 하의의 다양한 곳에 회사들의 로고가 붙어 있는 것을 볼 수 있다. 이러한 광고가 많을수록 슈퍼스타라고 할 수 있다. 또한 18홀로 구성되는 골프장의 홀마다 다른 회사들의 제품 혹은 광고판이 장식되어 있는 것을 볼 수 있다. 선수를 보조하는 캐디가 입는 옷 혹은 선수 이름표에도 스폰서 로고가 들어있는 것을 볼 수 있다. 따라서 프로골프 이벤트는 스포츠마케팅의 모든 부문이 실행되는 것임을 알 수 있다.

그림 5-1 골프대회에서의 스포츠 마케팅

사진 출처: https://sports.news.naver.com/news?oid=003&aid=0003367940

그림 5-2 골프장에 설치된 광고판

사진 출처: http://www.bigtanews.co.kr/news/articleView.html?idxno=8181

　　골프는 관람스포츠로서의 인기뿐만 아니라 참여스포츠로서의 인기도 지속적으로 올라가고 있다. 대한골프협회(KGA)에 따르면 2017년 기준 국내 골프 인구는 636만 명으로 2007년 251만 명에서 10년 동안 약 2.5배 증가했다. 골프 인구가 늘어나고 있는 것은 스크린골프의 영향이 큰 것으로 나타났다. 과거에는 비싼 이용료로 인해 젊은 층이 골프를 쉽게 접하지 못했으나 스크린골프의 출현으로 골프가 대중화되고 필드에 나가지 않더라도 스크린골프장에서 골프를 즐길 수 있어 대학생을 포함하여 20대와 30대 젊은 층의 골프 인구가 증가하고 있다. 스크린골프 업체 골프존에 따르면 2016년 기준 20대 회원의 비중은 7.9%에서 2018년에는 15.8%로 증가했고, 30대 회원의 비중은 2016년 23.5%에서 2018년에는 24.2%로 비중이 높아졌다(이데일리, 2020.1.23.). 골프장 개수는 2007년 기준 307개소에서 2017년 기준 520개소로 69.4%증가했고, 골프장 이용객 수는 2007년 기준 2,171만 명에서 2017년 기준 3,631만 명으로 67.2% 증가했다. 따라서 골프는 단일 종목으로서는 현재 스포츠산업에서의 비중이 가장 크며 앞으로도 성장이 기대되기 때문에 골프산업에 주목해야 한다.

=스포츠산업의 미래

　국내 스포츠산업 특수 분류 v3.0에 의하면 e스포츠는 스포츠산업에 포함되지 않는다. e스포츠가 스포츠인지 아닌지에 대한 논란은 스포츠 관련 학자들과 산업 종사자들 사이에 끊임없이 벌어진 논쟁이지만, 향후 스포츠산업과 관련된 일을 하고 싶어 하는 10대 및 20대에게는 스포츠산업이냐 아니냐는 큰 문제가 아니라고 판단된다. 우리나라는 e스포츠의 강국으로 2018년 기준 e스포츠산업 규모는 1,433억 5천만 원으로 2017년 973억 원 대비 47.3% 증가했다. 골드만삭스가 2018년 8월에 발표한 e스포츠 리포트에 따르면 글로벌 e스포츠 시장의 규모는 2018년 기준 8억 6,900만 달러(한화 9,559억 원)로 추정되고 2022년에는 29억 6,300만 달러(한화 3조 2,593억 원)로 성장할 것으로 예측했다. 시청자 수는 2018년 1억 6,700만 명에서 2022년 2억 7,670만 명으로 성장할 것으로 예측했다. 미국의 4대 프로스포츠 챔피언 결정전의 시청 인구와 비교해보면 NFL(National Football League)의 슈퍼볼(Super Bowl) 시청자 수가 1억 2,400만 명, NBA(National Basketball Association)의 결승전인 The NBA Finals의 시청자 수는 3,200만 명, MLB(Major League Baseball) 결승시리즈인 월드시리즈(World Series) 시청자 수는 3,800만 명, NHL의 결승전인 스탠리컵(Stanley Cup) 시청자 수는 1,100만 명. 반면에 e스포츠의 롤드컵 시청자 수는 5,800만 명으로 나타나 이미 NFL의 슈퍼볼을 제외한 나머지 리그의 결승전 시청자 수를 넘어선 것으로 나타났다.

　전 세계에서 가장 인기 있는 e스포츠 종목인 '리그 오브 레전드(LoL)'는 2020년 국내 e스포츠 대회인 'LoL 챔피언스 코리아(LCK)'은 프랜차이즈 제도 도입을 선언했다. LCK를 주최하는 라이엇 게임즈(Riot Games)는 20201년부터 대회의 승강제도를 폐지하고, 프랜차이즈 가입 팀들과 리그 수익을 분배하며, 선수 최저연봉을 기존 2천만 원에서 6천만 원으로 3배 가까이 올리는 등 시스템에 변화를 주기로 했다. 라이엇 게임즈는 프랜차이즈 가입비로 100억 원을 받기로 했으며, 기존의 프로스포츠와 비슷한 형태의 프랜차이즈 제도 도입으로 인해 LCK의 시장규모가 급격히 커지고 있다. SK텔레콤, kt 한화생명 등 LCK에 참여해왔던 9개 기업과 스포츠 마케팅사 '브리온'이 LCK 프랜차이즈에 가입했고 e스포츠가 MZ 세대(밀레니얼세대와 Z세대)

쇼미더머니(Show Me the Money)의 원조는 나야 나!

사이에서 큰 인기를 끌고 있기 때문에 기아자동차, 농심 등의 그룹도 기존 팀들과 스폰서십 계약을 체결하여 e스포츠 시장에 진출했다. e스포츠는 골프산업과 마찬가지로 관람과 참여가 동시에 가능한 스포츠이며, 뉴미디어인 1인 방송 및 인터넷 방송을 통해 동반 성장하고 있다. 특히 여성 팬들이 증가하면서 전체산업 규모가 증가하는 추세이기 때문에 향후 다양한 직업군의 수요가 생길 것으로 예측된다. e스포츠산업에 취업하기 위해서는 기본적으로 e스포츠의 산업 구조를 이해해야 한다. 야구, 축구, 농구, 배구 같은 전통적인 프로스포츠는 협회/연맹이 주체가 되어 리그를 운영하고 프랜차이즈를 통제해왔으나 e스포츠산업은 게임을 만드는 게임사, 즉 '리그 오브 레전드(LoL)'는 라이엇 게임즈가 주체가 되어 리그 운영을 좌지우지할 수 있다. 그 예로 2020년 프랜차이즈 도입을 선언했고 가입비로 100억 원을 책정했지만, 팀들은 따를 수밖에 없는 구조다. 따라서 e스포츠에서 게임사가 지적재산권을 가지는 의미를 이해해야 하고 게임사가 e스포츠를 하는 이유, e스포츠리그 및 대회의 구조 등에 대한 이해를 통해 e스포츠 관련 회사에 입사를 준비해야 한다.

스포츠산업에는 다양한 직종이 있기 때문에 그에 따라 필요한 자질과 준비사항이 달라질 수 있다. 기본적으로는 스포츠에 대한 관심도와 열정이 필요하다. 스스로 스포츠에 대한 관심도가 많은지, 특정 종목에만 관심이 있는 것인지 파악해야 한다. 스포츠를 직업으로 삼고 싶은 신념이 있어야 한다. 자신이 좋아하는 것이 업무로 바뀌었을 때는 더 이상 취미가 아닐 수 있고 스트레스로 다가올 수 있음을 명심해야 한다. 스포츠산업계에서 종사하면 사무실 내근보다는 현장에 나가 다양한 사람들을 만나야 하는 일이 많고, 사람들 앞에서 발표해야 하는 경우가 많기 때문에 외향적 성격으로 사람 만나는 것을 즐기고 대인관계에서 스트레스를 받지 않는 사람이 유리하다. 영어를 사용한 비즈니스 이메일 소통 및 외국인과의 업무 관련 의사소통 능력, 영어-한국어의 기본적인 이해, 작문, 번역, 발표를 할 수 있는 기본적인 어학 능력이 갖춰져야 하며 MS워드, 엑셀, 파워포인트 등의 프로그램 활용 능력이 필요하다.

스포츠경영 전공자의 경우에는 경영학과 출신에 비해 스포츠마케팅에 대한 이해도가 뛰어나야 한다. 일반적으로 경영학과는 전반적인 경영학에 대해 배우지만 스포츠경영은 스포츠산업, 특히 스포츠마케팅을 기본으로 다양한 과목이 연관되어 있기 때문에 스포츠마케팅에 대한 이해도는 경영학과 출신보다 반드시 우위에 있어야 한다. 또한 경영학과 출신뿐만 아니라 타과 출신과 비교해서 스포츠경영 전공자로서 우위에 있는 점은 무엇인지 파악하고 강점을 강조해야 한다. 선배들을 통해 아르바이트, 인턴십, 프로젝트 참여 등의 다양한 기회를 잡을 수 있어야 하며 이를 네트워크화하여 스포츠산업에 종사하는 인맥을 만드는 것이 중요하다.

스포츠산업계는 좁은 사회이며 공채보다는 추천을 통한 기회가 많이 있기 때문에 네트워크를 구축하고 관리하는 것이 매우 중요하다. 또한 자신이 원하는 미래의 직업 및 직종과 관련된 현역 멘토를 선정하고 꾸준한 관계를 통해 다양한 정보획득 및 취업 기회를 잡을 수 있다. 스포츠경영 전공자는 목표로 하는 스포츠산업 분야의 현재와 미래에 대한 이해, 비즈니스 모델 파악, 담당자들의 업무 등에 대한 지식을 가져야 한다. 목표로 하는 분야의 관련 업무 경험을 쌓기 위해서는 각종 공모전 참가, 연맹 및 구단의 대학생 객원 마케터 활동, 콘퍼런스 참가, 대학생 기자단 혹은 홍보단 활동, SMR(Sports Marketing Research), 스마터(SmarteR) 등의 스포츠마케팅 학술동아리 활동, 인턴십, 자원봉사, 아르바이트 등의 다양한 활동이 필요하다. 또 이를 통해 인맥을 쌓고 경험을 통해 자신의 한계를 파악하고 이를 보완하기 위한 준비가 필요하며, 이 분야를 목표로 하는 것이 맞는지에 대해 미래를 점검해야 한다.

프로스포츠 구단의 운영팀 혹은 마케팅팀에서 근무를 원하는 전공자들은 본인이 원하는 종목에 대한 전문가보다는 산업적인 측면에서 전문가가 되어야 하며 시야를 넓혀야 한다. 선수나 지도자가 되는 것이 아니기 때문에 해당 스포츠 종목에 대한 전문적인 지식이 필요한 것이 아니라 해당 종목에 대한 이해를 바탕으로 스포츠마케팅, 홍보, 조직관리, 위험관리, 안전관리 등에 대한 전문지식이 필요하다. 경기지원, 홍보마케팅, 팬과의 소통, 선수관리 등의 행정업무를 주로 하며 사무국 업무와 홈경기 필드 업무를 동시에 담당하기도 한다. 프로스포츠는 일반적으로 퇴근 시간에 시작되며 주말과 공휴일에도 진행된다. 따라서 일반 회사원의 근무시간 및 근무환경과는 매우 다르다는 사실을 인지해야 하며, 경기를 매일 공짜로 관람할 수 있을 것이라 기대하기보다는 경기 중 혹은 경기가 끝난 후에도 업무가 계속되고 있다는 사실을 알아야 한다. 또한 업무는 홈경기가 있는 날과 없는 날, 시즌 전·후, 시즌 중의 업무가 다르며 구단의 성적에 따라 시즌이 일찍 끝날 수도 늦게 끝날 수 있으며 성과도 영향을 받을 수 있다.

취업 전에 꿈꾸던 직업과는 많이 다를 수 있기 때문에 현실을 알고 접근해야 한다. 담당 업무에 따라 나의 주 고객이 기업, 방송사, 지방자치단체, 팬 등 누구인지 파악하고 그에 따른 전략을 수립해야 한다. 스포츠경영을 전공하고 취업을 위해 미국이나 영국으로의 유학이 필요하다고 생각하는 경우가 많지만 유학보다는 인턴십, 공모전 참여 등의 관련 분야 경험이 더 중요하다. 특히 프로스포츠 구단의 취업은 공채보다는 특채가 많은 편이며 인턴십을 통해 정규직으로 전환되는 경우도 많이 있기 때문에 관련 경험 및 네트워크가 매우 중요하다. 팀 내에 외국인 선수도 있고 해외전지훈련에 동행하는 경우도 있기 때문에 기본적인 외국어 능력은 필수이고 커뮤니케이션 능력도 매우 중요하다. 실제로 프로스포츠 구단에서 일하는 관계자들을 인터뷰해보면 가장 중요한 것은 경험이기 때문에 인턴십, 학회, 동아리 등의 대외활동 경험 유무가 취업에 가장 중요한 요소라고 할 수 있다.

스포츠 에이전트는 위에서도 소개했지만, 종목에 따라 야구는 자격시험을 통과해야 하고 기타 종목은 자격증이 필요하지 않다. 다만, 선수들과의 네트워크가 중요하기 때문에 아무나 에이전트를 할 수 있는 것은 아니다. 스포츠마케팅 전문회사에서 선수 매니지먼트를 담당하거나 스포츠 에이전트를 전문으로 하는 회사 소속으로 일하는 경우가 있다. 기본적으로 에이전트는 직업의 특성상 사교적이고 외향적인 성격이 더 유리하다. 외근이 많이 생길 수 있고 규칙적인 생활이 불가능할 수 있기 때문에 체력이 좋아야 한다. 영어는 완벽하게 하는 것이 좋고 스페인어, 프랑스어, 일어, 중국어 같은 제2외국어를 구사하면 에이전트로서 강점이 될 수 있다. 리코에이전시의 이예랑 대표는 언론과의 인터뷰에서 에이전트의 제1덕목은 높은 도덕성이기 때문에 선수들에게 일에 대한 모든 것을 정직하게 드러내는 것이 에이전트로서 가장 중요한 자질이라고 했다. 예를 들어, 선수가 갈 수 있는 구단이 가장 돈을 많이 주는 A구단, 에이전시와 관계가 좋은 B구단, 조건은 다른 구단에 비해 조금 부족하지만 선수가 갔을 때 가장 행복할 수 있고 다른 장점도 많은 C구단이 있을 경우 만일 에이전트가 자신에게는 A구단이 가장 매력적이고 선수에게는 C구단이 좋을 것 같다고 판단했다고 하면, 이예랑 에이전트는 선수에게 세 조건을 모두 공개하고 최종 선택은 선수가 하게 한다고 한다. 에이전트는 결정하는 것이 아니라 선수가 결정할 수 있도록 선수에게 과정과 결과를 공개하고 설명하는 사람이기 때문이라고 설명했다. 에이전트가 되기 위해서는 공부를 많이 해야 하며 무엇부터 시작해야 할지 모르겠다면 규약부터 읽는 것이 좋다고 한다. 각 프로연맹의 규약에는 회원, 경기, 선수, 감독 및 코치, 심판, 수익사업, 도핑 방지, 분쟁 조정과 제재 등에 대해 자세하게 서술되어 있고 이를 통해 에이전트가 무엇을 알아야 하고 해야 할 일이 무엇인지를 파악할 수 있다.

스포츠경영 관련 학과 입시전형 소개

스포츠경영 혹은 산업 관련 학교는 국내에 많지 않다. 대부분 대학에는 체육학과, 체육교육과, 스포츠과학과 등의 체육 관련 학과들이 많이 있지만 스포츠경영, 스포츠산업, 스포츠비즈니스, 스포츠마케팅 등의 명칭을 가진 학교들은 그리 많지 않은 것이 현실이다. 다음 〈표 5-1〉은 국내 대학의 스포츠경영/산업 관련 학고 리스트(가나다 순)다.

표 5-1 국내 스포츠경영 관련 대학

	학교명	학과
1	경기대학교	스포츠과학부 스포츠레저산업 전공
2	경남과학기술대학교	융합학부 스포츠매니지먼트 전공
3	경동대학교(경기 양주)	스포츠마케팅학과
4	경일대학교	스포츠학부 스포츠마케팅 전공
5	경희대학교	골프산업학과
6	계명대학교	스포츠마케팅학과
7	고려대학교(세종)	국제스포츠학부 스포츠비즈니스 전공
8	국민대학교	스포츠산업레저학과
9	남서울대학교	스포츠비즈니스학과
10	단국대학교(천안)	스포츠경영학과
11	명지대학교	스포츠산업학 전공
12	백석대학교(천안)	스포츠과학부 레저스포츠산업 전공
13	부산외국어대학교	스포츠산업학부
14	서강대학교	스포츠미디어 연계전공
15	성균관대학교	스포츠과학과 스포츠경영 및 산업 전공
16	세한대학교	스포츠레저산업학과

	학교명	학과
17	연세대학교	스포츠응용산업학과
18	을지대학교	스포츠아웃도어학과 아웃도어유통경영 전공
19	이화여자대학교	체육과학부 글로벌스포츠산업 전공
20	인하대학교	스포츠과학과 스포츠산업 전공
21	제주국제대학교	스포츠산업학과
22	조선대학교	스포츠산업학과
23	중앙대학교(안성)	스포츠과학부 스포츠산업 전공
24	중원대학교	스포츠산업전공
25	한국교통대학교(충주)	스포츠학부 스포츠산업학 전공
26	한국외국어대학교	국제스포츠레저학부
27	한국체육대학교	레저스포츠산업학과
28	한림대학교	체육학과 스포츠경영관리사 트랙
29	한양대학교(서울)	스포츠산업학과

스포츠경영 관련 학과의 입시전형은 크게 두 가지로 나눌 수 있다. 실기시험을 포함하는 학교와 실기시험 없이 수학능력시험 성적을 바탕으로 학생을 선발하는 방식이다. 2021학년도 기준 주요 대학교의 입시전형에 대해 알아보자.

1) 고려대학교(세종) 국제스포츠학부 스포츠비즈니스 전공

고려대 세종 국제스포츠학부

가) 수시모집

	모집 인원	학생부 위주		실기 위주	학생부 위주			실기 위주	
					특별전형				
		학업 능력고사 전형	학생부 교과 전형	미래인재 전형	세종 인재	사회 공헌자	농어촌 학생	체육 인재	글로벌 스포츠 인재
스포츠 과학전공	35	5	4	5	2	2	2	10	13
스포츠 비즈니스 전공	35	5	4	5					13

◆ **학업능력고사 전형**: 학교생활기록부(교과) 60%+학업능력고사(40%)
　- 수능 지정 응시영역: 국어, 수학(가/나 택1), 영어, 탐구(사회/과학 택1), 한국사
　- 최저학력 기준: 국어 3등급 이내, 또는 수학(가/나) 3등급 이내, 또는 영어 2등급 이내 또는 탐구(사탐/과탐) 2과목 합이 6등급 이내(4가지 중 1개만 충족하면 됨)

◆ **학생부교과, 세종인재, 사회공헌자, 농어촌전형**: 학교생활기록부(교과) 100%
　- 수능 지정 응시영역: 국어, 수학(가/나 택1), 영어, 탐구(사회/과학 택1), 한국사
　- 최저학력 기준: 국어 3등급 이내, 또는 수학(가/나) 3등급 이내, 또는 영어 2등급 이내 또는 탐구(사탐/과탐) 2과목 합이 6등급 이내(4가지 중 1개만 충족하면 됨)

◆ **미래인재, 글로벌스포츠인재**: 학교생활기록부(교과/비교과), 자기소개서, 면접
　- 1단계: 서류심사(100%), 모집인원의 3배수
　- 2단계: 1단계 성적 70%+면접 30%

◆ **체육인재(체육특기자)**: 서류 및 면접 학교생활기록부(교과) 100%
　- 1단계: 서류평가 70%+학생부(교과) 25% 학생부(출결) 5%, 모집인원의 3배수
　- 2단계: 1단계 성적 70%+면접 30%

나) 정시모집: 25명

◆ **일반전형**: 수능 70%+실기 30%
　- 실기고사 종류: 10m 왕복달리기, 메디신볼 던지기

대학수학능력시험 반영비율

국어	영어	수학		탐구	
		가	나	가	나
40%	40%	(20%)		(20%)	

※ 수학과 탐구영역 모두 응시한 후 더 높은 점수 반영(20%)
※ 가/나형 모두 지원 가능한 모집단위에서는 가형에 10% 가산점 부여
※ 탐구영역은 별도 지정과목이 없으며 수험생이 2과목을 자유 선택함
※ 제2외국어/한문영역으로 탐구영역을 대체할 수 없음

2) 계명대학교 체육대학 스포츠마케팅학과

가) 수시모집

	국어	영어	학생부교과			학생부종합	
			일반	지역	고른 기회	일반	지역
스포츠마케팅학과	24	11	5	–	5	3	

◆ **학생부교과: 일반전형(교과 100%)**
  – 최저학력 기준: 국어, 영어, 수학, 탐구 중 상위 3개 영역의 등급 합이 15 이내
  ※ 탐구영역은 상위 1개 과목 등급 적용, 한국사 응시 필수

◆ **학생부교과: 지역(대구·경북지역 졸업생) 전형(교과 100%)**
  – 최저학력 기준: 국어, 영어, 수학, 탐구 중 상위 3개 영역의 등급 합이 15 이내
  ※ 탐구영역은 상위 1개 과목 등급 적용, 한국사 응시 필수

◆ **학생부종합: 일반전형(교과 100%), 수능최저학력기준 없음**
  – 1단계: 서류평가(학생부와 자기소개서) 100%, 모집인원의 4배수
  – 2단계: 1단계 성적 80%+면접 20%

◆ **학생부종합: 지역(대구·경북지역 졸업생) 전형(교과 100%)**
  - 1단계: 서류평가(학생부와 자기소개서) 100%, 모집인원의 4배수
  - 2단계: 1단계 성적 80%+면접 20%

나) 정시모집: 7명

◆ **일반전형: 수능 100%**

대학수학능력시험 반영비율

국어	수학		영어	탐구				한국사
	가	나		사회	과학	직업	과목수	
25%	25%	25%	25%	25%			2개 과목 평균 반영	가산점 (응시 필수)

※ 한국사는 필수 응시, 등급별로 가산점 부여(총 400점 기준, 최대 5점 범위 이내)

3) 국민대학교 체육대학 스포츠산업레저학과

가) 수시모집

	모집인원	학생부종합		실기/실적 위주	
		국민드론티어	농어촌학생(정원 외)	특기자	실기우수자
스포츠산업레저학과	6	5	–	1	–

◆ **학생부종합: 일반전형(교과 100%), 수능최저학력기준 없음**
  - 1단계: 서류평가(학생부와 자기소개서) 100%, 모집인원의 3배수
  - 2단계: 1단계 성적 70%+면접 30%

◆ **체육특기자: 볼링 1명**
  - 입상성적(60%)+면접(20%)+학생부 교과 및 출결(20%)
  - 수능최저학력기준 없음

나) 정시모집: 22명

◆ 일반전형: 단계별 선발

   – 1단계: 수능(60%)+학생부교과(40%), 모집인원의 5배수

대학수학능력시험 반영비율

국어	수학		영어	탐구		총점
	가	나		가	나	
200	–		200	200		600

※ 제2외국어 및 한문은 탐구영역 1과목으로 대체 반영하지 않음

※ 한국사 4등급 이내 만점, 5등급 이하 등급당 0.2점 차등 감점(수능환산 총점)

   – 2단계: 1단계 성적 60%+실기 40%

실기고사 종목 및 배점

20m 왕복달리기	수직점프	제자리멀리뛰기	농구 골밑슛	합계
100점	100점	100점	100점	400점

4) 단국대학교(천안) 스포츠과학대학 스포츠경영학과

가) 수시모집: 4명

◆ 체육특기자: 볼링 남 1, 여 1, 농구(여) 센터 1, 가드/포워드 1

   – 실적 90%+학생부(교과, 비교과) 10%

나) 정시모집: 36명

◆ 일반전형: 수능 70%+실기 30%

대학수학능력시험 반영비율

국어	수학		영어	탐구		한국사
	가	나		가	나	
40%	20%		40%	20%		가산점

※ 수학과 탐구영역 중 성적이 좋은 2개 영역을 반영함
※ 한국사 응시 필수, 등급별로 가산점 부여(총 1,000점 기준, 최대 5점 범위 이내)

5) 연세대학교(서울) 교육과학대학 스포츠응용산업학과

가) 수시모집: 19명

◆ **체육특기자**: 축구 6, 농구 4, 야구 3, 빙구 2, 럭비 4
 – 1단계: 학생부교과(20점)+서류평가(70점), 모집인원의 3배수
 – 2단계: 학생부교과(20점)+서류평가(70점)+면접 10점

나) 정시모집: 24명

◆ **일반전형**
 – 대학수학능력시험 필수 응시 영역: 국어, 수학(나/가), 영어, 사탐/과탐, 한국사
 ※ 탐구과목은 응시한 2과목 반영
 ※ 사회탐구는 자유선택
 ※ 과학탐구는 물리학, 화학, 생명과학, 지구과학 중 서로 다른 2과목 선택

전형요소별 반영점수

한국사	한국사 이외 과목					선택 실기	총점
	국어	수학 (나)/(가)	영어	사회/과학			
10	200	200	100	100	850 (총점×850/600)	150	1,010

※ 국어, 수학(나): 수능 성적표상의 표준점수 그대로 적용
※ 수학(가), 사회/과학탐구: 수능 성적표상의 백분위를 활용하여 연세대가 자체적으로 산

출한 변환점수를 적용하며, 사회탐구/과학탐구는 2과목 변환점수 총점 200점에 1/2을 곱하여 100점 만점으로 반영
- 선택실기종목: 농구, 배드민턴, 골프, 축구, 태권도, 유도, 검도, 수영, 무용, 체조 중 1종목 본인 선택

6) 이화여자대학교 신산업융합대학 체육과학부 글로벌스포츠산업 전공

가) 수시모집: 20명

◆ 예체능서류전형: 일반전형(교과 100%)
- 1단계: 서류평가(학생부와 활동보고서) 100%, 모집인원의 4배수
- 2단계: 1단계 성적 80%+면접 20%
- ※ 수능 응시 지정영역: 국어, 영어, 수학(가)/(나), 사탐(2과목)/과탐(2과목) 중 3개 영역 이상 응시
- ※ 제2외국어/한문을 탐구영역의 한 과목으로 인정
- ※ 한국사 응시 필수(단, 수능최저학력기준의 한 영역으로 인정하지 않음)
- ※ 수능최저학력기준: 국어, 수학(가)/(나), 영어, 사탐/과탐 중 3개 영역 등급 합 8 이내 (탐구영역의 경우, 응시한 2과목 중 상위 1과목의 등급으로 반영)

나) 정시모집: 32명

◆ 일반전형: 단계별 선발
- 1단계: 수능(100%), 모집인원의 4배수
- 수능 응시 지정영역: 국어, 수학(가)/(나), 사탐(2과목)/과탐(2과목) 중 2개 이상
- ※ 제2외국어 및 한문은 탐구영역의 한 과목으로 인정
- ※ 한국사를 반드시 응시하여야 함
- 수능 반영영역: 국어, 수학(가)/(나), 사탐(2과목)/과탐(2과목)
- ※ 반영영역 중 최댓값이 산출되는 2개 영역을 택하여 동일 비율로 반영
- 2단계: 1단계 성적 60%+실기 40%
- 실기고사 종목: 20m 왕복달리기, 제자리멀리뛰기, 메디신볼 던지기

7) 한양대학교 예술체육대학 스포츠산업학과

2021학년도 한양대학교 스포츠산업학과 전공 안내 영상

가) 수시모집: 15명(학생부종합 9, 특기생 6)

◆ 학생부종합
- 학생부종합평가 100%

◆ 체육특기자: 농구(남) 4명, 배구(남) 2명
- 경기실적(70%)+학생부종합(30%), 모집인원의 4배수

나) 정시모집: 16명(자연 6, 인문 10)

◆ 일반전형: 수능 100%

대학수학능력시험 반영비율

	국어	수학		영어	탐구		반영 과목 수
		가	나		사탐	과탐	
자연계	40%	30%	-	10%	-	20%	1
인문계	40%	-	30%	10%	20%	-	1

※ 제2외국어/한문, 직탐을 탐구영역으로 인정하지 않음

대학수학능력시험 필수 응시영역

자연계	국어, 수학(가), 영어, 과탐(1과목)	과탐Ⅱ 과목에 변환표준점수의 3% 가산점 부여
인문계	국어, 수학(나), 영어, 사탐(1과목)	-

※ 한국사를 반드시 응시하여야 함

참고문헌

강준호·김화섭·김재진(2013). 〈스포츠시장 신분류 작성 원리와 활용 방안: 스포츠 시장 가치망을 중심으로〉. 서울: 산업연구원.

고정민·김정우(2008). 〈특성에 따른 서비스산업의 유형화에 관한 연구〉. 《산업조직연구》 16(2), 95-130.

김용만·박세혁·전호문(2009). 《스포츠마케팅》. 서울: 학현사.

문화체육관광부(2019). 《2018 스포츠산업백서》. 세종: 문화체육관광부.

문화체육관광부(2020). 《2020 스포츠산업실태조사》. 세종: 문화체육관광부.

이데일리(2020.1.21.) [골프 2030시대] ①"비즈니스 아닌 취미"…회사·대학가에 부는 골프 열풍 https://www.edaily.co.kr/news/read?newsId=01121766625640672&mediaCodeNo=258&gtrack=sok

Chelladurai, P. (1994). Sport management: Defining the field. European Journal of Sport Management, 1, 7-21

Mullin, B. J. (1980). Sport Management: The nature and the utility of the concept. Arena Review, 4(3), 1-11.

Parkhouse, B. L. & Pitts, B. G. (2001). Definition, evolution, and curriculum. In B. L. Parkhouse (Ed.), The Management of sports: Its foundation and application. (pp. 2-14). (3rd Ed.). Boston: McGraw Hill.

Plunkettresearch (2019). https://www.plunkettresearch.com/

Reuters (2019.7.25.). Tottenham announce eight-year shirt deal with AIA. retrieved from https://www.reuters.com/article/soccer-england-tot-idINKCN1UK2BN

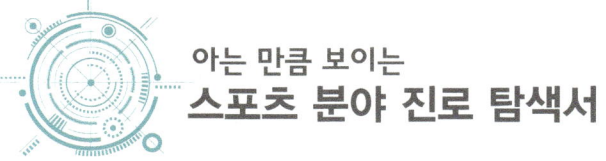

아는 만큼 보이는
스포츠 분야 진로 탐색서

Chapter 6

자고로 스포츠의 본질은 데이터에 있거늘~
모래 속 보석을 찾아라, 데이터 플렉스!

체육측정평가 / 스포츠 빅데이터

단국대학교 사범대학 체육교육과 ● 최형준

이 장에서는 스포츠과학 분야에서 생산되는 수리적인 자료의 분석과 해석을 다루는 체육측정평가와 스포츠 빅데이터 분야에 대해 이해하고, 해당 분야를 통한 진로에 대해 이야기하고자 한다.

1 체육측정평가

1) 체육측정평가의 소개

가) 체육측정평가란?

체육측정평가는 어떻게 하면 체육에서 다루어지고 있는 자료에 대해 더욱 신뢰할 수 있고 타당하게 측정할 수 있으며, 평가할 수 있는지를 다루는 분야이다. 그래서 체육측정평가 분야에서는 측정과 평가를 위한 방법들을 이론적으로 체계화하고 끊임없는 연구를 통해 더 잘 이해할 수 있으며, 좀 더 과학적으로 자료를 볼 수 있도록 노력하고 있다. '체육(Physical Education)'이라고 하면, 보통 초등학교, 중학교, 고등학교 체육 시간에 다루는 내용을 떠올릴 수 있다. 일반적으로 체육은 학교 체육 수업 시간에 다루어지고 있는 내용으로 제한하는 경우가 많은데, 그렇지만은 않다. 우리는 학교 체육 수업 시간 외에도 체육활동을 한다. 여기서 체육활동이란 "신체를 움직여서 경쟁 활동을 하는 것"을 포함하는데, 그렇다면 체육의 범위에 사설 피트니스 클럽에 가서 체중을 감량하거나, 땀을 흘려서 무언가를 하는 것도 포함할 수 있다. 따라서 이 장에서 다루는 체육측정평가의 체육은 신체활동을 하는 모든 범위를 다 포함하여 설명한다고 생각해주길 바란다. 어찌되었건 체육측정평가는 이러한 신체활동을 포함하여 신체를 통한 경쟁 활동을 모두 포함한 환경에서 측정과 평가에 대한 것을 다루는 분야라고 할 수 있겠다.

체육측정평가가 우리나라에 처음 보급된 시점은 1970년대쯤이다. 그 당시 미국체육학회에서는 청소년들의 체력 수준과 건강증진을 위해 체력검사 제도를 도입하고 체력검사 점수를 통해 청소년들의 체력 수준을 평가했다. 학생 체력검사 제도는 20여 년을 지나오면서 변화를 가져왔는데, 체력검사의 궁극적인 목적이 체력향상이라고 할 때, 괄목할만한 성장이었다. 우리나라에서도 청소년들의 체력과 건강증진을 위해 한국형 체력검사 제도가 마련되어야 한다는 목소리 속에서 많은 연구진이 새로운 체력검사 제도를 만들어내기 위해 연구를 지속했다. 아마도 여러분의 부모님이나 할아버지, 할머니에게 여쭈어보면, 중학교 때 체력검사를 하다가 너무 힘들어서 더 이상 뛰지 못하는 척했다는 등의 여러 가지 에피소드를 들을 수 있을 것이다. 1970년대 미국체육학회에서 사용하던 체력검사 제도를 우리나라에 보급하면서 한국인에게는 맞지 않는 체력평가 기준과 절차들로 인해 어려움을 겪게 되었다. 이를 개선하기 위해 체육측정평가 연구진들은 학교 체육에 적용할 수 있는 한국형 체력검사 제도인 '학생건강체력평가제도(PAPS: Physical Activity Promotion System)'를 개발하여 도입하기 시작했으며, 흔히 '팝스'라고 불린다. 학생건강체력평가제도와 기존의 체력검사제도의 차이점은 기존의 체력검사 제도는 운동 기능 체력 위주로 검사하고 운동선수를 조기에 발굴하는 목적이 있었던 반면, 학생건강체력평가제도는 건강관련체력 위주로 검사하고, 학생 개개인의 체력에 중점을 두고 있다는 점에서 차이가 있다.

최근 체육활동의 환경적인 변화로 인해 많은 사람이 집 근처나 학교 근처에서 땀을 흘리는 것을 선호하게 되었고, 사설 체육시설의 양적 팽창으로 인해 쉽게 땀을 흘릴 수 있는 환경이 조성되기 시작했다. 체육활동의 환경적인 변화에도 학생들의 운동하는 빈도와 양은 예전에 비해 현저히 떨어지고 있고, 아직도 하락세에 있다. 이러한 변화를 감지하고 더욱 진취적인 체육활동으로의 변화를 꾀하기 위해 체육측정평가 분야에서도 수없이 많은 도전을 하고 있다. 체육측정평가 연구자들은 이러한 체육활동의 활성화를 위해서는 정확하고 객관적인 신체활동의 측정을 통해 현재 진행되고 있는 체육활동에 대해 진단하고, 올바른 체육활동에 대한 청사진을 그리고자 한다. 신체활동의 측정은 단순히 줄자나 체중계 같은 전통적인 체격 및 체력측정 도구를 이용하는 방법에서 벗어나 가속도계(Accelerometer), 자이로센서(Gyro sensor) 등의 센싱 기술이 접목된 웨어러블 디바이스(Wearable device)를 신체활동 측정도구로 이용한다. 이러한 변화는 첨단 과학 기술의 발전과 더불어 더욱 정교하게 신체활동을 측정하여 진단할 수 있는 뒷받침이 되고 있다.

또한 최근 체육측정평가 분야에서는 운동수행 능력에 대한 객관적인 분석을 위해 스포츠 경기 중에 선수들이 수행하는 경기내용에 대해 수리적으로 기록하고 분석하는 방법을 다룬다. 인간은 누구나 한번 관찰한 내용을 100% 기억할 수 없다. 만일 한번 관찰한 내용을 100% 기억하는 누군가가 있다면, 정말 기억력이 좋거나 로봇일 가능성이 높다. 그렇기 때문에 기억력을 향상시키기 위해 많은 노력을 하고 있는 것이고, 기억력의 악화는 누구에게나 다가오는 경험이기도 하다. 그렇기 때문에 스포츠 경기 중에 선수들의 운동수행 내용을 한 번의 관찰로 100%

기억한다는 것도 당연히 불가능하다. 이를 보완하기 위해 체육측정평가 분야에서는 체계적인 관찰법(systematic observation)을 통한 경기내용의 객관적인 기록방법과 분석방법에 대해 수리적인 자료와 함께 다루는 방법을 제시하고 있다. 관찰된 내용이 경기내용을 분석하는 내용일 수도 있고, 선수의 특징을 대변하는 내용일 수도 있다. 체육측정평가 분야에서는 이러한 접근방법을 통틀어 '스포츠경기분석(performance analysis of sports)'이라고 한다. 물론 스포츠경기분석은 체육측정평가에서만 다루는 것은 아니다. 운동역학(sports biomechanics) 분야에서도 경기내용에서 동작의 효율성을 분석하고자 적용하기도 한다. 여기서 중요한 것은 체육측정평가 분야에서 다루는 스포츠경기분석과 운동역학 분야에서 다루는 스포츠경기분석이 내용적인 면에서는 차이가 있지만, 목적은 같다는 것이다. 어찌되었든지 스포츠경기분석의 궁극적인 목적은 경기력 향상에 있다는 것만은 명심해 두기 바란다.

이러한 환경적인 변화 속에서 체육측정평가 분야는 단순히 체육활동에 대한 측정과 평가를 위한 도구에만 치중되어 연구가 이루어지고 있는 것이 아니라 측정과 평가에 대한 이론적인 정립과 발전에 이바지하고 있으며, 현재에도 많은 체육측정평가 연구진들이 새로운 방법론을 제시하고 있다. 체육측정평가 분야에서는 전통적으로 수집된 자료가 얼마나 신뢰할 수 있는가에 해당하는 신뢰도(reliability)와 수집하고자 하는 자료를 얼마나 타당하게 수집하는가에 해당하는 타당도(validity)를 다루고 있으며, 자료의 검증을 위해 통계적인 접근방법(statistical approaches)을 연구하고 있다.

나) 체육측정평가의 이해

체육측정평가 분야에서는 측정과 평가에 대한 체계적이고 과학적인 이론을 정립하고 이에 맞게 데이터를 해석하는 데 힘쓰고 있다. 그 이유는 우리가 평가하고자 하는 내용을 설명할 때 측정되는 모든 것이 체계적이고 과학적이지 않으면 자료의 설명력이 떨어지기 때문이다. 따라서 '평가'라는 용어는 측정의 의미를 포함하고 있으며, 측정이 없는 평가는 아무런 근거 없이 비과학적으로 의사결정을 하는 것 같은 결과를 나타낸다. 여기서 과학적인 것과 비과학적인 것을 구분할 수 있는 것은 과연 우리가 측정해야 하는 것이 무엇이고 어떻게 해야 하는 것과도 직결된다. 또한, 객관적인 자료에 의해 평가가 이루어지지 않는다면, 아무리 측정한 자료가 많다고 할지라도 의미를 부여하기에는 어려움이 있다. 따라서 체육측정평가에서는 자료의 객관성을 검증하기 위하여 체계적으로 접근하기 위해 모든 자료를 정량화(수치화)하는 단계를 거치게 된다. 모로, 잭슨, 디슈와 무드(Morrow, Jackson, Disch & Mood, 2005)는 이러한 측정평가의 목적으로 다음과 같은 6가지 이유를 들어 제시한다.

첫째, 배치(Placement)를 목적으로 수행하는 평가다. 같은 반 학생들 간 운동 기능 수준의 차이가 많이 나는 경우에는 체육 수업 중에 배우는 농구 기술에 따라 받아들이는 정도에 차이가 있다. 운동능력이 좋은 학생들에게 수준 높은 농구기술을 배우게 하면, 판대로 운동능력이 좋지 않은 학생들이 만족할 만한 학습을 못 받게 되는 경우가 발생할 것이고, 반대로 운동능력이 좋지 않은 학생들이 만족할 만한 학습내용에 치중하게 된다면 운동능력이 좋은 학생들에게는 쉬운 수업내용이 될 수 있다. 따라서 두 가지 모두를 만족시키기 위해 수준에 맞는 적절한 학습내용이 배치되는 것이고, 이를 위해 수업 시작 전에 운동능력 수준을 평가하여 적합한 학습내용을 배우게 배치하는 것이 중요하다.

둘째, 진단(Diagnosis)을 목적으로 수행하는 평가다. 학생 개개인이 운동을 수행하는 데 있어서 갖는 취약점을 확인하고 이를 분석하는 데 적용한다. 예를 들어, 병원에서 의사가 환자의 상태를 보고 어떠한 질병에 걸렸는지를 진단하듯이, 학생 개개인이 취하는 운동 자세와 운동 능력에 따른 문제점을 확인하는 과정이다.

셋째, 예측(Prediction)의 목적으로 수행하는 평가다. 오늘 경기내용을 토대로 내일 경기에 대해 예상해보는 것이나 엘리트 지도자들이 어떤 선수가 향후 우수선수로 성장할 것인지를 알아보는 데 수행하는 평가 영역에 해당한다. 때로는 예측의 목적으로 수행하는 평가의 정확성에 대한 논의가 깊이 있게 이루어졌는데, 스포츠 경기의 경우에는 불확실성을 기반으로 예측이 이루어진다는 점을 잊어서는 안 된다.

넷째, 동기유발(Motivation)을 목적으로 수행하는 평가다. 학생들은 중간고사가 끝나고 난 후 기말고사에 들어가기까지 여러 가지 생각을 하게 된다. 여기서 포기할 것인가? 아니면 기말고사까지는 아직 시간이 있으니, 중간고사 점수를 토대로 좀 더 노력할 것인가? 긍정적인 의미에서 중간고사 점수는 개인마다 다르게 받아들여질 수 있다. 어떤 학생은 포기 쪽으로 선택하는 경우도 있을 테고, 어떤 학생은 기말고사를 좀 더 착실히 준비하자는 쪽으로 선택하는 경우도 있을 것이다. 체육측정평가에서는 학생들에게 평가를 적절히 활용하여 학생들의 동기를 최대한 높일 수 있는 방법을 제안하고자 노력하고 있다.

다섯째, 성취도(Achievement) 확인을 목적으로 수행하는 평가다. 예를 들면, 중간고사 점수와 기말고사 점수를 통해 해당 교과목에 대한 성취도를 평가하는데, 중간고사와 기말고사 점수의 차이는 향상도를 대변할 수 있다. 이러한 성취도 확인을 목적으로 수행하는 평가인 경우에는 최종적으로 학생이 해당 교과목의 내용을 충분히 이해하고 어느 정도의 학습 내용을 성취했는가를 평가하는 중요한 지표가 된다.

여섯째, 프로그램 평가(program evaluation)를 목적으로 수행하는 평가다. 프로그램 평가는 학습 프로그램이 될 수도 있고, 선수들에게 적용하는 훈련프로그램이 될 수도 있다. 만일 학습 프로그램일 경우에는 교과목의 난이도와 학습능력에 대한 종합적인 평가가 가능하며, 훈련프로그램일 경우에는 선수들이 훈련하는 내용이 경기력 향상에 어느 정도 기여하고 있는가를 종합적으로 판단하기 위해 수행할 수 있다.

체육측정평가에서는 6가지 목적에 의해 평가를 수행하기 위해 다양한 자료를 정량화시키는 단계를 거치게 되는데, 이때 자료의 특성에 따라 적용되는 통계적인 접근 방법이나 자료 해석 방법이 달라진다. 체육에서 다루는 자료는 "어떤 현상이나 특성을 대표하는 정보를 숫자의 형태로 갖추고 있는 것"으로 표현할 수 있는데, 이러한 특성을 '변인(variable)' 혹은 '변수(variable)'라고 한다. 변인은 원인과 결과를 밝혀내기 위해 사용하는 단어이며, 교육학(pedagogy)에 근원을 두고 있다. 변수는 개념적으로 볼 때, 속성이 변화될 수 있는 자료의 특성을 말하며, 통계학(statistics)에서 주로 다루는 용어다. 예를 들어, 성별은 남자와 여자로 기록할 수도 있지만, 남자를 '1', 여자를 '2'로 표기할 수도 있다. 성별과 같이 남자와 여자의 가치를 기록할 때 사용하는 특성은 모든 구성원이 상이하게 기록된다. 하지만 모든 구성원이 동일한 가치를 가지고 있는 경우, 예를 들어 남자와 여자를 모두 '인간'으로 표기하는 경우에는 그 특성은 변수가 되지 않고 상수(constant)가 된다. 체육측정평가에서 다루어지는 변수의 경우, 인과관계에 따라 영향을 미치거나 예언해주는 변수를 '독립변수(independent variable)'라 하고, 영향을 받거나 예측이 되는 변수를 '종속변수(dependent variable)'라고 한다. 또한, 변수가 지니는 속성에 따라 양의 크기를 나타내기 위해 수량으로 표시할 수 있는 신장, 체중 같은 변수를 '양적변수(quantitative variable)'라 하고, 수량으로 표시할 수 없고 계산이 불가능한 성별, 학력, 만족도 같은 변수를 '질적변수(qualitative variable)'라고 부른다. 양적변수는 다시 변수의 값이 연속성을 지니고 있는지에 따라 연속변수(continuous variable)와 비연속변수(uncontinuous variable)로 구분하는데, 신장이나 체중은 소수점으로 기록이 가능하기 때문에 연속변수에 해당하며, 학생 수는 소수점으로 측정이 불가능하기 때문에 비연속변수에 해당한다.

체육측정평가에서 다루어지는 수치는 크게 나누어 빈도(Frequency)와 측정치(Measured Value)로 구분할 수 있다. 빈도는 학생 수와 같이 1명, 2명, 3명 등으로 개체 수를 세어서 얻는 수치를 말하며, 측정치는 175cm, 10초와 같이 특정한 대상의 속성에 관해 숫자로 가치를 표현한 것을 의미한다. 측정치는 변수의 속성에 맞게 여러 가지 척도(Scale)로 구분하여 사용하는데, 척도는 명명척도(Nominal Scale), 서열척도(Ordinal Scale), 등간척도(Interval Scale), 비율척도(Ratio scale), 절대척도(Absolute Scale)로 분류한다.

명명척도는 개인이나 대상을 식별하거나 분류하는 기능만을 가지며, 성별(남자, 여자), 학년(1학년, 2학년, 3학년), 합격 여부(합격, 불합격) 등과 같이 몇 개의 범주로 분류되는 척도를 말한다. 명명척도로 수집된 자료는 자료 간에 사칙연산(덧셈, 뺄셈, 곱셈, 나눗셈)이 불가능하다. 예를 들어, 성별 변수의 경우, 남자는 '1', 여자를 '2'로 표기하여 수집했다고 했을 때, '1'+'2'='3'이라는 산식이 성립하지 않고, 뺄셈, 곱셈, 나눗셈도 마찬가지로 성립하지 않는다. 따라서 명명척도는 단순히 개체에 대해 분류하는 기능을 지니지만 실제 자료의 처리나 해석에 다양하게 사용되고 있다. 서열척도는 분류와 서열의 기능을 가지고 있을 뿐 수치 간에 거리가 일정하지 않은 척도를 말하며, 1등, 2등, 3등, 1위, 2위, 3위 같은 변수가 이에 해당한다. 1등과 2등을 살펴볼 때, 2등보다는 1등이 더 잘했다고 해석할 수 있다. 그렇다고 해서 1등과 2등의 차이가 5등과 6등의 차이와 같다고는 할 수 없다. 왜냐하면, 1등의 점수와 2등의 점수 간의 차이와 5등의 점수와 6등의 점수 간의 차이가 동일하지 않기 때문이다. 이와 같이 서열척도는 크고 작은 정도에 대한 의미를 담고 있기는 하나, 수치 간에는 일정한 거리를 지니지 않고 있다. 등간척도는 '동간척도'라고도 불리며, 분류와 서열의 기능뿐만 아니라 숫자 간의 간격이 일정하고 동일한 척도를 말한다. 흔히 온도를 '등간척도'라고 하며, 20°-10°의 차이와 40°-30°의 차이에는 동일한 관계가 성립되는 것을 알 수 있다. 비율척도는 분류, 서열, 등간, 절대 성질을 모두 갖추고 있는 척도를 말하며, 시간, 길이, 무게 등이 이에 해당한다. 비율척도는 사칙연산(덧셈, 뺄셈, 곱셈, 나눗셈)이 모두 가능하며, 통계 처리를 위해 가장 이상적인 척도로 알려져 있다. 마지막으로 절대척도는 체육측정평가에서 자주 다루는 척도는 아니지만, 절대영점과 같이 절대적인 특성을 지니는 척도를 말한다.

체육측정평가 분야에서는 자료에 대한 객관적인 해석을 위해 통계(Statistics)를 사용한다. 하지만, 통계는 많은 사람에게 매우 어려운 분야로 인식되어 있고, 이러한 인식은 아마도 수학에 익숙하지 않거나, 수학공식의 거부감 등으로 인해 더욱더 기피하게 되는 내용이 될 수도 있다. 하지만 체육측정평가 분야에서 다루는 자료를 객관적이고 체계적으로 바라보기 위해서는 통계적인 지식은 필수다. 물론 체육측정평가 분야에서만 통계를 다루는 것은 아니다. 대부분 분야에서는 해당 분야의 이론적인 뒷받침을 검증하거나 새로운 이론을 증명하기 위해 통계적인 자료처리 방법을 사용한다. 그렇기 때문에 통계는 자료를 분석하는 데 필수적인 방법이 되어왔다.

체육측정평가에서 다루는 통계적인 방법은 매우 다양하다. 변수들의 평균 차이를 검증한다든지, 변수 간의 관계를 분석하기도 하고, 자료의 유형과 형태에 따라 사용되는 통계적 기법도 다양하다. 체육측정평가의 전공자로서 다양한 통계적 기법을 이해하고 적용하는 것은 장점이 된다.

이번에는 체육측정평가에서 다루고 있는 통계에 대해 간략하게 살펴보도록 하자. 우선 통계는 크게 나누어 한 집단으로부터 수집된 자료를 통해 얻어지는 집단의 특성을 표현한 기술통계(descriptive statistics)와 특정한 집단으로부터 얻은 자료가 그 집단이 속해 있는 전체 집단의 특성을 추정하는 추리통계(inferential statistics)로 구분하는데, 두 가지 모두 사용하는 목적에 따라 자료를 해석하는 데 중요한 역할을 한다.

기술통계에서 다뤄지는 통계치는 크게 집중경향치(central tendency)와 분산도(variability)로 구분하는데, 자료의 특성을 분포(distribution)로 그렸을 때 나타나는 특징을 표현한 통계치들이다. 집중경향치는 한 집단의 점수분포를 하나의 값으로 요약하고 기술해주는 것으로 평균치($\overline{X}$: mean), 중앙치(Mdn: median), 최빈치(mode)가 이에 해당한다. 평균치는 한 집단에 속해 있는 모든 개개인의 점수(X)의 합(Σ)을 사례 수로 나눈 것이며, 최빈치는 조사된 자료에서 가장 많이 관찰되는 수치를 말하고, 중앙치는 한 점수분포를 서열 혹은 점수의 크기순으로 나열했을 때 포함된 전체 사례 수의 정중앙에 위치하는 점수를 말한다. 분산도는 한 집단의 점수분포가 어느 정도 밀집 혹은 분산되어 있는지를 나타내는 정도를 의미하는데, 집중경향치가 집단을 대표하는 수치라면, 분산도는 집단 내에서 각각의 개인차가 어느 정도인가를 알고자 할 때 사용한다. 분산도를 알기 위해 사용하는 대표적인 통계치는 범위(range), 사분편차(quartile deviation), 표준편차(standard deviation), 분산(variance)이다. 기술통계 중 집단을 대표하는 평균치와 자료가 흩어져 있는 정도를 나타내는 표준편차는 실생활에서도 많이 사용하는데, 문제는 이러한 통계치들은 집단의 특성을 나타낼 뿐 집단 내에서 개인의 위치를 나타내주지는 않는다. 예를 들어, 우리 반 체육 평균은 전교 같은 학년 중 최고인 평균 90점이라고 할 때, 우리 반 체육 평균이 90점이라고 해서 나의 체육 점수가 90점일 수는 없다. 100점이 될 수도 있고, 80점이 될 수도 있다. 그렇기 때문에 나의 체육 점수가 우리 반에서 어떠한 위치에 있는지를 알기 위해서는 평균과 표준편차 같은 통계치로는 설명하기 어렵다.

이렇게 개인의 점수가 속해 있는 집단 내에서 어떤 위치에 있는지를 알기 위해서는 집단의 평균을 중심으로 표준편차를 단위로 하는 환산점수를 통해 상대적인 위치를 알 수 있다. 이때 사용하는 통계치가 바로 표준점수(Standard score: Z점수)다. 표준점수는 원래의 점수를 상호 비교가 가능하도록 하기 위한 하나의 방법으로 평균을 중심으로 표준편차를 측정단위로 상대적인 위치로 변환한 것이다.

$$\text{표준점수}(Z) = \frac{\text{원점수}(X) - \text{평균치}(\overline{X})}{\text{표준편차}(s)}$$

표준점수(Z)는 원점수가 평균치로부터 떨어져 있는 거리를 표준편차 단위로 나눈 것이고, Z점수는 원점수를 평균이 0, 표준편차가 1인 점수로 환산한 것이다. 예를 들어, 우리 반 체육 점수의 평균이 90점이고, 표준편차가 5일 경우, 내가 받은 체육 점수가 85점이라면, 나의 체육 점수 표준점수는 (85-90)/5 = -1이므로 평균을 0으로 하는 표준점수 특성상 음수 1이 된다. 따라서 표준점수가 양수인지 음수인지만 살펴보아도 나의 체육 점수가 우리 반 평균에 비해 낮은지 높은지를 알 수 있을 정도로 상대적 위치를 쉽게 파악할 수 있는 통계치다. 이와 같이 Z점수는 원점수 분포를 그대로 유지하면서 원점수의 상대적 위치를 알려준다는 장점을 가지고 있지만, 원점수는 대부분 소수점 이하의 숫자가 나타나기 때문에 사용하기가 불편한 단점이 존재한다. 이러한 소수점 이하의 숫자로 나타나는 단점을 보완한 것이 성적표에 자주 등장하는 T점수다. T점수는 먼저 Z점수를 계산한 후, 여기에 10을 곱하고, 50을 더한 것을 말한다.

$$T = 50 + \left(\frac{X - \overline{X}}{s}\right)$$

예를 들어 $\overline{X} = 20$, $s = 4$인 분포에서 원점수 28의 T점수를 구해보면 다음과 같다.

$$T = 50 + \left(\frac{28-20}{4}\right) = 50 + (10 \ast (2))$$
$$= 70$$

체육측정평가 분야에서는 집단 내 상대적 위치를 알아보거나 변수의 평균 차이를 검증하기 위해 다양한 통계기법을 사용하고 있으며, 이와 더불어 두 변수 간의 관계를 설명하는 기법도 사용한다. 예를 들어, "키가 크면 몸무게도 많이 나간다"라는 식의 관계를 설명한다고 할 때, 키(신장)와 몸무게(체중) 간의 변수 관계를 설명하는 것은 앞서 설명한 평균이나 표준편차로는 직접적으로 설명하지 못한다. 이런 두 변수 간의 관계를 수치로 표시한 통계치를 '상관계수(correlation coefficient)'라고 하고 상관계수를 두고 두 변수 간의 관계를 해석하는 분석 방법을 '상관분석(correlation analysis)'이라고 한다. 재미난 것은 상관분석에서 사용하는 상관계수는 예측에도 사용되며, 두 변수 간의 관계가 높으면 높을수록 "키가 크면 몸무게도 많이 나간다"라는 식을 증명하기 쉬워진다. 상관계수를 계산하기 위해서는 여러 명을 대상으로 측정한 키(신장)와 몸무게(체중) 자료가 필요하고, 상관계수를 계산한 후 0에 가까울수록 상관이 없는 것으로 해석한다. 하지만 상관계수는 -1에서 +1 사이의 값을 나타내기 때문에 부등호에 따라 해석하는 내용이 상이하다. 상관계수가 -1에 가까워질수록 하나의 변수가 증가할 때 다른 하나의 변수는 감소하는 것을 뜻하며, +1에 가까워질수록 하나의 변수가 증가할 때 다른 하나의 변수도 증가하는 것으로 해석한다. 또한 상관계수의 절댓값이 1에 가까울수록 두 변수 간의 관계는 매우 높은 상관이 있다고 해석한다. 상관분석의 상관계수는 통계적 해석에 매우 중요한 통계치이며, 이를 활용하여 수없이 많은 해석 방법을 창출해내고 있다.

이렇듯 체육측정평가 분야는 객관적이고 타당하고 신뢰할 수 있게 자료를 해석하기 위해 다양한 통계적 기법과 자료 해석 방법을 도입하고, 모래 속에서 보석을 찾아내기 위해 노력하고 있다.

2) 체육측정평가의 진로 소개

체육측정평가를 전공하고자 원하는 경우, 대부분 체육 및 스포츠 관련 학과 및 학부로 진학하는 것을 권장한다. 특히 체육측정평가는 측정과 평가의 교육 내용이 체육 및 스포츠 관련 학과/학부에서 보편적으로 이루어지고 있기 때문에 독립적인 학과로 이루어진 경우는 흔치 않다. 하지만 다른 학과에 비해 체육측정평가의 지식이 많이 필요로 하는 학과를 살펴보면, 체육교육과, 체육교육학과, 스포츠과학부, 체육학과 등이 있다.

3) 체육측정평가 전문가의 직무 소개

체육측정평가 전문가는 대학을 졸업한 후, 대학원에 진학하는 경우도 있고 사회조사원 자격을 갖추고 리서치 회사에 취업하는 경우도 있다. 또한, 체육측정평가 전공자로서, 운동선수들의 경기력을 측정하고 평가하는 업무를 담당하기도 하며, 최근에는 전력분석가로 활동하는 전문가가 늘고 있다. 체육측정평가 전문가는 주로 체격 및 체력측정 및 평가, 신체활동 측정 및 평가, 스포츠 경기분석 및 전력 분석 등을 담당하고 있다.

4) 체육측정평가 전공자로서의 역량 및 준비사항

체육측정평가 전공자로서 갖추어야 할 역량은 아마도 다른 분야와 유사한 내용이 많을 것이다. 체육측정평가 전공자로서 성장하기 위해서는 수리적 해석을 잘할 수 있어야 하고, 표나 그래프로 표현된 요약에 대해 해석할 수 있어야 한다. 또한, 수리적인 자료를 처리하기 위해 사용되는 통계프로그램이나 마이크로소프트 엑셀 같은 계산 프로그램을 자유롭게 사용할 수 있어야 한다. 마이크로소프트 엑셀 같은 수리적 계산 프로그램은 굳이 체육측정평가 전공자가 아니더라도 사회에 취업하게 되면, 자주 다루는 프로그램이니만큼 체육측정평가 전공자를 꿈꾸며 공부하더라도 손해를 보는 일은 없지 않을까 생각한다.

2 스포츠 빅데이터

1) 스포츠 빅데이터 소개

가) 스포츠 빅데이터란?

'스포츠 빅데이터(Sports Bigdata)'라는 용어는 최근 들어 스포츠 분야에서 빅데이터 기법들의 활용이 증가하면서 사용하기 시작한 것을 말한다. 즉, 스포츠 빅데이터는 스포츠 분야에서 사용되는 빅데이터 분야라고 할 수 있다. '스포츠 빅데이터' 혹은 '스포츠 데이터 분석(Sports data Analytics)'이라는 말은 오래전 영화 〈머니볼(Moneyball)〉에서 소개된 오클랜드 애슬레틱스 빌리 빈 단장의 이야기와 함께 이야기할 수 있다. 영화 〈머니볼〉은 미국 메이저리그(MLB) 오클랜드 애슬레틱스 구단 단장인 빌리 빈이 통계학을 기반으로 기존에는 감독이나 코치의 경험에 의해 선수를 기용했던 전통에서 벗어나 과학적 야구 분석 기법인 세이버메트릭스(Sabermetrix)를 적극 활용하면서 겪는 에피소드를 그린 실제 사실에 기반을 둔 영화다. 세이버메트릭스는 야구 경기에서 득점이 발생하는 요소, 실점이 발생하는 요소에 포함되는 변수를 수치화하여 선수 평가에 객관적으로 평가할 수 있는 기반을 만들었으며, 현재도 프로야구에서 자주 사용하고 있는 빅데이터 분석 기반의 기술 중 하나다.

야구에 세이버메트릭스가 있다면 축구에도 빅데이터를 활용하여 성공한 사례가 많이 있는데, 그중 대표적인 사례는 아무래도 2014년 브라질월드컵에서 우승한 독일 국가대표팀의 사례일 것이다. 2014년 브라질월드컵 당시 독일 국가대표 축구팀은 세계적인 빅데이터 전문기업인 SAP와 협력하여 축구 분석에 빅데이터를 접목했다. SAP는 독일 축구대표팀과 협력을 시작한 초기 자사의 인메모리 플랫폼인 'HANA 기술'을 기반으로 SAP 매치 인사이트(SAP Match Insight)를 개발했으며, 선수들의 각종 데이터(선수 영입 당시의 훈련, 경기 동영상 등)까지 모두 동기화하여 언제 어디서든지 확인할 수 있는 기능을 가지고 있었다. 하지만 2014년 브라질월드컵 당시에는 이미 알려진 모든 분석 기능(대용량 데이터 수집 및 분석)을 100% 제공할 수 없었는데, 이를 보완하기 위해 2차 연구개발을 통해 개발된 SAP 스포츠 분석 플랫폼(sports one)에서는 선수들이 착용하는 유니폼이나 신발, 그리고 사용한 축구공에 센서를 부착하여 매분 1만 2천여 개의 데이터를 수집·처리·분석할 수 있는 빅데이터 분석 기능이 추가되었다. 따라서 선수들은 대기실, 라커룸, 브리핑룸 등의 휴식 공간에서 스마트폰이나 태블릿 등 각종 디바이스를 이용하여 자신의 운동량, 심박수, 슈팅 동작, 방향성, 순간 속도 등의 분석 결과를 볼 수 있게 되었다. 선수 개인, 혹은 팀에 대한 분석 정보를 토대로 선수 자신과 팀 코치진은 상대 팀에 최적화된 전술과 전략을 수립하고, 이에 맞춰 경기를 수행함으로써 효율적인 경기 운영을 가능하게 했다. 독일 국가대표팀은 2014년 브라질월드컵에서 월드컵 우승을 거머쥐게 되었는데, 물론 SAP의 기술이 우승을 하게 된 주된 이유는 아니지만, 월드컵 우승에 SAP의 기술이 일부 기여했다는 점은 부인할 수 없는 사실이다.

그 외에도 스포츠 분야에서 빅데이터를 활용하는 사례는 증가하고 있는데, 패스 수, 패스 성공률과 같이 수치를 토대로 빅데이터를 분석하는 것에서 벗어나 텍스트를 활용한 연구가 지속적으로 제안되고 있다. 미국 슈퍼볼 경기가 치러지고 있는 도중에 해당 경기에 대한 댓글과 댓글을 인용한 수에 대해 살펴보면, 그 경기에 대한 일반 관중의 의견을 알아볼 수 있고, 어느 경기가 재미있었고 어느 경기가 지루했는지도 쉽게 파악할 수 있게 된다.

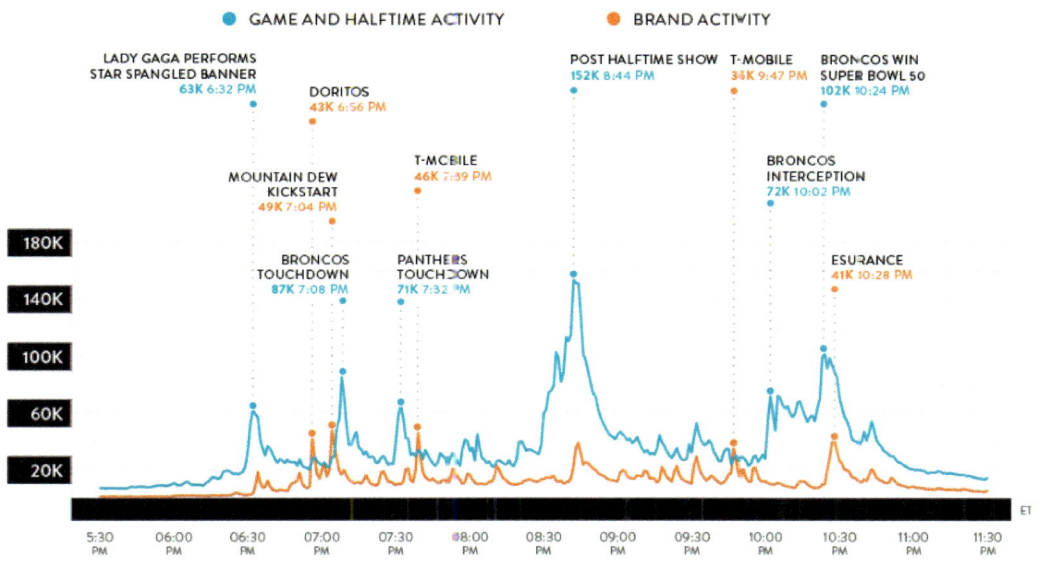

그림 6-1 2016 미국 슈퍼볼 경기 중 소셜TV 온라인 버즈량 분석 사례

출처: 이창하, 2013

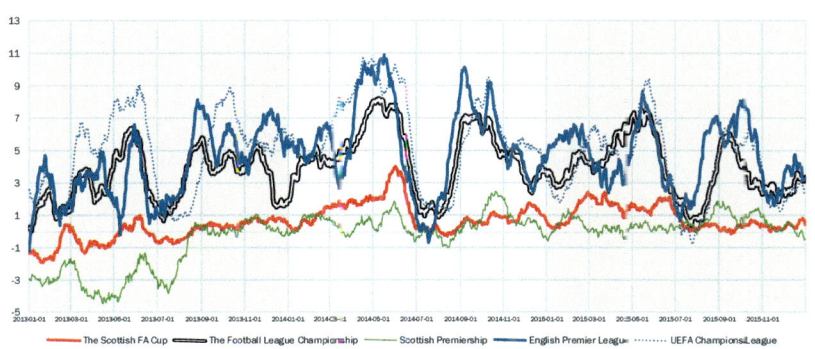

그림 6-2 3년 동안 영국 축구 경기 관련 버즈량 변화 추이를 분석한 사례

출처: http://www.nielsensocial.com/social-tv-a-bellwether-for-tv-audience-engageme

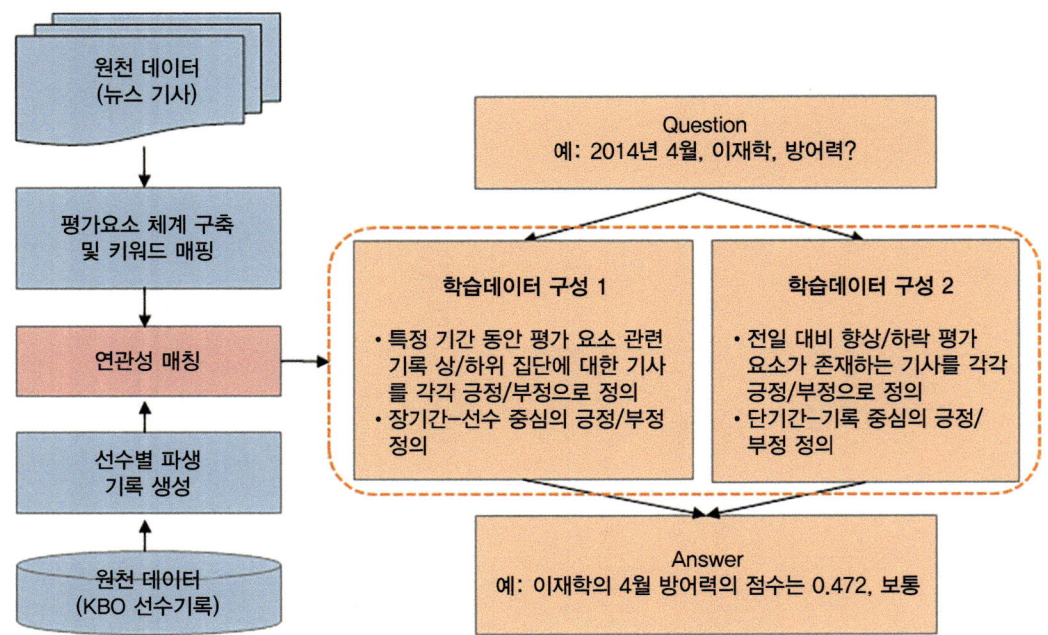

그림 6-3 야구 기사와 선수 기록을 활용한 딥러닝 기반 극성 판별 모델 개발의 연구 방법의 예시 자료를 인용하여 재구성함

출처: 박성건 외, 2015

    그뿐만 아니라 SNS(social network system)를 통해 오가는 텍스트 문서로 해당 선수에 대한 감성을 추출하고 분석함으로써 빅데이터 기법을 통해 선수에 대한 호감도나 팀에 대한 호감도도 손쉽게 파악할 수 있게 되었다. 이러한 텍스트 기반의 감성을 분석하는 것을 '오피니언마이닝(opinion-mining)', 좀 더 상세하게는 '감성분석(sentiment analysis)'이라고 한다. 스포츠에 대한 감성은 올림픽과 월드컵 등의 대회에 따라, 혹은 분석하고자 하는 대상이 속한 집단에 따라, 국가의 사회적·문화적 환경에 따라 달라진다. 실제로 스포츠와 관련된 문서나 댓글 중에서 사용자의 감성을 추출하고 사용자의 감성을 이용하여 스포츠의 전반적인 내용을 분석하는 것은 매우 어려운 일이다. 하지만 감성 단어의 사전을 구축하고, 문서 내에서 감성에 해당하는 단어를 정확하게 추출하기 위한 알고리즘이 개발된다면 불가능한 일도 아니다.

    이렇게 스포츠와 빅데이터의 융합적인 사례는 현재도 지속적으로 이루어지고 있으며, 이러한 시대적인 흐름 속에서 스포츠 빅데이터 분야도 빠르게 성장해나가고 있다. 최근에는 스포츠 빅데이터 자료를 활용하여 인공지능과의 결합을 통해 대화형 건강 가이드 같은 아이디어들이 쏟아져 나오고 있으며, 가까운 미래에는 이러한 스포츠 빅데이터의 활용이 더욱 실감할 수 있을 정도로 활성화될 것으로 기대해본다.

[건강관리 적용 사례]

마인즈랩, 음성 인터페이스를 통한 AI 기반 대화형 건강 가이드

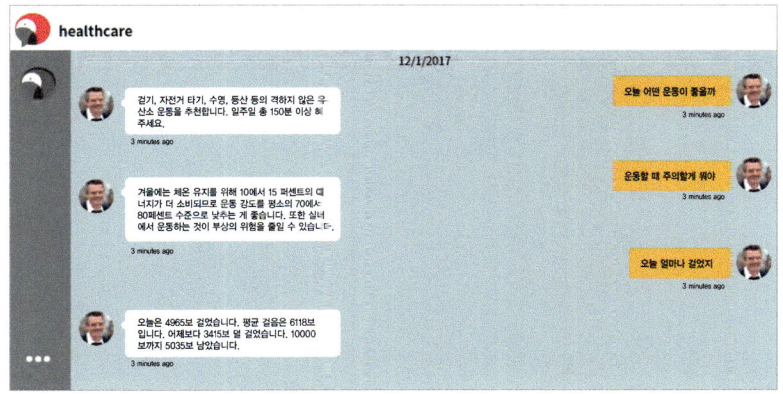

- 음성 인터페이스를 통해 만성 질환(고혈압, 당뇨, 비만 등) 관련 사용자가 스스로 건강을 관리할 수 있도록 맞춤형 식생활, 복약, 운동 등 건강 가이드 서비스를 개발하여 제공
- 사용자의 생체 데이터가 와이파이(WiFi)와 블루투스를 통해 AI 클라우드를 통해 수집되며, 공공 의료 데이터, 건강 관련 데이터, 병원 예약 데이터도 AI 클라우드에서 생체 데이터와 결합되어 분석 처리
- 사용자의 음성이 스마트 스피커를 통해 AI 클라우드에 전송되고, AI 클라우드에서 분석 처리된 결과를 사용자에게 피드백하여 건강 가이드 서비스 제공
- 체중, 근육량, 체지방량, BMI 지수, 걸음 수, 이동 거리, 이동시간, 수면 정보, 수축기 혈압, 이완기 혈압, 무호흡, 부정맥, 삭박, 호흡 등 2013~2014년 일반검진 및 생애전환기 건강검진 데이터 1,945만 1,956건을 학습 데이터로 사용

나) 스포츠 빅데이터의 이해

스포츠 빅데이터를 이해하기 위해서는 2016년 1월 다보스포럼에서 회장인 클라우스 슈밥(Klaus Schwab)이 거론한 4차 산업혁명을 이해해야 한다. 클라우스 슈밥 회장은 "디지털, 물리적·생물학적 영역의 경계가 허물어지고 기술이 융합되며, 모든 것이 연결되는 새로운 시대가 4차 산업혁명"이라고 정의하면서, 특히 4차 산업혁명의 핵심 기술로 논의되는 기술(사물인터넷, 인공지능, 빅데이터, 로봇, 가상현실 등) 중 빅데이터는 영상, 센서, SNS를 비롯한 각종 데이터로부터 의미 있는 정보를 추출하여 여러 사회 문제를 해결할 수 있다는 점에서 모든 학계 및 산업 분야에서 크게 주목받을 것이라고 했다. 4차 산업혁명에서 빅데이터가 중요하게 다루어지는 이유는 빅데이터의 원천인 데이터의 급증이 그 원인으로 지목된다. 각 제품 및 기기, 심지어 사람의 몸에도 센서를 부착하여 데이터를 수집할 수 있는 환경 구축(IoT)이 과거보다 상대적으로 쉬워졌고, 모바일 기기 사용 증가는 다양한 단말기로부터 동영상, 이미지, 텍스트 데이터의 수집과 이동이 자유로워짐으로써 각종 사회문제(식량, 에너지, 의료, 환경, 공공행정 등) 해결에 빅데이터를 이용한 사례들이 증가하고 있다.

표 6-1 4차 산업혁명의 발전단계 및 정의

구분	특징	의미
1차 산업혁명 (1784년)	• 철도 건설과 증기기관의 발명을 바탕으로 기계에 의한 생산	증기기관, 철도, 면사방적기 같은 기계적 혁명 의미
2차 산업혁명 (1870년)	• 전기와 생산 조립 라인의 출현 • 품질기준, 운송 방법, 작업방식 등의 표준화는 국소적인 기능의 자동화를 기업/국가 수준의 자동화된 대량생산으로 발전시킴	전기와 조립 라인을 통한 대량 생산체계 구축 의미
3차 산업혁명 (1969년)	• 반도체, 메인프레임 컴퓨팅, PC, 인터넷이 발달을 주도한 컴퓨터 및 디지털 혁명 • 더욱 정교한 자동화를 가능하게 하고, 사물 및 사람 간의 연결성을 증가시킴	메인프레임 컴퓨터, 개인용 PC, 인터넷 등을 통한 정보기술 시대의 개막 의미
4차 산업혁명 (현재)	• 유비쿼터스 모바일 인터넷, 인공지능과 기계학습, 더 저렴하면서 작고 강력해진 센서 • 극단적 자동화를 통해 저급 및 중급 기술자들의 업무를 로봇이 대체하면서 경제적 불평등 문제 심화 • 국제적이면서도 즉각적인 연결을 통해 새로운 사업 모델 창출 (공유 경제, 온디맨드 경제 등)	인공지능, 빅데이터와 같이 자동화와 연결성이 극대화되는 변화 의미

출처: *박지은 외, 2017

현재 통용되고 있는 빅데이터의 개념은 원래 3Vs로 정의되었는데, 여기서 3Vs는 데이터의 규모(Volume), 다양성(Variety), 속도(Velocity)의 개념으로 이루어진 것이었다. 그 후, IBM의 보고서에서 3Vs에 정확성(Veracity)과 가치(Value)를 추가하여 5Vs에 대한 개념을 제안했고, 현재까지도 빅데이터의 개념을 5Vs로 정의하는 경우가 많아지고 있다.

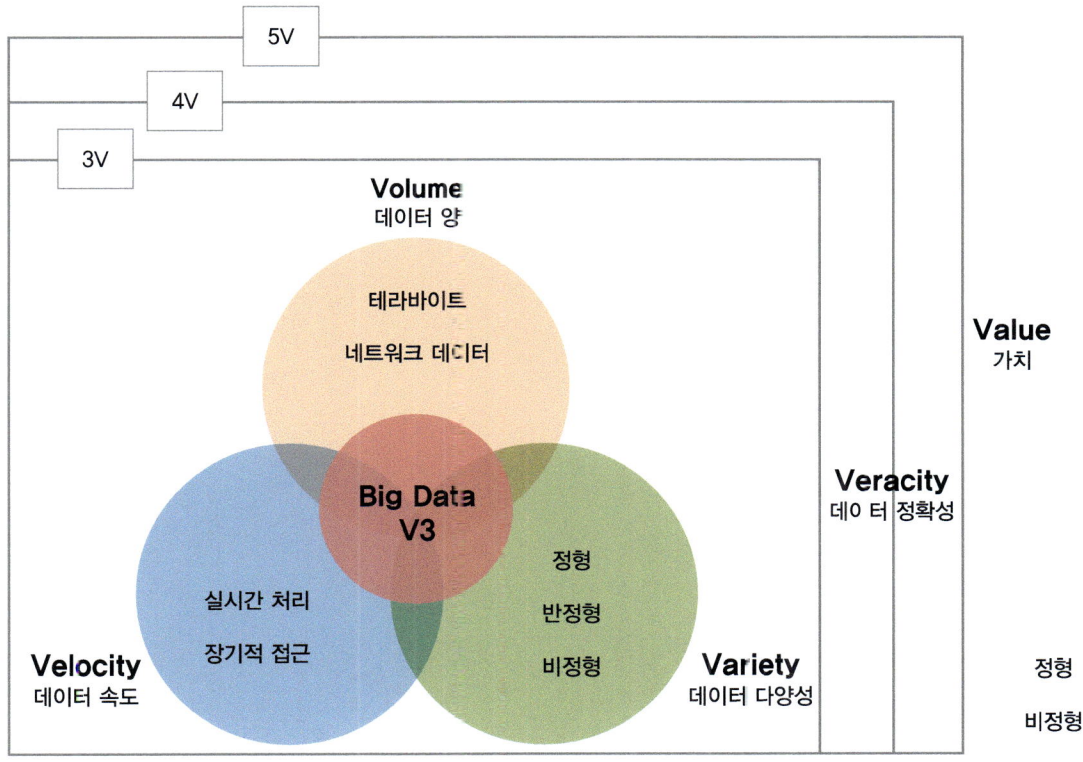

그림 6-4 빅데이터의 속성

출처: 이창하, 2013

[참고 Note] 디지털 데이터 단위	
1기가바이트(GigaByte; GB = 1,024 MB)	1엑사바이트(ExaByte; EB = 1,024 PB)
1테라바이트(TeraByte; TB = 1,024 GB)	1제타바이트(ZetaByte; ZB = 1,024 EB)
1페타바이트(PetaByte; PB = 1,024 TB)	1요타바이트(YottaByte; YB = 1,024 ZB)

[참고 Note] 데이터의 종류	
정형 데이터	고정된 필드에 저장된 데이터; 관계형 데이터베이스, 스프레드시트(엑셀)
반정형 데이터	고정된 필드에 저장도어 있지는 않지만, 메타데이터나 스키마 등을 포함하는 데이터
비정형 데이터	고정된 필드에 저장되어 있지 않은 데이터(텍스트 문서, 이미지, 동영상, 음성)

규모(Volume)는 데이터의 크기를 말하며, 미디어 파일, 텍스트 파일, 동영상 파일 등이 물리적으로 갖는 데이터의 크기뿐만 아니라 사용자가 운영하는 시스템으로 처리가 가능한 양인지에 따라 판단한다.

다양성(Variety)은 데이터의 종류를 말하며, 수집된 데이터가 열(column)과 행(raw)으로 이루어진 스프레드시트(spread sheet)에 정렬될 수 있는 정형화(structured)된 데이터인지, 그렇지 않은 비정형화(unstructured)된 데이터인지에 따라 판단한다.

속도(Velocity)는 대량의 데이터를 얼마나 빠르게 처리하고 분석할 수 있는지에 대한 속성을 말한다. 이때, 실시간의 개념을 정의하는 것이 매우 중요하며, 실시간 처리 시 필요한 하드웨어 및 소프트웨어, 분석에 사용되는 알고리즘 및 분석 결과의 성능 등에 차이가 나타날 수 있다.

정확성(Veracity)은 데이터가 가지는 신뢰할 수 있는 수준을 말하며, 수집된 원천 데이터의 오류를 어떻게 검증할 것인지, 원천 데이터로부터 1차 가공을 거쳐(통계) 추출된 데이터가 얼마나 정확한 것인지에 따라 판단한다.

가치(Value)는 대량의 데이터로부터 의미 있는 정보를 도출하는 것을 말하며, 데이터마이닝(data-mining)과 그 개념이 유사하다. 기존 데이터마이닝과 빅데이터의 차이점은 데이터의 규모와 다양성, 속도에서 기존 기술로는 처리하기 어려운 것을 처리할 수 있다는 점, 데이터 처리 및 분석 시 기존 알고리즘 및 분석 방법의 성능 개선을 이끌어냈다는 점 등이 있다.

빅데이터에 관한 기술 개발은 IT 분야를 중심으로 진행되어왔으나, 최근 들어 의료 및 생명공학, 마케팅 및 생산관리 등의 경영학, 공공 분야 등에서 빅데이터 활용을 위한 기술 개발에 참여하는 사례가 증가하고 있으며, 미래에는 불확실성과 각종 위험을 극복하고 집단(국가, 기업 등) 간 경쟁에서 이기기 위해 융합 기반의 스마트 기술력 확보가 필요하다. 빅데이터가 가지고 있는 특성(통찰력, 경쟁력, 창조력)은 빅데이터 기술이 미래 사회의 현안과 과제를 해결할 수 있는 새로운 기술로 높게 평가받고 있다.

스포츠 빅데이터 분석 기법은 데이터마이닝 기법으로 새롭게 조명받고 있는데, 데이터마이닝은 저장된 대용량의 데이터로부터 의미 있는 정보를 도출하기 위해 체계적이고 통계적인 규칙이나 패턴을 이용하여 지식을 찾아내는 기술을 의미한다. 데이터마이닝을 위해 기존의 통계학적 방법에서 패턴인식(Pattern Recognition) 기법에 이르기까지 다양한 기술이 사용되고 있다.

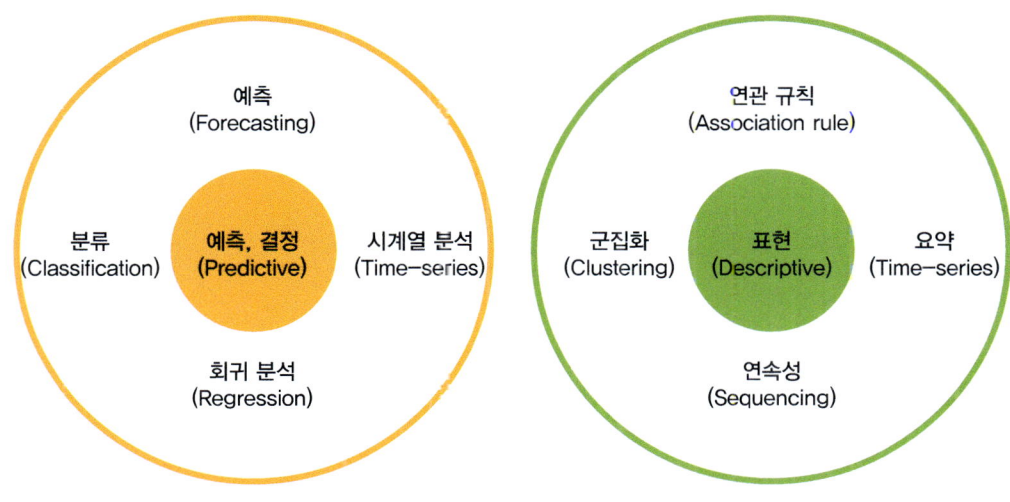

그림 6-5 데이터마이닝 기술 구분

출처: 박두순 외(2014)를 인용하여 재구성함

분류(Classification): 일정한 집단에서 특정한 정의를 이용하여 분류 및 구분을 추론한다. 예를 들어, 경쟁사로 이탈한 고객을 분류해내는 기술을 들 수 있다.

예측(Forecasting): 방대한 양의 데이터 집합의 패턴을 기반으로 미래를 예측한다. 예를 들어, 관중 수를 예측하는 기술을 들 수 있다.

시계열 분석(Time-series): 시간의 변화에 따라 일정한 간격으로 연속적인 통계 숫자를 저장한 시계열 데이터를 바탕을 둔 분석 방법이다. 예를 들어, 경기가 진행되는 동안 선수들의 경기력, 팀 전술 등을 시계열로 분석하는 기술을 들 수 있다.

회귀 분석(Regression): 하나 이상의 변수 간의 영향이나 관계를 분석 및 추정하는 기술을 들 수 있으며, 경기력 결정 요인의 추출이 그 예로 들 수 있다.

군집화(Clustering): 구체적인 특성을 공유하는 군집을 찾는다. 군집화는 미리 정의된 특성의 정보가 없다는 점에서 분류와 다르다. 예를 들어, 비슷한 행동 집단을 구분해내는 기술을 들 수 있다.

연관 규칙(Association Rule): 동시에 발생한 사건 간의 관계를 정의한다. 예를 들어, 장바구니 안에 동시에 들어가는 상품의 관계(맥주-기저귀)를 규명하는 기술을 들 수 있다.

요약(Summarization): 데이터의 일반적인 특성이나 특징의 요점을 간략히 정리하는 기술을 들 수 있다. 최근 요약 기술은 챗봇, 에이전트 시스템에 적용되면서 그 가치를 크게 인정받고 있다.

연속성(Sequencing): 시간에 따라 순차적으로 나타나는 사건의 종속성을 말한다. 예를 들어, A 제품을 구입한 고객이 향후 B 제품을 구입할 확률이라든가 작년의 계절별 매출 변동 요인과 올해의 매출 등을 알아내는 기술을 들 수 있다.

기존의 데이터마이닝은 대부분의 경우 열과 행으로 이루어진 스프리트시트에 정리할 수 있는 정형화된 데이터에 대한 수집·처리·분석을 다루었지만, 사회가 급변하면서 동영상, 이미지, 텍스트 같은 비정형 데이터 수가 기하급수적으로 증가하여 비정형 데이터 분석에 대한 수요가 사회 각 분야에서 급증하고 있다. 예를 들어, 최근에는 도서나 전자문서를 통해 지식을 얻기보다는 클라우드 서버에 올려져 있는 동영상을 통해 학습하는 학생들이 증가했다는 것은 이를 대변하는 대표적인 사례다. 이처럼 텍스트 같은 비정형 데이터 분석 수요가 증가하는 것은 인류가 정보를 표현하고 전달하는 데 문자가 가장 대표적인 수단이며, 텍스트에 상당히 많은 양의 정보를 포함할 수 있기 때문이다. 이로 인해 향후에도 많은 양의 텍스트가 생성되고 기록되며 저장될 것이 분명하다. 텍스트 데이터는 정형적인 데이터에 비해 상대적으로 수집이 대량으로 발생할 경우가 많다는 점에서 텍스트를 이용한 분석에 대한 수요가 증가하는 원인으로 이해할 수 있다.

앞으로는 스포츠 빅데이터 전문가로 인해 스포츠 분야에서 일어나는 사건이나 현상을 빠르고, 정확하고, 의미 있게 살펴볼 수 있게 될 것이다. 스포츠 빅데이터는 새롭게 접근되고 있는 스포츠 분야의 신생 분야이고, 향후 무궁한 발전이 기대되는 분야이기도 하다.

다) 스포츠 빅데이터의 진로 소개

스포츠 빅데이터 분야에서 전공자가 되려면, 우선 스포츠 관련 학과나 빅데이터 관련 학과에 진학한 후 대학원 진학을 권장한다. 빅데이터 분야는 스포츠에서만 사용되는 기법이 아니라 사회 전반적으로 모든 산업에서 적용되고 있는 기법이니만큼 다양한 분야로의 진로 확장성이 풍부한 분야다. 빅데이터의 기술적인 전공자가 되기 위해서는 컴퓨터 분야의 빅데이터 관련 학과로 진학하는 것이 좋으나, 스포츠를 이해하지 못하고 스포츠 빅데이터를 전공하게 되는 단점이 있다. 따라서 스포츠 관련 학과나 빅데이터 관련 학과로 대학에 진학한 후, 대학원을 스포츠 빅데이터 관련 학과로 진학하는 것을 권한다.

라) 스포츠 빅데이터 전문가의 직무 소개

스포츠 빅데이터 분야의 진로는 무궁무진하며 현재도 지속적으로 확장되고 있다. 현재 스포츠 빅데이터를 전공한 후, 정보처리사나 빅데이터 전문가로 활동하고 있는 사례가 증가하고 있고, 스포츠 구단 내에서 구단에 관계된 정보를 관리하고 감독하는 업무를 담당하기도 한다. 더 나아가 스포츠토토 같은 스포츠 통계 관련 회사에서 고급 통계 기법과 빅데이터 분석 기법을 적용한 업무를 하는 사례도 증가하고 있다.

마) 스포츠 빅데이터 전공자로서의 역량 및 준비사항

스포츠 빅데이터 분야로 진출하기 위해서는 사회 전반에 걸쳐 시야를 넓게 하고 현상을 해석할 수 있는 주관적인 능력을 키워야 하며, 컴퓨터 코딩 능력과 외국어 능력을 갖추어야 한다. 대부분의 분석 기법이 영어로 이루어져 있고, 해당 기법을 빠르게 익히고 적용하는 전공자야말로 스포츠 빅데이터 분야에서 선도할 수 있다. 따라서 스포츠 빅데이터 전공자로서 준비하고자 하는 학생들은 파이썬과 같은 프로그램 언어를 익히고 코딩 능력을 키워서 문제해결을 위해 어떻게 해야 하는지를 고민해봐야 할 것이다.

참고문헌

박두순·문양세·박영호·윤찬현·정영식·장형석(2014). 《빅데이터 컴퓨팅 기술》. 서울: 한빛아카데미(주.

박성건·이수원·황영찬(2015). 〈소셜 빅데이터 분석 기반 인천아시안게임 중계방송 연관단어 분석: 야구와 축구를 중심으로〉. 《한국체육학회지》 54(5), 41-55.

박지은·권혜선·김성철(2017). 〈국내 통신사업자의 제4차 산업혁명 대응전략〉. 《방송통신연구》 97, 37-59.

성태제(2001). 《현대 기초통계학의 이해와 적용》. 교육과학사.

이창하(2013). 〈시청률과 SNS버즈의 상관관계에 관한 연구: 프로그램 장르에 따른 차이를 중심으로〉. 성균관대학교 미간행 석사학위논문.

조완섭(2014). 〈빅데이터 활용과 데이터 과학자〉. 《정보과학회지》 32(1), 59-65.

최정환·김성현·김준수·김진철·최승우·이소윤(2017). 《2017 Big data 빅데이터 시범사업·거래중개 사업 선도사업 사례집》. 미래창조과학부, 한국정보화진흥원, 빅데이터센터.

Chris Anderson. (2008). The End of Theory: The data deluge makes the scientific method obsolete. wired magazine: 16.07. www.wired.com/science/discoveries/magazine/16-07/pb_theory

Morrow, J. R., Jackson, A. W., Disch, J. G., & Mood, D. P. (2005). Measurement and evaluation in human performance. IL: Human Kinetics.

Philip Russom. (2011). Big data analytics, TDWI Research Towi Best Practices Report, 1-6. UBS(2016); 현대경제연구원(2016)

https://ko.wikipedia.org/wiki/세이버매트릭스

https://blogs.saphana.com/2014/07/15/how-big-data-helped-germany-score-the-world-cup/

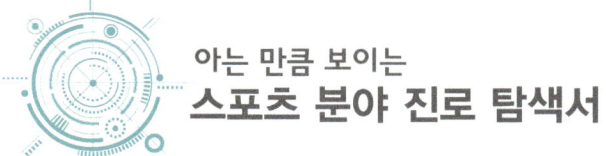

아는 만큼 보이는
스포츠 분야 진로 탐색서

Chapter 7

스포츠시설, 스포츠의 기본 중의 기본!

스포츠시설

한국체육대학교 • 김미옥

1 스포츠시설 이야기

1) 스포츠시설의 정의와 유형

스포츠시설은 스포츠 활동을 하는 공간이다. 최근 스크린, VR 등 다양한 형태의 스포츠 활동이 생기면서 특정 공간이 필요하지 않은 스포츠도 있지만 축구, 농구, 야구, 수영 등 대부분의 스포츠 활동은 공간이 필요하다. 스포츠시설이 없으면 스포츠 활동을 하기 어렵거나 제대로 된 스포츠를 즐길 수 없기 때문에 스포츠시설은 스포츠의 기본 중의 기본이라고 할 수 있다. 아직 우리나라는 '스포츠'와 '체육'이라는 용어를 혼용해서 쓰고 있기 때문에 체육시설과 스포츠시설은 동일한 의미로 볼 수 있으며, 스포츠시설에 대한 개념은 학문적 정의와 법적 정의로 구분할 수 있다. 학문적으로 스포츠시설은 "쾌적하고 효과적인 운동 활동을 안전하게 할 수 있도록 일정한 공간적 범위에서 설치·관리되는 물리적인 환경"을 의미한다. 법적 정의에서는 '체육시설'이라는 용어를 사용하고 있고 "체육 활동에 지속적으로 이용되는 시설과 그 부대시설"로 정의하고 있다. 스포츠시설 대한 학문적·법적 정의를 적용해보면 마라톤이나 자전거 경기가 이루어지는 일반 도로나 등산코스는 지속적으로 스포츠 활동이 이루어지는 곳이 아니므로 스포츠시설로 볼 수 없고 수영장, 축구장, 야구장 등 체육활동을 위해 인위적으로 만들어진 공간들을 스포츠시설로 볼 수 있다.

스포츠시설의 종류는 매우 다양하다. 시설 안에서 이루어지는 종목을 기준으로 보면 최소 40개 이상이며, 누가 조성하고 운영하느냐에 따라서도 구분할 수 있다. 국가나 지방자치단체 등 공공부문에서 조성하고 운영하는 시설을 '공공체육시설'이라 하며 육상경기장, 축구장, 하키장, 야구장, 테니스장, 체육관, 수영장, 게이트볼장 등 22개 시설로 구분된다. 개인이나 단체가 영리를 목적으로 체육시설을 설치하고 경영하는 시설은 '민간체육시설'이라 하고, 시설을 설치할 때 등록하거나 신고해야 하는 의무를 가진 시설은 골프장, 스키장, 골프연습장, 승마장, 체육도장, 당구장, 수영장, 체육단련장, 야구장, 빙상장, 무도장, 가상체험체육시설 등 20개 시설이 있다. 이 외의 시설은 자유롭게 설치하여 영업할 수 있는데, 이를 '자유업 체육시설'이라고 한다. 시설의 기능에 따라서도 전문체육시설, 생활체육시설, 직장체육시설, 학교체육시설 등으로 다양한 구분이 가능하다.

문화체육관광부 통계에 의하면 우리나라에는 2019년 말 기준 공공체육시설은 30,185개,

민간체육시설은 56,864개가 있어 합하면 약 87,039개의 체육시설이 있는 것으로 조사되었다. 그러나, 공공체육시설 30,185개 중 22,866개는 동네 작은 공원이나 자투리땅에 설치된 야외운동기구 등이 있는 곳이고, 많은 사람이 이용하는 수영장이나 체육관은 1,596거로 시설을 이용하고자 하는 사람들의 규모에 비하면 매우 부족한 실정이다. 예를 들면 우리나라의 경우 공공수영장 1개를 약 11만 3천 명이 함께 쓰고 있는데, 일본의 경우 2만 9천 명이 쓰고 있고 체육관도 우리나라는 시설 1개당 4만 5천 명, 일본은 1만 5천 명이 쓰고 있어 스포츠 선진국에 비해 시설은 열악한 수준이다. 앞으로 많은 국민이 언제 어디서나 스포츠를 즐길 수 있도록 하기 위해서는 스포츠시설이 더 많이 조성되어야 하고, 이를 위해서는 스포츠시설과 관련된 전문가의 역할이 더욱 중요하다.

2) 우리나라 스포츠시설의 현재와 미래

우리나라는 19세기 후반 국내로 들어온 외교관과 민간 학교에 의해 스포츠가 대중에게 소개되었고, 학교 운동장이 대표적인 체육시설로 활용되었다. 1916년 국내 최초로 YMCA가 종로에 실내체육관을 지은 이후 1923년에는 최초의 육상경기시설이, 1926년에는 동대문운동장이 건립되는 등 일제강점기부터 서울을 중심으로 근대식 체육시설이 지어지기 시작했다. 전쟁 이후 1959년 효창운동장, 1960년 장충체육관 등이 건립되었고 1970년대부터는 전국 주요 도시마다 운동장과 체육관 등 대형 체육시설 건립이 활발하게 추진되었다.

동대문운동장

효창운동장

장충체육관

그림 7-1 우리나라 최초의 스포츠시설들

사진 출처: http://isfa.cafe24.com
https://www.yna.co.kr
http://www.bulmanzero.com

이후 우리나라 체육시설 확충에 결정적 역할을 한 것은 1986년 서울 하계아시아경기대회와 1988년 서울 하계올림픽 대회 개최다. 짧은 기간에 국제적인 종합경기대회를 두 차례 연이어 치르기 위해 서울의 올림픽공원과 잠실 주경기장을 중심으로 대규모 체육시설이 조성되었고, 체육시설을 짓는 데 국가의 예산을 지원할 수 있도록 하는 제도도 만들어졌다. 이러한 제도 덕분에 재정이 열악한 지방자치단체가 국민의 건강증진과 여가 선용에 기여할 수 있는 체육시설을 많이 조성할 수 있었다.

K-팝, 해외 유명 가수 내한 공연 등이 많이 열리는 올림픽공원의 체조경기장(KSPO 돔), SK 핸드볼 경기장, 우리금융아트홀 등 올림픽공원 안에 있는 시설들도 모두 이때 지어진 것이며, 아직도 스포츠 경기와 많은 문화 행사를 개최할 수 있는 공간으로 잘 활용되고 있다. 이제 올림픽공원은 연간 50만 명이 방문하는 서울의 핵심적인 여가 공간이 되었다. 올림픽 같은 메가 스포츠 이벤트를 개최하기 위해서는 물론 경기장 조성에 조 단위의 많은 비용이 투자되지만, 올림픽공원 사례와 같이 스포츠시설은 대회 개최 후에도 오랫동안 사용할 수 있기 때문에 제대로 된 평가가 이루어져야 하고, 조성 단계에서부터 어떻게 활용할 것인지를 충분히 고민해서 건설해야 한다.

체조경기장　　　　　　핸드볼경기장　　　　　　우리금융아트홀

그림 7-2 서울올림픽을 위해 지어진 스포츠시설들

사진 출처: https://m.blog.naver.com/kspo2011/221414572262
https://www.culture.go.kr

1988년 서울 하계올림픽 대회를 개최한 이후부터는 국가 차원에서 생활체육진흥 정책을 추진하면서 생활체육시설에 대한 환경과 공간 확보에 많은 노력을 기울이기 시작했다. 대표적으로 수영장, 체육관, 헬스장을 갖춘 공공스포츠센터인 국민체육센터를 232개 기초자치단체별로 1개씩 조성하는 것을 지원했고 초·중·고등학교에 개방형 다목적 체육관을 지어 학생과 지

역주민이 함께 활용할 수 있도록 지원하는 등 1989년부터 2018년까지 약 1조 9천억 원을 지원했다. 국민생활체육 조사에 의하면 우리나라 국민 10명 중 6명이 일주일에 1번 이상 정기적으로 스포츠 활동을 하고 있어 스포츠시설에 대한 요구는 계속될 것으로 예상되며, 지방자치단체도 자체적으로 공공체육시설을 조성하는 데 많은 노력을 기울이고 있어 앞으로 더 많은 스포츠시설이 우리 주위에 만들어질 것으로 예상된다.

공공스포츠시설이 국민의 기본적인 스포츠 활동 보장을 위한 역할을 하고 있다면, 민간스포츠시설은 영리와 다양한 욕구를 충족시키는 역할을 하고 있다. 아직은 민간스포츠시설 약 5만 7천 개 중 당구장 20,724개, 체육도장 13,993개, 골프연습장 10,335개, 헬스장 9,046개 등 주로 소규모 시설이 높은 비율을 차지하고 있지만 최근 스크린골프장, 스크린야구장 등 가상현실(VR)이나 증강현실(AR) 기술을 접목한 스포츠시설이 다양하게 생겨나고 있고 인공서핑장, 실내스키장, 프리 다이빙 등 계절이나 장소와 관계없이 편리하게 스포츠를 즐길 수 있도록 새로운 형태의 스포츠시설들이 등장하고 있다. 앞으로 기술의 발전은 계속될 것이고 미세먼지, 기후변화 등 환경적 변화도 가속되고 있어 스포츠시설도 끊임없이 변화해야 할 것이다. 따라서 스포츠시설 종사자들은 사람들이 어떤 스포츠 활동을 원하는지, 어떠한 기술을 활용할 수 있을지 끊임없이 분석하고 고민해야 한다.

스크린야구장 실내 인공서핑장 수중 프리다이빙장

그림 7-3 새로운 스포츠시설들

사진 출처: http://m.segye.com/view/20180701002828
http://blog.daum.net/whxkwh/12376571
http://www.eanrnc.com

2 국내외 유명 스포츠시설 소개

스포츠시설에 대한 이해를 돕기 위해 국내외 유명 스포츠시설에 대해 살펴보고자 한다. 전 세계적으로 유명한 스포츠시설은 많지만 선수들의 경기력, 관람환경, 새로운 첨단 기술이 접목되는 등 미래 스포츠시설의 모습을 볼 수 있는 시설들로 선정했다.

1) 최첨단 기술의 집적, 손흥민 소속팀 토트넘 훗스퍼 구장

요즘 우리를 가장 기쁘게 하는 스포츠 스타 중 한 명은 손흥민 선수다. 손흥민 선수는 현재 영국의 프로축구리그인 프리미어리그의 토트넘 훗스퍼 FC 소속으로 뛰고 있다. 토트넘 훗스퍼 FC는 잉글랜드 북런던 토트넘을 연고지로 1882년 창단된 축구구단이다. 원래 '화이트하트레인'이라는 스타디움을 홈 경기장으로 가지고 있었으나 철거하고 2019년 6만 2천 명을 수용할 수 있는 토트넘 훗스퍼 스타디움을 신축했다. 2019년 4월 4일 공식 개장 시 크리스탈 팰리스와 첫 경기에서 최초 득점을 손흥민 선수가 했기 때문에 우리에게 더 의미가 있기도 하지만, 토트넘 훗스퍼 스타디움은 최근 지어진 경기장인 만큼 새로운 기술과 기능을 갖춘 최첨단 시설이다.

토트넘은 새로운 구장을 신축하면서 축구 이외에도 스포츠, 예술, 음악, 문화 등 여러 방면에서 활용이 가능한 혁신적인 공간을 만드는 것을 목표로 했다. 관중 6만 2천 명을 수용할 수 있는 대규모 경기장으로 밤에도 화사한 조명으로 아름답게 빛나며, 재활용 소재를 많이 사용한 친환경경기장이다.

또한 축구장에서 가장 중요한 부분인 잔디 관리를 위해 해외에서 잔디 전문가를 불러 공사에 참여하도록 했고, 축구 이외 풋볼도 즐길 수 있도록 천연잔디 밑에 인조 잔디 층을 만들고 미식축구 경기 시 쉽게 교체할 수 있도록 설계했다. 축구장 전체를 세 구역으로 나누고 위쪽에는 천연잔디, 아래에는 인조 잔디층이 있으며, 레일을 타고 천연잔디가 지하 주차장으로 이동하고 실내에서도 잔디가 잘 자랄 수 있도록 LED 조명을 설치하고 자율주행 잔디 깎는 기계를 사용하고 있다. 인조잔디를 사용하는 미식축구장과 천연잔디를 사용하는 축구장을 한 곳에 조성한 것이다. .

토트넘 홋스퍼 스타디움의 또 다른 특징은 첨단 기술이 적용된 스마트경기장이라는 것이다. 설계단계부터 글로벌 IT그룹인 휴렛퍼커드사를 IT 네트워크 및 인프라 부문 파트너로 선정해서 착공부터 완공까지 모든 IT 인프라 구축에 참여하도록 했다. 6만여 명의 관람객이 전 좌석 어디에서나 연결 장애 없이 무료 와이파이를 즐길 수 있도록 좌석 밑에 1,641개의 와이파이 액세스 포인트를 설치했다. 블루투스 비콘 기술을 통해 위치서비스를 제공하여 관람객이 스타디움 내부 다양한 편의시설을 찾기 쉽도록 도와주고 있다. 대규모 경기장이라 65개의 식당, 스낵 코너 및 다양한 상점이 있고 화장실 등 편의시설 위치를 찾는 것도 쉽지 않은데, 앱을 통해 관람객이 방문하고자 하는 시설을 빠르게 찾거나 약속 장소를 정하는 데도 사용할 수 있도록 하고 있다. 비콘 기술은 스타디움의 운영과 관리를 효율화하는 데도 활용된다. 훌리건이 많은 영국에서 관람객의 안전을 확보하는 것은 대우 중요한 일인데, 비콘 기술을 통해 실시간으로 관람객 밀집 상황을 확인할 수 있다. 또한 사우스 스탠드에 위치한 60m 길이 골라인 바 등 주요 장소에 관람객이 몰리면 이를 확인하고 관리 직원을 추가로 배치해 혹시 모를 안전 문제에 대비할 수도 있다. 특정 화장실의 줄이 다른 곳보다 길면 스타디움 내부 전광판 및 앱 통보를 통해 관람객이 다른 화장실로 갈 수 있도록 안내하기도 한다. 경기가 끝난 후에도 실시간 관람객 데이터는 향후 관람객의 수요에 맞게 직원 수, 배치 등을 조정하는 등 인력 관리와 관람객 데이터베이스를 활용하여 내부상점들이 수익을 최대화할 수 있도록 정보를 제공한다. 영국에서 가장 큰 LED 스크린과 팬들이 음식을 먹으면서도 스크린을 통해 관람할 수 있도록 곳곳에 TV를 설치하는 등 관람환경도 첨단화했으며, 선수들이 앉는 벤치나 드레스룸에 개인 스크린 설치 등 경기력을 향상시킬 수 있는 기술도 도입되었다. 토트넘은 경기장뿐 아니라 경기장이 입지한 지역을 도시의 상징으로 만들기 위한 노력도 하고 있다. 경기장 주변에 호텔, 호켈, 슈퍼마켓, 학교, 주택, 메디컬센터, 스포츠센터, 아파트, 문화센터, 가장 큰 야외 클라이밍 벽 등을 조성하여 주민에게 많은 일자리를 제공하고 복합적인 문화를 경험할 수 있도록 하는 거대한 프로젝트가 함께 추진되고 있다. 스포츠시설이 단순히 스포츠를 즐기는 공간이 아니라 우리가 사는 도시의 일부분이자 중심이 될 수 있다는 것을 보여준다.

토트넘 홋스퍼 경기장 잔디 이동

자율주행 잔디 깎는 기계

프리미어리그 경기장으로 사용되는 토트넘 구장

NFL 경기장으로 사용되는 토트넘 구장

그림 7-4 토트넘 홋스퍼 경기장

사진 출처: https://www.youtube.com
http://blog.naver.com/PostView.nhn?blogId=organic_kkd&logNo=222180590532
https://www.asiae.co.kr
https://www.interfootball.co.kr

2) 야구장과 축구장을 한번에, 트랜스포머 삿포로 돔

 일본 홋카이도 삿포로시에는 2001년 2002 한일월드컵 개최를 위해 축구장과 야구장을 동시에 활용할 수 있는 삿포로돔이 만들어졌다. 일본은 고온다습한 기후 때문에 야구팀들이 돔 구장을 홈구장으로 사용하는 경우가 많은데, 삿포로시는 야구장과 함께 월드컵을 위해 축구장도 필요한 상황이었다. 축구 경기를 하기 위해서는 천연잔디가 필수이나 천장이 막혀 있는 돔 안에서는 천연잔디가 생장하기 어렵기 때문에 삿포로돔을 설계하는 사람들은 외부에 축구장을 만들어 경기가 있는 날만 경기장 안으로 들여오는 방법을 찾아냈다.

 삿포로돔은 이러한 아이디를 바탕으로 삿포로시가 약 5,300억 원을 들여 만든 경기장으로 4만 2천 석 규모이며, 1년에 프로야구 50경기, 프로축구 15경기가 열리고 콘서트 등 행사도 개최된다.

삿포로돔은 둥근 형태의 야구장이 5시간 만에 네모난 형태의 축구장으로 변신하는 시스템을 가지고 있다. 야구장에서 축구장으로의 변신은 우선 야구장에 깔렸던 인조 잔디를 말아 밖으로 빼내면 거대한 출입문이 열리면서 돔 바깥에 있던 천연잔디 축구장이 공기 부양 방식으로 지상에서 5cm 뜬 상태에서 들어오고 내부에서 다시 90°를 회전한 후 좌석을 재배치하면 축구장이 완성된다. 축구장은 가로 120m, 세로 85m, 무게는 약 8,300톤에 달하기 때문에 사람이 움직일 수 없으므로 거대한 호버링 시스템을 설치하여 지상에서 5cm 공중부양된 상태로 움직이게 하고 있다. 야구장과 축구장은 형태가 달라 관중석 변화도 필요한데, 관중석도 자동으로 변신할 수 있도록 설계되어 있다. 삿도로돔의 사례는 새로운 기술을 적용해 시설을 조성하면 많은 예산이 들지만 다양한 시설로 활용한다면 여러 개를 만드는 것보다 효율적이라는 것을 보여준다.

삿포로돔과 외부 축구장   야구장과 축구장 변신 구조

인조 잔디 말기   출입문 개방   천연잔디 이동

그림 7-5 삿포로돔 경기장과 변신 과정

사진 출처: https://namu.wiki
https://m.blog.naver.com/0323lena/220533832137
https://www.youtube.com

3) 농구와 아이스하키를 한 곳에서, 텍사스 아메리칸 에어라인스 센터

　미국 텍사스 댈러스 근교에 위치한 아메리칸 에어라인스 센터는 2001년 지어진 2만 석 규모의 실내체육관이다. 스포츠 분야에서는 특정 기간 동안 경기장 명칭에 일정 비용을 지불하고 후원하는 기업의 명칭 또는 기업의 브랜드명을 붙일 수 있는 권리인 명명권이 활용되는데, 이 경기장은 아메리칸항공이 1억 9,500만 달러에 명명권을 획득해서 '아메리칸 에어라인 센터'로 불리고 있다.

　댈러스에는 원래 1980년 지어진 리유니언 아레나가 있었으나 경기장이 노후되면서 도심에 아메리칸 에어라인 센터가 지어지게 되었다. 댈러스시에서는 1998년 호텔세와 렌터카 세금을 올리는 증세를 통해 경기장을 짓기 위한 예산을 확보했다. 경기장이 조성된 지역은 댈러스 도심 중에서도 낙후된 구역이었으나, 경기장이 지어진 후 AT&T 플라자(빅토리파크)로 재개발되면서 댈러스에서 가장 붐비는 지역 중 하나로 변화되었다. 아메리칸 에어라인스 센터

아메리칸 에어라인스 센터 외관

농구장　　　　　　　아이스링크　　　　　　　콘서트홀

그림 7-6 아메리칸 에어라인스 센터 활용

사진 출처: http://www.americanairlinescenter.com

(American Airlines Center, AAC)는 농구 경기와 아이스하키 경기를 한 곳에서 할 수 있기 때문에 미국프로농구리그(NBA)에 속한 댈러스 매버릭스와 미국프로하키리그(NHL)의 댈러스 매버릭스 두 팀이 모두 홈경기장으로 사용하고 있다. 농구 경기장으로 쓰일 때는 2만 1,146석, 아이스하키 경기장은 1만 9,323석, 다른 공연 때는 2만 1천 석까지 가능하다.

아메리칸 에어라인스 센터의 경우 다양한 스포츠 경기와 이벤트가 이루어지고 있는데 1주일 동안 농구장, 아이스하키장, 콘서트, 이벤트까지 가능한 시스템을 보유하고 있다. 이렇게 다양한 이벤트가 한 곳에서 열리면 수익이 높아져 스포츠시설을 조성하고 운영하는 데 필요한 많은 비용을 조달하기 용이하다. 또한 도심에 이런 시설이 지어질 경우 경기장을 찾는 사람들에게 편리함을 제공할 수 있고 주변 지역도 함께 개발할 수 있으므로 어디에 경기장을 지을 것인지 입지도 중요하다는 것을 알 수 있다.

4) 꼭 새로 짓지 않아도 된다, 멜버른 F1이 열리는 앨버트 파크

호주 대륙 동남쪽 끝에 있는 멜버른에는 매년 F1 호주 그랑프리가 열리는 앨버트 파크가 있다. 앨버트 파크는 멜버른 중심에서 남쪽으로 3km 떨어진 포트필립베이 근처에 있는 공원인데, 우리나라 올림픽공원같이 인공호수 주위로 조성된 공원으로 산책길과 스포츠시설로 가득 차 있는 곳이다. 호주 유명 축구 클럽인 사우스 멜버른 FC의 홈구장인 레이크사이드 스타디움과 골프 코스, 볼링, 농구, 요트, 조정까지 즐길 수 있는 스포츠단지다. 앨버트 파크는 1956년 개최된 하계올림픽을 위해 조성되었고, 이후 시민의 여가 공간으로 활용되고 있다.

앨버트 파크 내 호수 주위 약 5km 도로를 정비해 F1이 열리는 서킷으로 사용하고 있다. 도로에 16개 코너를 만들고 트랙 58바퀴를 돌면 총 307.574km를 달리는 경기장이 된다. 경기장을 만들기 위해 두 달 동안 도로 주위로 펜스를 세우고 관전 포인트마다 관람석을 만들면 전 세계에서 30만 명 이상이 찾는 경기장으로 변신하게 된다.

호주는 1985년 F1 월드 챔피언십 유치에 성공했지만, 처음에는 멜버른과 이웃한 애들레이드에서 경기가 열렸고, 멜버른이 경기 유치를 희망하면서 1996년부터 멜버른 앨버트 파크에서 열리기 시작했다. 당초 멜버른에서는 외곽에 F1 경기장을 새로 조성할 계획이었으나 시민과 함께 논의를 통해 기존 공원을 사용하게 되었다. 공원의 도로를 정비하여 시설로 쓰기 때문에 다른 경기장에 비해 노면이 부드럽지 않지만, 호수와 가까운 트랙에서 F1 머신이 질주하는 광경을 볼 수 있기 때문에 인기가 아주 좋고 경기장을 새로 짓는 비용도 아끼면서 숙박과 관광으로 수입도 창출하고 있다. 앨버트 파크의 사례는 도시와 시민이 함께 지혜를 모으고 협조하면 스포츠 이벤트를 위해 꼭 경기장을 새로 짓지 않아도 된다는 것을 보여준다.

앨버트 파크 F1 경기장

앨버트 파크 F1 경기장

앨버트 파크 전경

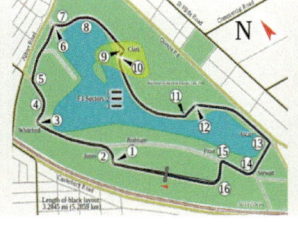
앨버트 서킷 코스

앨버트 파크 골프장

그림 7-7 멜버른 앨버트 파크의 F1 경기장 활용

사진 출처: http://www.motormag.co.kr
https://www.chisholmgamon.com.au
https://namu.wiki
https://www.tripadvisor.co.kr

5) 축구를 가장 가까이서, 쇼핑도 함께, 인천축구전용경기장

인천시 숭의동에 위치한 인천축구전용경기장은 1930년대 인천에 최초로 만들어진 인천공설운동장과 야구장이 철거된 자리에 2012년 2만 석 규모로 약 1,100억 원을 들여 만들어졌다.

2002년부터 인천에 문학경기장이 만들어지면서 야구장 이용률이 떨어지고 낙후된 주변지역도 살리기 위해 축구전용경기장과 주상복합아파트, 상업시설, 편의시설, 체육공원 등 복합 문화단지로 조성했다.

인천축구전용경기장은 FIFA 규격으로 설계해 사각을 최소화하였고, 시야각도 최소 24°에서 최대 32°로 최적의 관람 환경을 만들었다. 기존의 국내 월드컵경기장과 달리 그라운드와 관중석의 거리를 가깝게 하고 그라운드와 관중석 높이가 최대 1m 안쪽으로 좁혀 손에 닿을 듯한 위치에서 경기를 관람할 수 있도록 했다. 이제 우리나라에서도 유럽처럼 관중이 세레머니 하는 선수를 바로 뒤에서 볼 수 있게 된 것이다.

무엇보다 인천축구전용경기장의 입지적 특징은 우리나라의 기존 신규경기장과 달리 도심 한가운데 위치하고 있다는 것이다. 이러한 지리적 특성을 잘 살려 복합문화공간으로서 시민에게 다가간다는 목표다. 지하철역과 연계된 북측 2층 스탠드석의 경우 피크닉석을 만들어 시민에게 다양한 이벤트 행사와 다목적 문화공간을 제공하고 휴식 및 만남의 광장으로도 이용할 수 있도록 계획했다. 주차공간도 국내 최초로 경기장 지하에 설치해 약 2천 대가 동시에 주차할 수 있다.

인천축구전용경기장 사례는 스포츠시설이 외면받지 않으려면 관중이 최적의 환경에서 경기를 즐길 수 있도록 '팬을 위한 경기장'을 만들어야 한다는 것을 보여준다.

지하철과 연결된 인천축구전용경기장   축구전용경기장 내부   경기장 단지 조성

그림 7-8 인천축구전용경기장 활용

사진 출처: http://news.khan.co.kr
http://boomup.chosun.com
https://biz.chosun.com

3 어떤 직업이 스포츠시설과 연결되어 있는가?

1) 공무원

앞에서 살펴본 바와 같이 스포츠시설은 공공과 민간에서 만들어진다. 특히, 규모가 크고 많은 사람들이 이용하는 시설은 서울시, 부산시 등 광역자치단체와 송파구, 성남시 등 기초자치단체가 짓고 운영하게 된다. 광역자치단체나 기초자치단체에서 새로운 시설을 짓거나 기존 시설을 운영하는 일들은 체육 관련 부서의 공무원들이 담당하고 있다. 아직 체육 업무만 전담하는 공무원을 구분하여 별도로 채용하고 있지 않기 때문에 체육 관련 부서에 근무하고 있는 공무원들은 건축, 토목 등을 전공한 기술직 공무원이나 행정직 공무원이 업무를 담당하고 있다.

따라서 체육 관련 업무만을 수행하기 위해 공무원 시험을 볼 수는 없고 일반 9급, 7급, 5급 공무원 시험을 치른 후 체육 관련 부서에 발령을 받아야 업무를 수행할 수 있다. 특히, 중앙공무원 5급과 7급 공무원 시험을 본 후 체육 업무를 담당하는 문화체육관광부에 발령을 받으면 체육정책과, 체육진흥과, 스포츠산업과, 국제체육과, 장애인체육과 등의 부서에서 일할 수 있으며, 이 중 체육시설은 체육진흥과에서 담당하고 있다.

체육진흥과의 공무원들은 국민에게 어떠한 시설을 조성해주어야 하는지에 대한 정책을 수립하고 필요한 예산을 만들기 위한 업무를 수행하며, 지방자치단체들이 체육시설을 조성할 때 예산을 지원해주는 역할을 담당하고 있다. 또, 올림픽 등 스포츠 메가 이벤트 개최를 위해 국가가 직접 체육시설을 조성해야 하거나 국가대표 등 엘리트 선수들에게 필요한 시설을 조성하는 역할도 수행한다. 우리나라 전체 시설을 담당하고 있기 때문에 문화체육관광부의 체육시설을 담당하는 공무원의 역할은 매우 중요하고 체육시설 전반에 대한 이해도가 높아야 한다.

광역자치단체와 기초자치단체에도 체육 관련 부서가 있으며, 문화체육관광부와 같이 해당 지역의 공공체육시설 조성과 관리 운영 관련 업무를 수행하고 있다. 문화체육관광부와 역할이 다른 점은 직접 체육시설을 관리 운영하는 업무도 수행한다는 것이고, 지역에서 필요한 시설은 무엇인지 조사하고, 시설 조성과정에서 지역주민, 의회 등 이해관계자들의 의견이 반영될 수 있도록 하는 일도 하고 있다. 여기에 노후화된 체육시설의 관리, 체육시설의 안전과 관련된 업무들도 수행해야 한다.

우리나라에서는 공공 및 민간체육시설에 대해 6개월에 한 번씩 안전점검을 의무적으로 수행하도록 되어 있으므로 관할 지역의 안전점검을 직접 수행하거나, 점검이 이루어질 수 있도록 교육하고 조치가 적절히 이루어졌는지에 대한 업무도 수행해야 한다. 또한, 체육시설 조성을 위해 중앙정부나 민간으로부터 예산을 확보하는 일도 해야 한다.

국민의 스포츠 활동에 대한 참여가 지속적으로 증가하고 있고, 스포츠시설에 대한 요구도 높아지고 있으므로 전문적 지식을 가지고 체육 관련 업무를 수행할 수 있도록 공무원 직렬이 필요한 상황이다. 향후 체육 업무를 전문적으로 수행하는 공무원 직렬이 생긴다면 체육 관련 전문 지식이 시험에 포함되므로 대학에서 체육을 전공하는 것이 공무원이 되는 데 유리할 수 있다.

2) 공공기관

우리나라에는 다양한 공공기관이 있다. 공공기관은 정부가 돈을 내서 설립하거나 재정을 지원하는 기업이다. 공공기관은 공기업, 준정부기관, 기타 공공기관으로 구분되는데 '공기업'의 경우 직원 정원이 50명 이상이고, 총 수입액에서 자체 수입액이 50% 이상인 공공기관 중에서 기획재정부장관이 지정하는 기관이다. 준정부기관은 직원 정원이 50명 이상이고, 공기업이 아닌 공공기관 중에서 사실상 정부기관이나 마찬가지인 기관을 의미한다. 스포츠 분야에 공기업은 없고 준정부기관에 속하는 국민체육진흥공단이 있다. 국민체육진흥공단은 1988년 서울올림픽 대회를 기념하고 기금의 조성, 운용 및 체육과학의 연구를 목적으로 1989년 4월 특수법인으로 설립된 문화체육관광부 산하 기금관리형 준정부기관이다. 국민체육진흥공단의 업무 중에는 서울올림픽을 위해 조성된 올림픽공원과 공원 내 체육시설의 관리도 포함되어 있으며, 88 서울올림픽 시설물의 효율적인 유지 관리와 복합문화 및 스포츠·레저공간 제공을 목적으로 1990년 7월 한국체육산업개발주식회사를 설립했다.

한국체육산업개발주식회사는 올림픽공원에 본사가 위치해 있으며, 현재 올림픽 시설물 및 분당·일산스포츠센터 관리·운영과 경륜 경정시설물 등을 관리하는 스포츠·문화사업 전문기관이다. 체육시설 운영뿐 아니라 K팝 공연 대관 등 문화사업 관련 업무도 하고 있다.

그림 7-9 한국체육산업개발 조직도

출처: 한국체육산업개발주식회사

　　지역에는 지방자치단체가 주민의 복리증진을 목적으로 직접·간접으로 설치·운영하는 기관이 있는데, 직접 경영하는 기관은 지방직영기업이고 지방자치단체가 50% 이상 출자하여 간접 경영하는 지방공사·공단이 있다. 이 중 지방자치단체가 소유한 체육시설을 관리·운영하는 공사·공단이 전국에 100여 개가 있다. 예를 들면 서울시의 경우 서울시설공단에서 복지시설, 문화체육, 도로관리, 시설안전, 주차장 등의 시설을 관리·운영하고 있다. 체육시설의 경우 서울월드컵경기장, 장충체육관, 고척스카이돔 등을 직접 운영하고 있다. 전국의 광역자치단체와 기초자치단체에 시설관리공단이 있으므로 체육시설 운영에 관심이 있다면 이러한 기관에 취업해야 한다.

그림 7-10 서울시설공단 조직도

출처: 서울시설공단 홈페이지

3) 스포츠시설 연구원

　스포츠시설과 관련하여 공공과 민간은 직접 시설을 조성하고 관리·운영하는 역할을 하지만 어떻게 만드는 것이 좋을지 또 어떤 시설이 필요한지 등에 대한 연구가 이루어져야 한다. 스포츠시설 연구자는 이러한 일을 담당하는 역할을 한다. 스포츠시설을 연구하는 민간 연구소도 있으나 대부분 스포츠시설만 연구하는 것은 아니고 스포츠 분야에 대한 전반적인 연구를 수행하고 있다. 공공 분야에서는 국민체육진흥공단의 한국스포츠정책연구원에서 스포츠정책, 스포츠과학, 스포츠산업을 전문적으로 연구하고 있으며, 스포츠정책 분야에서 스포츠시설을 전문적으로 연구하는 연구원이 있다. 스포츠시설을 연구하는 연구원은 체육, 도시계획, 건축 등 체육시설과 관련된 분야의 박사학위를 취득해야 취업할 수 있으며, 문화체육관광부의 체육시설 정책과 지방자치단체 및 기타 기관에서 의뢰한 체육시설 관련 연구를 수행한다. 체육시설 연구에는 다양한 지식이 필요하므로 반드시 체육을 전공하지 않아도 체육시설 연구자가 될 수 있다. 하지만 체육시설에 대한 기본적인 이해도와 전문지식을 갖춘 것이 유리하므로 대학에서 체육 관련 학과를 전공하는 것이 연구자로서 전문성을 확보하는 데 유리할 수 있다.

4) 스포츠시설 건축가

스포츠시설은 스포츠 활동을 위한 필수 요소이지만, '스포츠 경기를 즐기고 관람하는 공간'을 넘어 다양한 시설과 산업을 융·복합해야 한다. 스포츠시설 건설을 위해 수백 억에서 많게는 조 단위까지 천문학적 비용이 들기 때문에 비용을 줄일 수 있는 디자인과 수익을 창출할 수 있는 용도 개발이 매우 중요하다. 그래서 해외에서는 스포츠시설만 디자인하는 기업이 많이 있다. 영국 런던의 웸블리 스타디움을 비롯해 미국 샌프란시스코 자이언츠의 AT&T파크를 디자인한 파퓰러스(Populous), 리우데자네이루 올림픽 주경기장과 미국 프로미식축구 댈러스 카우보이스의 경기장을 디자인한 AECOM, 미국 플로리다에 있는 데이토나 자동차 경기장을 디자인한 로세티(Rossetti) 등이 스포츠시설 건축을 이끌고 있다.

파퓰러스는 2014년 인천아시아게임 주경기장을, 로세티는 인천 SK행복드림구장을 디자인하는 등 국내 스포츠시설 중에도 이들이 설계한 시설이 있다. 이 중 로세티에는 한국인 건축가도 있다. 스포츠시설 건축가가 되기 위해서는 건축에 대한 전문 지식을 가지고 있어야 하므로 체육이 아니라 건축을 전공해야 한다. 아직 국내에는 스포츠시설만을 전문적으로 설계하는 회사가 많지 않기 때문에 일반 건축회사에 취업해서 스포츠시설을 설계할 기회가 주어져야만 전문가로 성장할 수 있다. 처음부터 다양한 스포츠시설을 설계하는 전문성을 갖춘 회사에서 일하고 싶다면 해외 회사에 취업하는 방법을 찾는 것이 좋다. 국내에서만 본다면 스포츠시설이 주택이나 오피스 등 다른 건축물처럼 많이 지어지는 건축물이 아니기 때문에 설계할 기회가 많지 않을 수밖에 없다. 하지만 골프장의 경우 초창기에는 일본 설계가들이, 1980년대부터는 미국

설계가들에 의해 많은 설계가 이루어졌으나 2000년대부터는 국내 설계가들에 의해 설계가 이루어지고 있다. 송호골프디자인그룹, 권동영골프디자인연구소, 서원레저컨설탄트, 장원골프엔지니어링, 인성골프코스설계연구소 등이 골프장을 전문적으로 설계하는 회사다.

> **"좋은 경기장은 팬에게 꿈을 판다"**
>
> "더그아웃 천장을 만들어 모두 볼 수 있도록 하면 어떨까요?" 미국 스포츠 건축설계 회사인 로제티(Rossetti)에서 프로젝트 매니징과 디자인을 맡고 있는 정성훈(43) 이사의 말이다. 그는 "좋은 경기장을 만들려면 설계단계부터 구단의 철학이 담겨 있어야 한다. 그 바탕 위에서 스포츠 콘텐츠 판매를 통한 수익 창출을 꾀해야 한다."라고 말했다. 경기장 건설은 단순히 건물을 짓는 게 아니라 꿈을 파는 공간을 창출하는 것이라는 얘기다.
>
> 정 이사는 미국 스포츠 설계 분야에서 일하는 유일한 한국인이다. 16년간 스포츠 현장에서 미국 메이저리그(MLB)와 프로축구(MLS), 프로농구(NBA) 등 주요 구장 건설과 리노베이션 작업에 참여했다. 연세대 건축학과를 졸업한 뒤 1998년 미국 미시간 대학원에서 건축 석사과정을 마쳤다. 졸업 후 들어간 건축사무소에서 미시간 대학교 내에 있는 테니스장과 체조경기장 설계를 담당하며 스포츠 경기장에 관심을 갖게 됐다. 이후 미국의 프로 경기장 설계와 건축, 개·보수를 전문적으로 하고 있는 로제티에 입사했다.

출처: 중앙일보, 2013년 11월 19일 기사 중 일부 발췌

5) 시설운영업 종사자

스포츠시설에 가장 직접적으로 관련되어 있는 직업은 스포츠시설을 운영하는 직업일 것이다. 우리나라의 스포츠시설업체 수는 스포츠산업 관련 통계에 의하면 41,423개가 있다. 스포츠시설업에는 경기장운영업, 참여스포츠시설운영업, 골프장 및 스키장운영업, 수상스포츠시설운영업, 기타 스포츠시설 운영업, 스포츠시설 건설업이 포함되어 있다. 이 중 경기장운영업과 다양한 참여스포츠시설운영업에 사업자 또는 종사자로 운영에 참여할 수 있다.

표 7-1 스포츠시설업 현황

구분	사업체 수	비중(%)
경기장운영업	209	0.5
참여스포츠시설운영업	34,419	83.1
골프장 및 스키장 운영업	449	1.1
수상스포츠시설 운영업	1466	3.5
기타 스포츠시설운영업	3619	8.7
스포츠시설 건설업	1261	3.0
합계	41,423	100.0

출처: 2018년 기준: 문화체육관광부, 2018 스포츠산업백서

　　스포츠시설운영업은 헬스장, 당구장, 골프연습장의 비중이 전체 시설운영업의 75.6%를 차지하지만, 최근에는 여러 시설을 복합적으로 운영하는 대형시설도 등장하고 있다. 서울시 구로구에 위치한 제니스스포츠클럽의 경우 골프장(112개 타석), 아이스링크(정규규격 2개, 하프링크, 미니링크), 휘트니스, 사우나, 요가 등 다양한 시설이 운영되고 있고 경기도 일산에는 스노우파크, 워크파크, 골프연습장, 휘트니스, 상업시설을 테마파크 형태로 조성한 원마운트 등 대형 민간스포츠시설들이 있다. 새로운 스포츠테마파크 형태로는 하남, 고양, 안성 스타필드에 있는 스포츠몬스터가 있다. 스포츠몬스터는 스포테인먼트 테마파크로 실내외에 전통 스포츠시설과 VR 콘텐츠를 결합하여 운영하고 있다. 스포츠몬스터는 국내뿐 아니라 중국, 미국 등 해외에도 확장하고 있다. 이와 같은 민간 기업에 취업한다면 스포츠시설을 직접 관리·운영하는 일에 종사할 수 있다.

| 제니스스포츠클럽 | 원마운트 | 스포츠몬스터 |

그림 7-11 스포츠시설업 기업 사례

사진 출처: http://www.zenithicerink.com
https://www.onemount.co.kr
https://www.sportsmonster.co.kr

    대학에서 체육 관련 학과를 졸업하거나 체육지도자 자격증을 취득한 경우 스포츠시설운영업에 지도자로 종사할 기회가 좀 더 많아진다. 체육시설법에 의해 골프장, 스키장, 요트장, 조정장, 카누장, 빙상장, 승마장, 수영장, 체육도장, 골프연습장, 체력단련장(헬스장), 체육교습업을 하기 위해서는 시설 규모에 따라 1명 이상 체육지도자를 반드시 고용해야 하므로 체육지도자 자격증을 취득하는 것이 시설운영업을 창업하거나 종사하는 데 유리하다. 체육지도자 자격증은 전문스포츠지도사, 건강운동관리사, 생활스포츠지도사, 유소년스포츠지도사, 노인스포츠지도사, 장애인스포츠지도사 자격증이 있는데, 전문스포츠지도사와 건강운동관리사를 제외하면 대학에서 체육 관련 학과를 전공하지 않아도 취득할 수 있다. 체육시설업에서 의무적으로 고용해야 하는 생활스포츠지도사의 경우 1, 2급으로 구분되는데 1급은 2급 자격증 취득 후 3년 이상 해당 자격 종목의 지도 경력이 있으면 응시할 수 있다. 2급 자격증은 만 18세 이상 누구나 응시 자격이 있고 필기시험, 실기 및 구술, 연수 과정을 거쳐야 자격증을 취득할 수 있다. 자격 종목은 골프, 농구, 당구, 댄스스포츠, 배구, 보디빌딩, 복싱, 볼링, 수영, 스쿼시 등 57개 종목이 있다.

표 7-2 스포츠시설업종별 체육지도자 배치기준

체육시설업 종류	규모	배치 인원
골프장업	• 골프코스 18홀 이상 36홀 이하 • 골프코스 36홀 초과	1명 이상 2명 이상
스키장업	• 슬로프 10면 이하 • 슬로프 10면 초과	1명 이상 2명 이상
요트장업	• 요트 20척 이하 • 요트 20척 초과	1명 이상 2명 이상
조정장업	• 조정 20척 이하 • 조정 20척 초과	1명 이상 2명 이상
카누장업	• 카누 20척 이하 • 카누 20척 초과	1명 이상 2명 이상
빙상장업	• 빙판 면적 1,500제곱미터 이상 3,000제곱미터 이하 • 빙판 면적 3,000제곱미터 초과	1명 이상 2명 이상
승마장업	• 말 20마리 이하 • 말 20마리 초과	1명 이상 2명 이상
수영장업	• 수영조 바닥면적이 400제곱미터 이하인 실내 수영장 • 수영조 바닥면적이 400제곱미터를 초과하는 실내 수영장	1명 이상 2명 이상
체육도장업	• 운동전용면적 300제곱미터 이하 • 운동전용면적 300제곱미터 초과	1명 이상 2명 이상
골프연습장업	• 20타석 이상 50타석 이하 • 50타석 초과	1명 이상 2명 이상
체력단련장업	• 운동전용면적 300제곱미터 이하 • 운동전용면적 300제곱미터 초과	1명 이상 2명 이상
체육교습업	• 동시 최대 교습인원 30명 이하 • 동시 최대 교습인원 30명 초과	1명 이상 2명 이상

출처: 체육시설의 설치·이용에 관한 법률 시행규칙(체육지도자 배치기준)

체육지도자 자격증 이외 스포츠시설경영과 관련된 국가자격증으로 스포츠경영관리사 자격증이 있다. 스포츠경영관리사는 스포츠 이벤트의 기획 및 운영, 스포츠 스폰서 및 광고주 유치, 프로 및 아마 스포츠 구단 스포츠마케팅 기획 및 운영, 스포츠 콘텐츠의 확보 및 상품화, 스포츠선수대리인 사업의 시행, 스포츠시설 회원 모집, 관리 등 회원 서비스, 스포츠시설 설치 및 경영 컨설팅, 공공 및 민간체육시설 관리 운영 업무 수행을 위한 전문 지식을 검증하는 자격제도다. 이 자격증 취득 시 스포츠시설경영에 대한 전문 지식을 갖추었다고 인정되므로 공공기관 종합체육시설, 프로스포츠 구단, 각종 경기단체, 일반기업체 취업 시 해당 직무에 적합한 능력을 보유하고 있다는 객관적인 자료로 제출할 수 있다. 그러나 이 자격증을 보유하고 있다고 반드시 취업이 되는 것은 아니므로 의무적으로 취득해야 하는 것은 아니다. 단, 스포츠시설 경영과 관련된 전문 지식을 쌓고 취업에 유리한 경력을 만들기 위해서는 자격증 취득이 필요할 수 있다.

2급 생활체육지도자 자격증 취득 현황

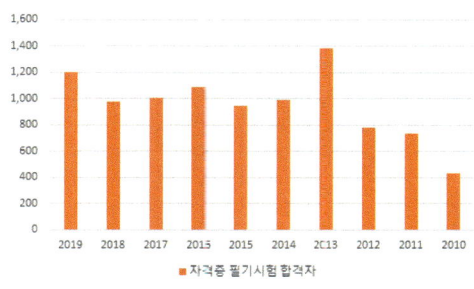
스포츠경영관리사 자격 취득 현황

그림 7-12 체육지도자 및 스포츠경영관리사 자격증 보유 현황

출처: e-나라지표, 체육지도자 양성 현황(http://index.go.kr)
한국산업인력공단 국가자격종목별 상세정보(http://www.q-net.or.kr)

6) 스포츠시설 전문 대기업과 사회적기업

세계적으로 스포츠의류나 용품을 만드는 많은 스포츠기업들이 있다. 우리나라 대기업 중에는 코오롱그룹이 스포츠의류와 용품, 스포츠시설 및 스포츠단 운영, 스포츠 마케팅 등 스포츠를 전문 사업 영역으로 하고 있다. 이중 스포츠시설은 코오롱글로벌 주식회사에서 맡고 있는데 스포렉스 브랜드로 자체 스포츠센터 운영과 다수의 공공스포츠시설을 위탁 경영하고 있다. 코오롱스포렉스는 전국에 4개의 직영점과 과주, 이천, 세종, 마산, 방배, 마곡, 청담 등 11개 지방자치단체의 스포츠센터를 위탁운영하고 있고 대구의 학교체육시설도 운영하고 있다. 코오롱은 1984년 국내 최초로 회원제 종합 스포츠센터를 시작으로 스포츠센터의 운영에 대한 전문성을 가지고 있는 회사다.

대기업 이외에 스포츠시설 운영만 전문적으로 하는 사회적기업도 생겨나고 있다. 전국 최초 스포츠 분야 사회적기업인 'SS스포츠'는 전국에 50여 개의 스포츠센터를 위탁받아 운영·관리를 하고 있다. 2012년 설립된 회사로 아파트, 관공서, 지자체 주민센터 등 민간과 공공이 소유하고 있는 시설들을 위탁하여 운영하고 있다. '사회적기업'이란 "취약계층에게 사회서비스 또는 일자리를 제공하거나 지역사회에 공헌함으로써 지역주민의 삶의 질을 높이는 등의 사회적 목적을 추구하면서 재화 및 서비스의 생산·판매 등 영업활동을 하는 기업"이다. 우리나라에서는 사회적기업 육성법을 제정하여 사회적기업을 설립하고 운영하는 데 많은 지원을 하고 있어 향후 사회적기업이 많이 육성될 것으로 전망된다.

코오롱글로벌 주식회사　　　　　　　스포츠 사회적기업 SS스포츠

그림 7-13 스포츠 대기업 및 스포츠 사회적기업 사례

사진 출처: 코오롱글로벌 홈페이지(http://www.kolonglobal.com)
스포이즘 홈페이지(http://spoizm.com)

4 스포츠시설 전문가가 되기 위해 필요한 것들

　　스포츠시설 전문가가 되는 것은 직업의 유형에 따라 갖추어야 할 요소들이 다양하다. 하지만 공통적으로 필요한 것은 스포츠를 할 수 있는 최적의 공간을 만들어내는 것과 시설 이용자에 대한 분석 능력이다. 그리고 스포츠시설 중 극히 일부는 소수만을 위한 전문시설로 운영되지만, 대부분 시설은 운영에 필요한 비용과 수입이 창출되어야 하므로 운영에 대한 지식도 갖추어야 한다.

　　단계별로 구분해서 보면 시설이 조성되기 전에는 어떤 시설을 얼마의 규모로 어떻게 지어야 할 것인가에 대해 직접 방안을 만들어내거나 타인이 만들어낸 계획에 대해 적절성을 판단할 수 있어야 한다. 이를 위해서는 기본적인 건축지식과 시설 유형별 특성, 그리고 필요한 예산을 산출할 수 있어야 한다. 운영단계에서는 스포츠시설 안에서 운영되는 다양한 프로그램에 대한 이해, 시설의 안전한 관리, 인력관리, 시설 운영에 필요한 재원 조달 등에 대한 전문 지식이 요구된다.

이러한 다양한 분야의 전문 지식이 체육 관련 학과에서만 제공되는 것은 아니다. 건축, 토목, 회계, 경영, 법 등 다른 분야를 전공해도 되지만 체육 관련 학과에서는 스포츠시설경영, 스포츠산업, 스포츠정책, 스포츠시설, 스포츠마케팅 등 보다 전문적 수업이 제공되므로 스포츠시설 관련 직업을 찾는데 상대적으로 유리할 수 있다. 대학의 체육 관련 학과도 체육학과, 스포츠산업학과, 체육교육학과 등 다양하므로 일반 체육학과보다는 관련 과목 강의가 많이 이루어지는 스포츠산업학과에 진학하는 것이 적합하다.

표 7-3 대학교 체육학과 교과과정 비교

한양대학교 스포츠산업학과		한양대학교 체육학과	
1, 2 학년	커리어 개발, 스포츠와 문화, 스포츠산업개론, 고전 읽기, 과학기술의 철학적 이해, 휴먼리더십, 스포츠경영원론, 스포츠경제학, 말과 글, 스포츠와 미디어, 리테일 마케팅, 스포츠비즈니스 기본영어, 스포츠 전공 실기, 스포츠마케팅 원론, 스포츠산업디자인, 스포츠시장 트렌드 분석, 스포츠사회학, 스포츠미디어 디자인, 스포츠 상품기획, 스포츠 세일즈 전략, 전문 학술영어	1학년	웨이트트레이닝, 인체해부학, 스포츠 영어, 기초실기, 스포츠와 인체기능학, 육상, 건강과 질병의 이해, 커리어 개발, 수영, 스포츠 심리, 그룹운동, 스포츠 생물학, 운동기능학, 말과 글, 창의적 컴퓨팅
		2학년	기초실기, 운동생리, 스포츠윤리, 스포츠영양학, 체조, 배구, 해양 훈련, 테니스, 체육측정법, 스포츠의학, 스포츠마사지, 스키, 농구, 축구, 전문 학술영어, 글로벌리더십
3, 4 학년	스포츠 인포그래픽디자인, 중계권과 스폰서십 세일즈, 스포츠마케팅 조사방법론, 전공현장실습, 스포츠 전공실기, 커리어 개발, 스포츠와 법, 스포츠 애널리틱스, 스포츠 소비자행동론, 비지니스리더십, 스포츠 산업현장 프로젝트, 스포츠 디자인 실습, 스포츠 세일즈와 협상, 스포츠산업현장 실습, 셀프리더십, 산업체 인턴십, 스포츠 머천다이징 실습, 스포츠 세일즈 실습, 비주얼 머천다이징, 스포츠의 전 지구화	3학년	기초실기, 운동학습 및 제어, 운동처방, 스포츠통계학, 트레이닝방법론, 배드민턴, 야영훈련, 특수체육, 태권도, 체육 교과교육론, 고령자 운동과 건강, 건강교육, 유도, 스포츠 현장실습, 동계스포츠, 여가 레크리에이션, 커리어 개발, 기업가정신과 비즈니스 리더십
		4학년	골프, 체육사, 스포츠유전학, 체육학 실험연구 캡스톤 디자인, 셀프리더십, 체육 교과교재 연구 및 지도, 체동학, 스포츠교육학, 응급처치와 테이핑, 스포츠 상해 및 재활, 체육학 연구방법론, 체육학 실험연구 캡스톤 디자인, 체육논리 및 논술

출처: 한양대학교 스포츠산업학과 홈페이지(http://sim.hanyang.ac.kr) / 한양대학교 체육학과 홈페이지(http://kine.hanyang.ac.kr)

대학에서 체육을 전공하지 않아도 평소 스포츠시설을 많이 이용하거나 스포츠 활동에 대한 관심을 많이 가지는 것이 좋다. 야구를 좋아한다면 메이저리그가 있는 미국의 야구장들은 어떤 시설이 있고, 어떤 점이 좋고, 어떻게 만들어지는지 궁금증을 가지고 다양한 자료를 찾아볼 수 있을 것이다. 고등학교 3학년 때 《축구에 관한 모든 것:스타디움》이라는 책을 쓴 박정운 학생의 경우 어릴 때부터 좋아하던 축구를 주제로 각종 커뮤니티에 글을 쓰고 서울 유나이티드 FC 등 축구 관련 기관에서 봉사와 인턴 활동을 하며 축구 관련 직업의 꿈을 키웠다고 한다. 결국 축구 유학까지 가게 되었고 본인의 취미와 관심사를 진로로 연결 시킨 사례이다.

이처럼 평소 스포츠에 대한 사랑과 관심이 풍부하다면 이미 스포츠시설 전문가가 될 자질을 가지고 있는 것이다. 소득이 높아지고 여가가 많아질수록 사람들은 스포츠에 많은 시간을 쏟는다. 우리나라도 이제 개인 소득이 늘고 근로시간이 단축되면서 점점 더 많은 사람이 스포츠 활동에 참여하고 있고, 개인의 건강 유지와 의료비 등 사회적 비용 감소를 위해 국가에서도 스포츠 활동을 장려하고 있다.

따라서 앞으로 더 많은 스포츠시설이 생길 것이고 스포츠시설 전문가도 더 많이 필요하게 될 것이다. 지금은 스포츠시설 영역이 전체 스포츠산업에서 차지하는 비중이 높지 않지만, 앞으로의 미래 전망은 밝다고 할 수 있다.

아울러 최근에는 쾌적하고 편리한 시설 제공과 효율적 관리 운영을 위해 첨단 기술이 많이 적용되고 있으므로 새로운 기술에 대한 관심도 필요하다. 특히, 우리 일상생활에 필수 수단이 된 스마트폰을 활용한 기술 개발이 요구된다. 아직 대학의 체육 관련 학과에서 기술 개발에 대한 체계적 교육은 부족하기 때문에 관련 도서를 읽거나 콘텐츠를 찾아보며 새로운 환경 변화에 대한 준비를 해야 한다.

참고문헌

국가법령정보센터(https://www.law.go.kr/)

김미옥(2016). 〈공공체육시설 관리운영 개선방안〉. 서울: 한국스포츠개발원.

문화체육관광부(2019). 《2018 스포츠 산업백서》. 세종: 문화체육관광부.

_____(2019). 《2018 공공체육시설 현황》. 세종: 문화체육관광부.

_____(2019). 《2018 체육백서》. 세종: 문화체육관광부.

박성배(2017). 《스포츠비즈니스 인사이트》. 서울: 인물과 사상사.

박정운(2013). 《축구에 관한 모든 것, 스타디움》. 서울: 사람들.

중앙일보(2013.11.19.) "좋은 경기장은 팬에게 꿈을 판다"

Bicheno, Scott (3 April 2019). "Spurs and HPE hope to show how stadium wifi should be done." Telecoms. Retrieved 4 Apri 2019.

CCTV News (2019.06.28.). "토트넘 훗스퍼 스타디움, HPE 첨단 IT기술 통해 편의성과 구장 관리 효율성 향상"

Nuttall, Chris (4 April 2019). "Spurs stadium's wireless wonders." Financial Times. Retrieved 4 April 2019.

"Real Wireless: Tottenham Hotspur Stadium – the Best-Connected in the UK."Business Wire. 18 April 2019. Retrieved 24 April 2019.

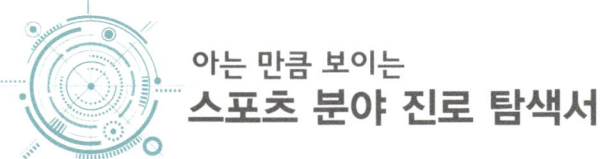

아는 만큼 보이는
스포츠 분야 진로 탐색서

Chapter 8

경기장 밖에서의 또 다른 승부, 국제스포츠와 외교

스포츠와 국제관계, 올림픽학, 국제스포츠, 스포츠외교

한국스포츠정책과학원 ● 조현주

1 학문 분야 소개

1) 국제+스포츠

'국제스포츠'는 말 그대로 '국제'와 '스포츠'의 의미를 더한 단어다. 여기에서 '국제'는 우리가 사는 세계라는 공간적 개념과 지구촌이 한 가족이 된 시대, 그야말로 '글로벌'을 나의 안방으로 생각하는 시기라는 시간적 의미를 모두 내포하고 있다. '스포츠' 역시 다양한 종목 자체를 비롯한 많은 대회와 이벤트 그리고 스포츠를 활용한 국가의 정책 영역에 이르는 광범위한 개념을 내포한다. 이 장에서는 이렇듯 여러 의미로 해석될 수 있는 '국제+스포츠' 영역의 특성을 살펴보고, 관련 국내외 기구와 단체에는 어떤 것들이 있는지, 그리고 앞으로 주목받는 영역에는 어떤 것들이 있는지 살펴보고자 한다.

가) 올림픽, 패럴림픽과 국제스포츠

2018년 우리나라의 강원도에서 평창동계올림픽·패럴림픽이라는 세계적인 규모의 국제스포츠대회가 개최되었다. 규모 측면에서 '메가톤급'이어서 메가 스포츠 이벤트의 대표 격인 올림픽·패럴림픽은 최초의 근대올림픽 개최 이후 올림픽과 패럴림픽으로 분리되어 개최되어왔다. 이들 대회를 관장하는 국제스포츠 단체 역시 스위스 로잔에 자리하고 있는 국제올림픽위원회(International Olympic Committee, IOC)와 독일의 본에 본부를 두고 있는 국제패럴림픽위원회(International Paralympic Committee, IPC)로 별도로 조직되어 있다.

표 8-1 IOC와 IPC 조직 개요

	국제올림픽위원회(IOC)	국제패럴림픽위원회(IPC)
로고		
본부	Lausanne, Swiss	Bonn, Germany
직원 수	1,000명	110명
조직 구성	156 persons, 31 commissions	8 committees, 1 council

2018년과 같이 올림픽과 패럴림픽 대회가 애초부터 같은 해에 열린 것은 아니다. 처음 올림픽과 패럴림픽이 같은 해에 연이어 열리기 시작한 것은 바로 1988년 서울올림픽 때부터다. 이때를 시작으로 패럴림픽이 국제사회에 올림픽과 함께 주목받으며 전 세계인에게 동등한 위상으로 소개되면서, 우리나라 역시 장애인 체육 발전의 기틀을 갖추게 된다. 국제스포츠기구인 IOC와 IPC의 역할 중에서 올림픽과 패럴림픽의 성공적인 개최, 또 중장기적으로 이들 국제대회의 지속과 흥행은 매우 중요한 부분이다. 이를 위해서는 각 국가의 대회조직위원회와의 긴밀한 소통과 협력이 절실하다. 또 대회가 성공적으로 개최되고 전 세계에 중계되기 위해 홍보와 방송 부문의 전문성을 포함한 다양한 분야에서 국제스포츠를 바라보고 이해하는 역량은 IOC와 IPC의 행정 역량으로서 필수다.

표 8-2 올림픽/패럴림픽 연대기 표와 포스터/개최도시

	하계 올림픽(Summer Olympics)		하계 패럴림픽(Paralympic Games)	
1	Athens 1896		Rome 1960	
	Date	04.06–04.15	Date	09.18–09.25
	Country	Greece	Country	Italy
	Athletes	241	Athletes	400
	Countries	14	Countries	23
	Events	43	Events	57
	동계 올림픽(Winter Olympics)		동계 패럴림픽(Paralympic Winter Games)	
	Chamonix 1924		Ornskoldsvik 1976	
	Date	01.25–02.05	Date	02.21–02.28
	Country	France	Country	Sweden
	Athletes	258	Athletes	198
	Countries	16	Countries	16
	Events	16	Events	53

	Summer Olympics	Winter Olympics	Paralympics	Winter Games
2	Paris 1900	St. Moritz 1928	Tokyo 1964	Geilo 1980
3	St Louis 1904	Lake Placid 1932	Tel Aviv 1968	Innsbruck 1984
4	London 1908	Garmisch-Partenkirchen 1936	Heidelberg 1972	Innsbruck 1988
5	Stockholm 1912	St. Moritz 1948	Toronto 1976	Tignes Albertville 1992
6	Antwerp 1920	Oslo 1952	Arnhem 1980	Lillehammer 1994
7	Paris 1924	Cortina d'Ampezzo 1956	Stoke Mandeville & New York 1984	Nagano 1998
8	Amsterdam 1928	Squaw Valley 1960	Seoul 1988	Salt Lake City 2002
9	Los Angeles 1932	Innsbruck 1964	Barcelona 1992	Torino 2006

	Summer Olympics	Winter Olympics	Paralympics	Winter Games
10	Berlin 1936	Grenoble 1968	Atlanta 1996	Vancouver 2010
11	London 1948	Sapporo 1972	Sydney 2000	Sochi 2014
12	Helsinki 1952	Innsbruck 1976	Athens 2004	PyeongChang 2018
13	Melbourne–Stockholm 1956	Lake Placid 1980	Beijing 2008	Beijing 2022
14	Rome 1960	Sarajevo 1984	London 2012	
15	Tokyo 1964	Calgary 1988	Rio 2016	
16	Mexico 1968	Albertville 1992	Tokyo 2020	
17	Munich 1972	Lillehammer 1994	Paris 2024	
18	Montreal 1976	Nagano 1998		
19	Moscow 1980	Salt Lake City 2002		
20	Los Angeles 1984	Turin 2006		
21	Seoul 1988	Vancouver 2010		
22	Barcelona 1992	Sochi 2014		
23	Atlanta 1996	PyeongChang 2018		
24	Sydney 2000	Beijing 2022		
25	Athens 2004	Milano Cortina 2026		
26	Beijing 2008			
27	London 2012			
28	Rio 2016			
29	Tokyo 2020			
30	Paris 2024			
31	Los Angeles 2028			

올림픽의 역사는 기원전으로 거슬러 올라간다. 고대올림픽의 원형은 그리스의 올림피아(올림포스산)에서 제우스를 위한 의식에서 시작되었다고 한다. 고대 문헌에 따르면, 기원전 776년부터 724년까지 총 13회 제전에서는 육상경기만 치러졌고, 이후 12세기 동안 4년에 한 번씩 이벤트가 계속되었다. 당시 규모는 그리스 전역을 비롯하여 이베리아 끝(스페인)과 흑해 서안(터키)에서도 시민 선수들이 제전에 참여했다. 물론 몇몇 고고학자는 훨씬 이전에 제전이 시작되었다고 주장하기도 한다. 1984년 6월 23일, 국제 올림픽 총회의 마지막 날인 여덟 번째 밤, 쿠베르탱 남작은 모임에 참여한 동료들에게 자신의 근대올림픽 창립을 지지해달라고 당부하는 건배사를 시작으로 고대올림픽의 정신을 이어받은 근대올림픽을 주창한다. 이때 쿠베르탱 남작의 나이 31세로, 그는 불가능할 것으로 생각했던 고대올림픽의 부활을 성공시키게 되고, 이를 계기로 시작된 근대올림픽으로 쿠베르탱 남작은 오늘날 '올림픽의 아버지'로 불린다. 제1회 근대올림픽은 올림픽의 발상지인 그리스에서 개최되어 코로나로 인해 연기된 2020 도쿄 올림

픽으로 연결된다. 이렇듯 올림픽은 역사 속에 실재하는 유산적 의미가 있으므로 단순히 현대 사회의 가치관을 기준으로 둔 변화를 추구함에서도 신중히 처리해야 하며, 여기에 관계된 많은 이해관계자와의 협의와 연계가 중요하다. 예를 들면 경제적 이익 창출이나 정치적 이해관계에 따른 올림픽 대회의 운영과 활용에 있어 양적 성장과 팽창만을 추구할 수 없다는 것이 그중 하나일 것이다.

고대올림픽   근대올림픽

고대 그리스 올림피아 전경   쿠베르탱 남작   파리 만국박람회 시기

그림 8-1 고대올림픽과 근대올림픽

올림픽 대회는 동·하계로 나누어 개최되었는데, 우리나라는 이들 모두를 유치하여 1988년 서울 하계올림픽을, 2018년 평창 동계올림픽을 유치하고 성공적으로 개최한 바 있다. 1981년 독일의 바덴바덴에서 서울이 1988년 하계올림픽을 유치한 뒤, 남북 공동개최와 북한의 참가를 위한 노력이 계속되었지만, 결국 1988년 올림픽에 북한은 참가하지 않았다. 남북한이 분단된 이후 법적으로 두 나라 모두 서로를 국가로 인정하지 않았고, 국제무대에서는 양국 모두 UN 회원국으로의 지위를 부여받지 못했다. 그러나 1988년 서울올림픽패럴림픽을 계기로 남북이 함께 UN 회원국이 되면서 국제무대에서 주권국으로의 위상을 확보하게 되는 외교적 성과를 거두었고, 이러한 과정은 '스포츠외교'라는 단어가 생기기도 전에 이미 스포츠를 통한 외교 활동이 이뤄지고 성과 또한 이루었음을 의미한다.

표 8-3 우리나라에서 개최된 올림픽/패럴림픽

1988 서울하계올림픽패럴림픽			2018 평창동계올림픽패럴림픽	
	일시	09.17–10.02	일시	02.09–02.25
	참가인원	8,397	참가인원	2,833
	경기수	237	경기수	102
	참가국가	159	참가국가	92

　　국제패럴림픽은 영국 스토크맨더빌(Stoke Mandeville)의 보훈병원에서 시작된 재활 스포츠대회에서 시작되었다고 해도 과언이 아니다. 1948년 런던 올림픽 대회에서의 개막을 기념하여 휠체어 선수들의 첫 번째 스포츠대회인 '스토크맨더빌경기대회(Stoke Mandeville Games)'가 개최되었고, 이것이 패럴림픽의 초석이 되었다. 1952년 네덜란드의 공작이 스토크맨더빌경기대회에 참여하여 국제대회의 시발점이 되었고, 이후 1960년 이탈리아의 로마에서 첫 번째 패럴림픽(23개국, 선수 400명)이 개최된 이래 4년 주기로 대회가 열리고 있다. 동계패럴림픽대회는 1976년 스웨덴에서 개최되었고, 이후 1988년 서울올림픽과 1992년 프랑스 알베르빌 동계올림픽에서 올림픽과 같은 도시에서 개최하는 것으로 국제패럴림픽위원회(IPC)와 국제올림픽위원회(IOC)가 협약했다.

　　IOC와 달리 IPC는 공식적으로 1989년 9월 22일 독일의 본(뒤셀도르프)를 근거지로 한 비영리단체로 설립되었다. '패럴림픽(Paralympic)'의 어원은 그리스어 'Para(옆 또는 함께, Beside or Alongside)'와 '올림픽(Olympic)'의 합성어로 올림픽과 함께(동반)하는 대회라는 의미를 담고 있다.

표 8-4 국제패럴림픽위원회 설립 과정

	연도	단체명
1	1960	The International Working Group on Sport for the Disabled
2	1964	The International Sport Organization for the Disabled(ISOD)
3	1978	The Cerebral Palsy International Sports and Recreation Association(CPISRA)
4	1980	The International Blind Sports Federation(IBSA)
5	1982	The International Co-coordinating Committee Sports for the Disabled in the World(ICC) -CPISRA, IBSA, OSMGF, ISOC 회장과 사무총장, 부회장으로 구성
6	1986	ICC - CISS(The International Committee of Sport for the Deaf)와 INAS-FID (The International Sports Federations for Persons with an Intellectual Disability) 참여
7	1989	The International Paralympic Committee로 통합

올림픽과 패럴림픽이 여러 종목을 함께 모아 겨루는 종합 스포츠대회라면, 단일 경기(축구, 배구, 농구 등)나 비슷한 종류의 경기(육상, 비치 게임, 수상 종목 등)들을 모으거나 가까운 지역의 나라들이 모여서 치르는 대륙 간 경기 등 여러 종류와 크기의 국제대회가 있다. 우리나라는 2002년 한일 월드컵(축구), 2011년 대구 세계육상선수대회를 개최하는 등 크고 작은 국제대회를 유치하여 국제스포츠계의 주요 대회들을 모두 개최한 국가군으로 인정받고 있다.

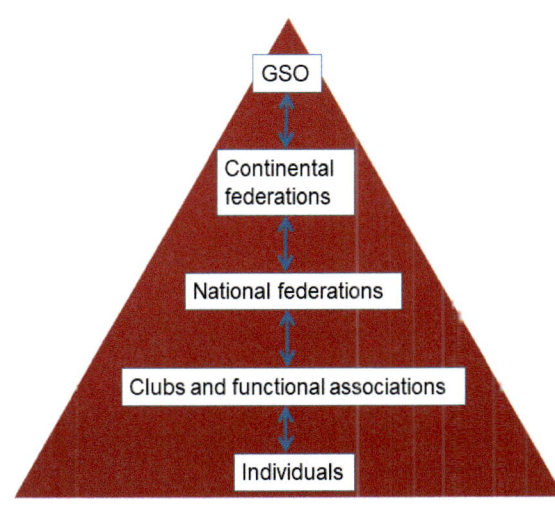

그림 8-2 국제스포츠 단체의 거버넌스와 주요 국제대회

나) 올림픽 운동과 남북평화 vs. UN과 IOC

'올림픽 대회는 많이 들어봤지만, 올림픽 운동은 뭐지?'라고 생각할 수 있을 만큼 올림픽 운동(Olympic Movement)은 생소한 용어일 것이다. '올림픽도 스포츠인데 또 무슨 운동?' 하고 생각할 수도 있다. 지금의 올림픽 운동은 올림픽의 법이라 할 수 있는 올림픽 헌장(Olympic Charter)을 근간으로 스위스 로잔에 있는 올림픽위원회(Olympic Committee)의 사업활동을 통해 '올림피즘(Olympism)'이라는 올림픽 운동의 철학을 실현하는 것을 목표로 하는 일종의 국제스포츠 시민운동 같은 것이다. 우리가 잘 알고 있는 동·하계 올림픽 대회는 이러한 올림픽 운동을 가능하게 하는 가장 큰 동력으로, 스포츠를 통해 올림피즘의 구현을 상징적으로 보여주는 이벤트라고 할 수 있다.

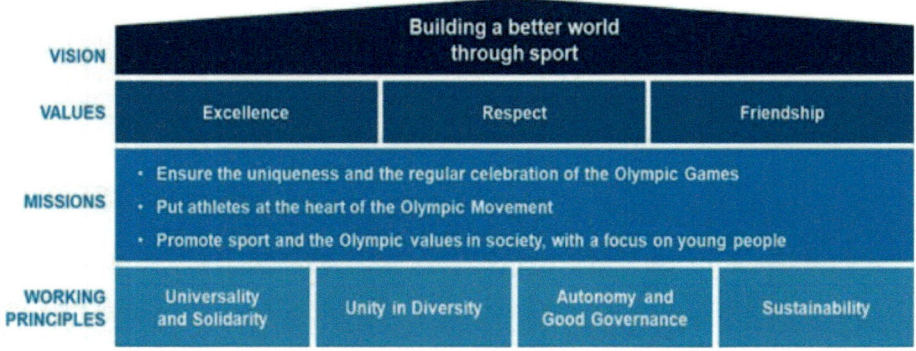

그림 8-3 올림픽 운동

　최근 올림픽 운동은 스포츠를 넘어 국제사회의 많은 문제해결에 적극적으로 참여하면서 더 나은 세상을 만드는 인류 공영의 발전에 이바지하는 데 그 지향점을 둔다. 국제사회에서 이러한 올림픽 운동의 책무와 역할은 올림픽 대회의 인기와 흥행성이 높아지고 '올림픽'이라는 브랜드 이미지에 투자하는 스폰서십을 통해 국제개발(International Development) 같은 다양한 영역에도 영향을 미친다. 우리나라의 경우, 올림픽 대회의 유치와 개최는 남북으로 대치한 한반도의 긴장 완화와 평화의 기제로서 그 가치를 인정받아왔다. 꼭 올림픽이 아니더라도 남과 북의 스포츠를 통한 교류와 협력은 냉전의 국제관계사를 고려하면 위기의 순간에 더욱더 그 진가를 발휘한다. 일례로 냉전의 말미에 남과 북이 단일팀을 이룬 1991년 일본 지바에서 열린 세계 탁구선수권대회는 영화화될 정도로 당시 TV를 통해 방영된 단일팀의 활약이 우리 한민족 및 세계의 시청자에게 준 인상은 '스포츠를 통한 평화' 그 이상이었음을 알 수 있다.

　국제적으로 유일한 분단국인 남북한의 상황은 비단 우리 민족만의 문제가 아니라 전 세계의 문제이기도 하다. 국제사회는 이러한 분쟁지역의 평화 고착을 위해 다각도의 노력을 기울였고, 우리가 잘 알고 있는 UN은 이러한 인류 평화의 바람을 이루기 위해 전 세계가 협력하여 만든 정부 간 국제기구다. 냉전을 넘어선 글로벌 시대로의 전환은 UN에 전쟁의 종식과 평화의 정착을 넘어서 인류가 처한 다양한 문제의 해결을 요구하기에 이르렀다. 2000년대에 들어서서 UN은 반기문 사무총장의 지휘하에 새천년 개발목표를 수립하여 회원국들과 함께 인류의 문제

해결을 위한 목표를 설정하고 이를 달성하기 위해 다양한 협력체계를 구축했다.

반기문 사무총장은 우리나라의 외교관 출신으로 최초의 유엔 사무총장이 된 분이다. 1988 서울올림픽의 경험과 남북한 관계에서 스포츠의 역할에 대해 익히 알고 있던 반기문 사무총장에게는 림케(Limke)라는 독일 출신의 특별정책보좌관이 있었다. 림케 역시 냉전 당시 분단국이던 독일(당시 동독과 서독) 출신으로 독일 통일의 경험을 기반으로 스포츠를 통한 평화와 개발의 취지에 적극적으로 공감하고 이를 위한 국제사회의 이해와 활동을 촉구했다. 림케의 조언과 반기문 사무총장의 리더십은 최초로 UN에 UNOSDP(UN office of Sport for Development and Peace)를 신설하고, 본격적으로 스포츠를 활용한 평화와 개발의 협력체계를 구축한다. UNOSDP는 스포츠계의 UN으로 불리는 IOC와 UN의 협력관계를 구축하고, 실질적으로 UN의 국제개발 정책과 사업에 스포츠를 활용하고자 했다.

UN과 IOC의 이러한 협력관계는 2015년까지 세계의 빈곤을 반으로 줄인다는 내용을 담고 있는 UN의 밀레니엄 개발 목표 (Millennium Development Goals, MDGs) 이후 2016년부터 2030년까지 UN과 국제사회가 전세계의 빈곤 문제를 해결하고, 지속가능발전을 실현하기 달성해야 할 새로운 목표인 지속가능발전목표(Sustainable Development Goals, SDGs)를 설정함에 있어 더욱 깊어지고, IOC의 토마스 바흐 위원장은 스포츠와 올림픽 운동이 특히 집중할 수 있는 SDGs 분야를 지목하면서 올림픽 운동을 통한 국제스포츠의 발전은 우리가 함께하는 글로벌 시대의 국제개발과 별개의 문제가 아님을 알렸다. 결국, 스포츠의 발전을 위해서는 국제사회의 발전이 기반이 되어야 하며, 글로벌 시대 모든 나라의 기본적인 삶의 토대가 올림픽 운동의 토대임을 시인한 것이다. 이러한 측면에서 국제스포츠 역할 중 국제개발과 협력을 위한 도구적인 활용에 대해 살펴볼 수 있다. 언어와 문화, 생각과 꿈이 모두 다른 글로벌 시대에 하나의 목표를 위해 함께 비교적 적은 거부감을 가지고, 효율적으로 소통하며 나아갈 방법으로서의 스포츠는 매우 활용성이 높다고 할 수 있다. 또 스포츠 자체가 지니는 페어플레이, 공정, 우정 같은 가치적 자산 역시 국제개발의 다양한 목표를 달성하는 데 도움이 된다고 할 수 있다. 국제개발은 OECD 선진국을 중심으로 저개발국을 지원하는 ODA 사업을 중심으로, 최근 많은 국제 비영리 단체들과 연구기관 및 민간기업들도 이러한 움직임을 지원하고 있다. 글로벌 시대에 인류의 삶의 수준에 있어 상호 보완하고 협력하는 것이 필수라는 세계시민의식 함양이 중요해졌고, 이러한 변화는 국제개발이 단순히 몇몇 국가만의 책무가 아닌, 우리가 모두 함께해야 하는 일이라는 의식이 보편화되어감을 의미한다.

표 8-5 MDGs, SDGs, IOC가 주창한 스포츠 밀접 SDGs

지속가능발전목표	스포츠 공헌도
1. 빈곤퇴치	복지로 이어질 수 있는 전이 가능한 사회적 취업 및 생활 기술, 경제참여, 사회적 생산성 및 회복력을 가르치고 실행하는 수단으로 스포츠를 이용할 수 있다.
2. 기아 종식	영양과 농업 관련 스포츠 프로그램은 기아문제를 해결하기 위한 식량 프로그램 및 이 주제의 교육에 대한 적절한 보완책이 될 수 있다. 수혜자들은 지속 가능한 식량 생산 및 균형 잡힌 식단으로 생활하도록 교육받고 장려된다.
3. 건강과 웰빙	활동적 생활방식 및 정신 건강의 주요 구성요소는 신체활동과 스포츠이며, 이것들은 성교육, 생식 및 기타 건강 문제에 대한 도구로서의 역할을 할 뿐만 아니라 비전염성 질병 같은 위험 예방에 기여한다.
4. 양질의 교육	취학연령에 있는 사람들은 체육 및 스포츠 활동을 통해 정규 교육 시스템 등록, 학교 출석 및 학업 수행을 향상시킬 수 있다. 스포츠 기반 프로그램은 초등·중등학교 교육 수준 이상의 학습 기회와 직장 및 사회생활로 이어질 수 있는 기술을 습득하기 위한 발판을 제공하기도 한다.
5. 성평등	양성평등과 그에 대한 규범 및 태도의 변화는 스포츠 기반 사업과 프로그램이 여성과 여아들로 하여금 사회에서 진보할 수 있는 지식과 기술을 갖추게 하는 잠재력을 지닌 스포츠 상황에서 촉진될 수 있다.
6. 깨끗한 물과 위생	스포츠는 물 위생 요구 사항 및 관리에 관한 메시지를 보급하기 위한 효과적인 교육 플랫폼일 수 있다. 그 활동과 의도된 결과가 이러한 주제로 연관된다면 스포츠 기반 프로그램이 물 이용 가능성에 개선을 불러올 수 있다.
7. 모두를 위한 깨끗한 에너지	스포츠 프로그램과 활동이 에너지 공급 시스템 개발 및 접근을 목표로 하는 사업에 지원할 수 있고, 이는 에너지 효율에 대한 논의 및 홍보를 위한 포럼으로 활용된다.
8. 양질의 일자리와 경제성장	스포츠산업 및 비즈니스 분야에서의 생산, 노동 시장 및 직업 훈련은 여성 및 장애인 같은 취약 집단을 포함한 이들에게 고용 가능성 향상 및 고용 기회를 제공한다. 이러한 의미에서 스포츠는 더 큰 공동체 형성과 스포츠 관련 경제적 활동의 성장에 원동력이 된다.
9. 산업, 혁신, 사회기반 시설	재난 후 스포츠 및 여가활동 시설의 재건축 같은 맥락에서의 발전을 목표로 하는 스포츠 기반 사업은 복원성(resilience) 및 산업화 요구에 득이 될 수 있다. 스포츠는 개발 노력의 측면에서 다른 기존의 방법들을 보완하는 발전 및 평화를 촉진하는 혁신적 수단으로 인식되어 효과적으로 활용되고 있다.
10. 불평등 감소	개발도상국에서 스포츠의 발전 및 스포츠를 통한 발전이 개발도상국과 선진국 간의 격차를 줄이는 데 기여할 수 있다. 스포츠에 대한 관심과 긍정적 태도는 닿기 어려운 곳에 있는 지역과 사람들의 불평등을 해소하기에 적합한 수단이다.
11. 지속 가능한 도시와 공동체	스포츠를 통한, 스포츠 안에서의 통합은 개발과 평화를 위한 스포츠 주요 목표 중 하나다. 이용이 용이한 스포츠시설 및 서비스가 이러한 목표의 발전에 기여하며, 통합적이고 탄력적 접근법을 채택하기 위해 다른 형태의 거주지에 대한 좋은 실례를 제공할 수 있다.
12. 지속 가능한 생산과 소비	스포츠 제품의 생산 및 공급의 지속 가능성에 대한 기준을 통합하면 다른 산업에서의 소비 및 생산 패턴에 대한 광범위하고도 지속 가능한 접근 방식을 찾는 데 기여할 수 있다. 이러한 목적의 메시지와 캠페인은 스포츠 제품, 서비스 및 이벤트를 통해 전파될 수 있다.
13. 기후변화와 대응	스포츠 활동, 프로그램, 이벤트, 특히 관광을 수반하는 메가 스포츠 이벤트가 환경 지속 가능성에 대한 인식과 지식을 높이는 요소들을 통합시킬 수 있고, 기후 문제에 대한 긍정적 대응을 촉구하고 구현할 수 있다.

지속가능발전목표	스포츠 공헌도
14. 해양생태계 보존	수상스포츠와 같이 바다에서 하는 특정 스포츠 활동과의 연계성은 스포츠 안팎에서 해양 자원의 보전 및 지속 가능한 이용을 지지하기 위해 활용될 수 있다
15. 육상생태계 보호	스포츠는 육상 생태계 보전을 위한 교육 및 지지의 기반을 제공한다. 야외 스포츠는 지구 자원의 지속 가능하고 친환경적 사용을 장려하는 보호책, 활동 및 메시지를 통합할 수 있다
16. 정의, 평화, 효과적인 제도	스포츠는 분쟁 이후 사회를 재건하고, 분열된 공동체를 재결합시키며, 전쟁 관련 트라우마를 회복하는 데 기여할 수 있다. 그러한 과정에서 스포츠 프로그램 및 스포츠 이벤트가 사회적으로 배제된 집단에 상호작용을 위한 시나리오를 제공하고, 상호 이해, 화해, 단결 및 평화의 문화를 위한 커뮤니케이션 플랫폼으로서의 역할을 할 수 있다.
17. 글로벌 협력	스포츠는 달성하고자 하는 개발 목표를 현실화하고 이를 향한 가시적 진전을 이루는 데 효과적 수단이 된다. 그러한 목표실행 기간 그리고 그 이후에도 스포츠 세계는 민간 수준에서 전문적 수준에 이르기까지, 민간 부문에서 공공 부문에 이르기까지 지속 가능한 발전을 위한 스포츠 활용에 공통의 책무를 지니고 다양한 성격의 파트너 및 이해 당사자들과의 강력한 네트워크를 제공할 수 있다.

이로써 IOC와 올림픽 운동은 단순히 스포츠인의 가치 창출을 위한 운동이 아닌, 세계인의 발전과 인류의 평화를 위해 노력하는 하나의 과정이자 도구의 역할을 하게 된다. 따라서 IOC는 '스포츠계의 UN'이라는 명성에 걸맞게 국제기구로서의 책무를 수행하고 윤리기준을 준수하게 되었고, 스포츠 단체의 '굿 거버넌스'를 선도하는 기구로서 자리매김하고 있다. '굿 거버넌스'는 조직이나 단체의 운영에 있어 원칙에 맞는 공정하고 투명한 운영기준을 준수하는 것을 강조하며, 이러한 기준은 IOC를 위시한 국제스포츠 단체 운영의 기준이 되었다.

스포츠 단체의 거버넌스의 특징은 자발적인 개인의 참여와 국제수준에서의 대회 참여와 활동, 조직의 운영이 수직적이긴 하지만 상명하복은 아닌 소통의 체계로서 매우 긴밀히 협조하고 있다는 것이다. 이러한 스포츠 고유의 국제 거버넌스적 특성은 일례로 국제축구연맹(FIFA)의 축구 경기에 대한 규정 변화가 동네 조기축구회의 경기 운영에 즉각적으로 반영되는 사례를 보면 쉽게 이해할 수 있다. 또 이러한 거버넌스와 협력체계가 종목별·분야별 각각의 특성이 있다는 점에서 스포츠 단체에 대한 이해와 탐구가 더욱 필요하다.

다) 글로벌 스포츠, 다양한 관점

국제무대에서 '스포츠'는 우리가 생각하는 스포츠와는 조금 다를 수 있다. 어쩌면 우리 개개인이 생각하는 '스포츠'의 의미도 각자 조금씩 다를 수 있을 것이다. 누군가에게는 경기하는 종목(축구, 수영, 야구 등)으로 여겨질 것이고, 누군가에게는 레저와 취미(낚시, 오리엔티어링, 요가 등), 일상의 신체활동(정원 가꾸기, 산책하기 등)일 수 있기 때문이다. 국가 정책 측면에서 스포츠는 국민의 건강증진과 질병 예방에 도움을 주면서 동시에 국민의 삶의 질을 높여주고 삶의 만족도를 평가하는 기준이 되기도 한다. 미국에서의 스포츠는 활발한 대학스포츠 활동과 연계되어 있어 대학입학에서부터 학생의 스포츠 활동이 지니는 의미는 다양하다. 초·중·고 시절부터 방과 후 스포츠 활동이 보편화되어 있는 서유럽에서는 스포츠 활동이 지역사회 소속원으로서의 공동체 의식과 개인 삶의 행복감을 높이고 건강한 생활을 유지하는 복지체계의 하나로 여겨지고 있다.

이에 비해 우리나라의 스포츠는 주로 국위선양과 국가에 대한 자긍심을 고취하는 방안으로 활용해왔고, 그런 의미에서 국가대표 중심의 지원과 국가 브랜드이자 종주국으로서 태권도의 세계화, 국제대회 유치와 개최 등에 많은 예산을 투입하고 있다. 국제스포츠 영역에서의 스포츠는 군사력을 포함한 정치력, 경제력 같은 하드파워(Hard Power)와 대비되는 소프트파워(Soft Power)로, 음악, 예술과 같이 문화로서의 매력 자본의 힘을 보유한 영역의 위상을 가지고 있는데, 우리는 주로 이런 국제적인 측면에서 스포츠의 힘을 활용해왔다. 이것은 스포츠의 공공 외교적인 측면으로 스포츠의 발전과 높은 경기력, 올림픽 같은 국제대회가 우리나라의 국제 위상을 높이는 데 큰 역할을 담당하고 있다.

2) 국제스포츠 분야에서 활동하려면 어떤 역량이 필요할까요?

국제스포츠 분야에서 할 일은 무궁무진하지만, 그러한 일을 하기 위한 핵심적인 역량을 알기 위해서는 현재 국내 스포츠 관련 기관에서 실시하고 있는 국제스포츠 인재 양성과정을 살펴보는 것이 도움이 될 것이다.

가) 역량
(1) 어학

국제스포츠 영역에서 일하고 싶은 사람이라면, 영어나 제2외국어 같은 외국어 능력이 필수다. 이는 기본적으로 국제스포츠계 자체가 다양한 국가의 분야별 대표들이 모이는 자리이다 보니 영어와 프랑스어, 스페인어 등 국제스포츠계에서 주로 쓰이는 언어로 문서업무와 회의 운영 등의 모든 일이 진행된다. 국제스포츠계의 주요 이슈들에 대해 지속해서 동향을 파악하려면,

외신 스포츠 매체나 기관들의 뉴스와 자료에 대한 숙지와 파악이 생활화되어야 한다.

(2) 글로벌 소양

국제스포츠 영역에서 일하기 위해서는 타문화 이해(Cross-Cultural Understanding), 세계시민의식(Global Citizenship) 같은 글로벌 소양을 배양해야 한다. 국제사회에서 문화가 다른 개인, 조직과의 소통에 기반을 두어 협력해야 하는 것은 물론이고 스포츠라는 영역에서 다른 종목과 다른 수준의 경기력 등과 같은 다양한 차이를 이해하고 고려하는 자세가 기본이 될 때, 국제스포츠계에서의 상호 이해와 교류를 할 수 있기 때문이다.

(3) 스포츠 분야 지식

스포츠 분야는 다른 여러 학문과의 융합이 이루어진 응용과학 영역이다. 스포츠 심리, 스포츠 생리학, 스포츠 의학, 스포츠 역학, 측정평가 등과 같은 자연과학의 영역에서부터 스포츠 사회학, 스포츠 교육학, 스포츠 경영학을 비롯하여 스포츠 정책, 특수체육 같은 분야가 공존하고 있다. 이러한 학문적 범주 외에도 스포츠 내에 다양한 종목과 뉴 스포츠, 전통무예와 민속놀이 등이 포함되어 있어서 스포츠 분야 자체의 지식에 대한 이해가 어느 정도는 필요하다. 국제스포츠 역시 이러한 분야 중 하나이면서 동시에 이러한 분야들에 대한 기본적인 이해를 바탕으로 할 때, 국제스포츠의 역량과 지식을 활용할 기회가 더 크다.

나) 역량 배양의 길

국제스포츠 분야로의 진출을 위한 역량 배양의 길은 다양할 수 있겠으나, 우선 대학진학을 기본으로 관련 학과로는 체육 관련 학과를 들 수 있다. 이때, 국제학이나 행정학, 정치외교학 등을 복수 전공한다면 국제스포츠 관련 지식과 역량을 대학에서 습득하고 관련 분야를 폭넓게 이해할 기회가 될 것이다. 특히 최근에는 글로벌, 국제스포츠 인재를 양성하고자 하는 체육대학들의 변화가 시작되고 있고, 국제학이나 정치외교학 전공의 경우도 글로벌 자율전공 형태로 다양한 분야에 진로를 탐색할 기회를 열어두고 있어 이러한 전공으로의 진출을 모색하는 것도 방법이라고 할 수 있다. 이보다 앞서 권장하는 바는 초·중·고 재학 중 적어도 하나의 스포츠를 집중적으로 습득해보는 것이다. 앞서 언급한 바와 같이 종목별 스포츠의 활동 환경과 국제 거버넌스가 각기 달라서 본인이 즐겨 하고 잘 아는 종목이 있다면, 국제무대로의 진출에 대한 방향 설정과 분야, 직무에 관한 결정과 준비가 훨씬 쉬울 것이기 때문이다. 특히, 선수나 심판 등 활동 경험자들에게 주어지는 특수한 기회가 적지 않은 영역이니만큼 스포츠계의 진출을 생각하고 있다면, 적어도 한 가지 이상의 스포츠 활동은 필수다.

2 진로 소개

1) 국제스포츠, 어떤 직업들이 있을까요?

국제스포츠계는 크게 행정가, 선수 및 관계자(심판, 지도자 등), 학자와 연구자 및 민간기업 관계 분야 종사자 등이 있다. 행정가는 앞서 다룬 많은 스포츠 기관에 국제교류협력을 담당하는 일반 직원부터 임원급 직위 모두를 의미한다. 선수와 관계자, 즉 심판과 지도자의 경우 국제대회와 국제스포츠 동향 파악 등이 필수 영역인 만큼 국제역량이 기본이 되어야 하는 직군이다. 학자와 연구자는 기본적으로 국제스포츠계의 주요 연구 흐름을 이해하고 연구 문제의 해결을 위한 과정과 결과의 공유를 위해 국제스포츠의 이해가 필수다. 또 IOC 같은 국제스포츠기구의 위상이 높아진 만큼 이들 스포츠 단체의 특성과 조직에 대한 이해에 기반을 둔 전략적 사고와 대응이 필요한 곳이면 모두 관련된 자리가 있다고 생각할 수 있다. 가령 올림픽의 경우, 대회의 유치와 개최, 그 과정의 스폰서십과 방송권 관계 등의 직업은 올림픽과 국제스포츠계에 대한 이해, 그리고 글로벌 역량과 분야의 전문지식이 모두 필요한 직업이라고 할 수 있다. 다음으로는 국제스포츠계의 구체적인 직업과 사례를 소개하고자 한다.

가) 스포츠 외교관

흔히 말하는 스포츠 외교관으로는 IOC 위원이나 IPC 위원을 들 수 있다. 현재 우리나라의 IOC 위원으로는 유승민 선수위원과 이기흥 대한체육회 회장이 있다. IPC 위원으로는 장애인 육상선수 출신의 홍석만 위원과 이규대 위원, 그리고 이정민 선수위원이 패럴림픽 운동에 이바지하고 있다. 국가의 스포츠 외교력과 IOC 위원 수가 꼭 비례하는 것은 아니지만, 아무래도 자국 IOC 위원을 많이 보유하고 있다는 것은 국가 차원에서 올림픽 운동에 이바지한 바가 크고, 앞으로도 그럴 가능성이 클 것이기 때문에 밀접한 관계가 있다고 볼 수 있다. 그러나 공식적으로 IOC 위원의 역할은 올림픽 운동에 있어 본인의 국가 이익을 추구하는 외교관이 아니라 올림픽 운동을 자국에 전파하는 외교관 역할이 더 크다고 봐야 할 것이다.

국제종목단체에서 우리나라는 올림픽 대회 공식 종목인 태권도 종주국으로 국제태권도연맹(WF) 본부를 유치하고 있다. WF의 수장은 조정원 총재로, 태권도를 통한 올림피즘의 구현과 국제개발 기여 같은 다양한 사업을 추진함으로써 국제스포츠 무대에서 대한민국의 위상을 높이는 역할을 수행한다. 또한, 세계생활체육연맹인 TAFISA(The Association for International Sport for All)의 장주호 총재는 180여 개 회원국을 보유한 '생활체육계의 IOC'라 불리는 활동으로 전 세계 생활체육 활동을 선도하고 있다.

나) 국제스포츠기구 행정가

국제스포츠 무대에는 스포츠 단체의 임원 같은 비상근직 외에 직원으로서 행정업무를 보면서 해당 기구의 목적과 임무를 수행하는 것을 지원하는 진로도 존재한다. 이미 우리나라의 많은 인재가 국제스포츠의 각 기구에서 역량을 발휘하면서 우리나라의 이름을 드날리고 있다. 다음에서는 이러한 행정업무가 필요한 단체와 조직을 소개하면서 각각의 특징을 살펴보고자 한다.

(1) IOC – 프로그램 사례와 커리어
- 프로그램: 올림픽 솔리더리티(Olympic Solidarity)

[역사]

1960년 IOC는 NOCs(국가올림픽위원회)들을 지원하기 위한 프로그램을 개설했다. 1962년 프로그램의 확대 지원을 위해 IOC 위원 장 드 보몽(Jean de Beaumont) 백작은 The International Olympic Aid Committee(IOAC)를 창설했고, 1971년에 이르러서야 IOAC가 1969년 NOC 총회를 통해 창설된 International Institute of for the Development of NOCs와 합병하여 The Committee for Olympic Solidarity가 발족했다. 이후 1979년부터 IOC의 방송중계권 수익 중 20%를 NOCs를 위해 사용하는 것이 the Association of National Olympic Committees(ANOC) 총회에서 결정되었고, 1981년 바덴바덴의 올림픽 총회에서 The Olympic Solidarity Commission으로 격상되었다. 1984년부터는 IOC의 수입 배분 예산체계에 편입되어 단순한 수익 분배뿐만 아

니라 수익 증대 역할도 할 수 있는 조직으로 개편되면서 1985년부터는 4년 주기 계획에 근거하여 행정 독립성을 부여받아 기능, 역할과 구조를 자율적으로 운영하게 된다.

[주요 사업]

기사

올림픽 솔리더리티는 올림픽 정식종목인 국제종목단체들과 긴밀히 협력하여 특히 도움이 필요한 국가의 올림픽위원회에 양질의 프로그램을 지원하는 것을 주요 사업으로 한다. 2021~2024 계획에서 월드 프로그램(World Programmes)은 NOCs의 역량을 강화하여 올림픽 운동의 핵심인 선수자원을 확보함으로써 NOCs의 구조를 강화하여 올림픽 가치를 증진하고자 한다. 월드 프로그램의 3개 집중 지원영역은 선수와 스포츠 발전(올림픽 대회 참가 선수 지원, 팀스포츠 지원), 올림픽 관계자 지원(코치 기술 지원, 코치 장학 지원, 선수 경력 전환, NOC 선수위원회 활동 지원), 스포츠 발전(국가스포츠 체계 발전, 대륙별 선수 지원, 유소년 선수 지원, 난민 선수 지원) 영역이다. 이 외에 올림픽 가치를 확산하고 NOC가 역량을 강화하는 다양한 교육 지원 프로그램을 운영한다.

IOC는 솔리더리티 같은 특수성 있는 프로그램을 운영하는 위원회와 고정적인 조직 관리를 담당하는 업무 영역으로 구분될 수 있으며, 이들 각각에 필요한 인력은 아래의 자체 채용 사이트에서 이루어진다.

■ **채용(사이트 예시)**

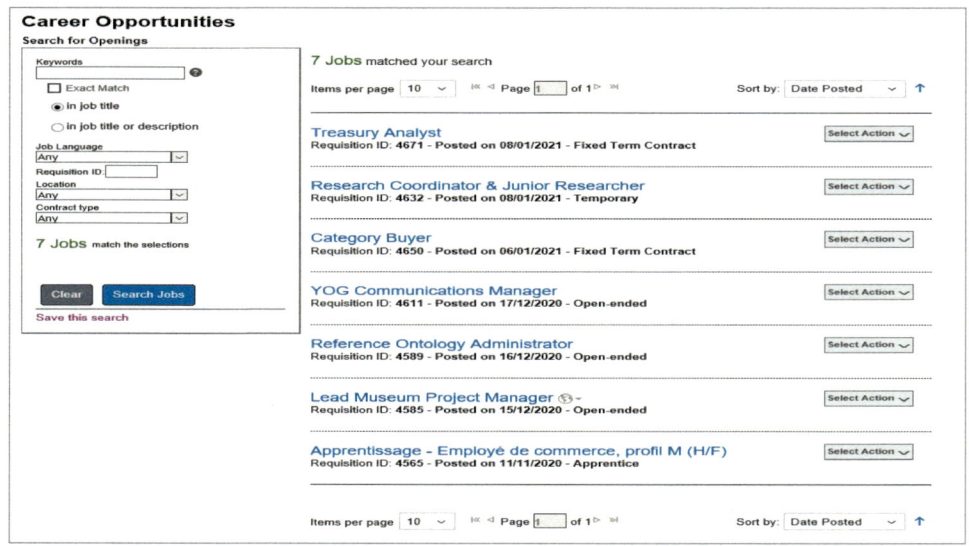

(2) 전문 단체

■ 세계반도핑기구(World Anti-Doping Agency, WADA)

문체부

스포츠의 주요 가치는 '진실한 경기'이기에 도핑은 이러한 경기의 진실성을 훼손하는 그야말로 '반스포츠 정신적인 행위'다. 이것이 국제스포츠계에서 무엇보다 반도핑을 강조하는 이유이기도 하고, 반도핑 운동이 가지는 위상을 의미하기도 한다. WADA는 글로벌 반도핑 선도 기구로, 도핑을 적발해내는 다양한 사업과 도핑을 방지하는 캠페인을 함께 진행하고 있다. WADA는 전 세계가 함께 반도핑 원칙과 규정을 제정하고 적용하며, 반도핑 기구들이 각각에 맞는 선수 중심적 반도핑 프로그램을 개발하는 것을 지원한다. WADA의 주요 업무는 반도핑 관련 규제와 지침을 재정비하고 반도핑 활동을 지속해서 관찰하는 역할이다. 이러한 역할의 토대에는 세계반도핑 코드에 입각한 세계반도핑 프로그램과 국제지침, 그리고 그간의 성공 사례 등이 있다.

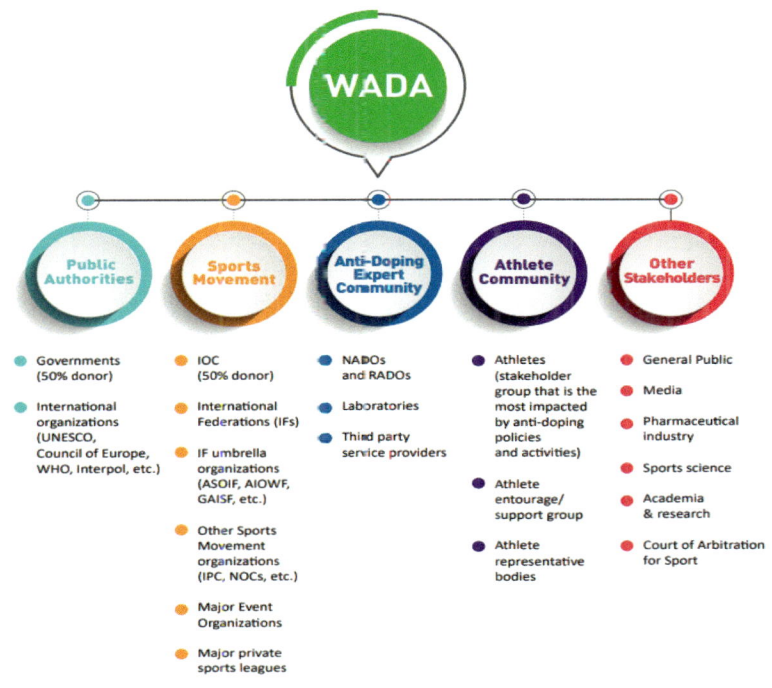

그림 8-4 WADA의 지원 및 협력 체계

■ 국제대학스포츠연맹(International University Sport Federation, FISU)

국가기록원

19세기 초에 시작된 미국, 영국, 스위스 대학 간의 스포츠 경기 교류는 1919년 The International Confederation of Students(ICS)의 창설로 이어져 1923년 최초의 세계 대학 경기대회 조직위원회 역할을 하게 되었다. 1925년부터 1939년까지 여러 대회를 성공적으

그림 8-5 FISU 거버넌스

로 개최했으나 제2차 세계대전으로 이후 대학스포츠도 냉전에 휘말리게 된다. 1946년 The International Student Union(ISU)이 설립되어 1947년 제9회 세계 대학 경기대회를 개최하고, 이와는 별개로 1948년 The International University Sports Federation(FISU)이 룩셈부르크의 폴 슈라이머(Paul Schleimer) 박사에 의해 창설된다. 1959년에 이르러서야 FISU와 ISU는 이탈리아 스포츠 연합회가 개최한 대회에 함께 참가하고, 이 대회를 '유니버시아드(Universiade)'로 명명하기로 한다. 이 대회에서 많은 비회원국이 FISU에 가입했고, 이후로는 FISU가 세계 대회를 운영하기 시작했다. 1959년부터 2019년까지 FISU는 총 29회의 하계 유니버시아드와 29회의 동계 유니버시아드를 개최했고, 350개의 세계대학선수권대회를 개최했다. 그뿐만 아니라 교육프로그램으로 30회의 세미나, 포럼 및 콘퍼런스 등을 개최했다.

(3) 국제종목단체

국제종목단체를 알기 위해서는 국제종목단체총연합회(Global Association of International Sports Federations, GAISF)를 살펴볼 필요가 있다. GAISF의 시즌은 1923년 국제스포츠연맹(a permanent bureau of the international sports federations)으로 당시 국제사이클연맹의 사무총장인 폴 루소(Paul Rousseau)에 의해 창설되었다. 이후 1967년 26개 국제종목단체가 스위스 로잔에서 만나 국제종목단체연합을 결성했고, 지속적인 국제종목단체와 국제스포츠 관련 단체들의 회원 가입이 이어졌다. 1976년을 기점으로 '국제스포츠단체 총회(General Assembly of international Sports Federations)'는 '국제종목단체총연합회(General Association of International Sports Federation, GAISF)'로 개편된다. 2003년 하계 및 동계올림픽 종목 연합회(Association of Summer and Winter Olympic International Federations, ASOIF and AIOWF)와 연합하여 첫 번째 SportAccord 국제 컨벤션을 개최하고 국제종목단체들의 '원스톱 쇼핑' 서비스 체계를 구축하여 그들의 연례 회의와 네트워크를 강화한다.

최근 GAISF는 IOC에 비해 자유로운 회원 가입과 함께 회원들의 목소리를 직접 반영하면서 국제스포츠계에서의 영향력이 증대하고 있다. 이는 스포츠의 지속 가능성과 굿 거버넌스 같은 주요 가치를 지키기 위한 다양한 사업에 적극적으로 참여하기 때문이라고도 볼 수 있다.

글로벌스포츠프리즘

- **스포츠 지속 가능성 플랫폼(https://sustainability.sport/)**

스포츠 지속 가능성 플랫폼은 GAISF가 IOC, 국제자연보존연맹(International Union of Conservation of Nature, IUCN), 스포츠와 지속 가능성(Sport and Sustainability, SandSI), 지속 가능성 보고서(The Sustainability Report)와 공동 발족한 사이트로, 스포츠에서의 지속 가능성에 대한 홍보를 강화하고, 지식을 공유하며, 지속 가능성을 위한 실행력을 높이고, 이를 위한 대화와 협력으로 동반관계를 확대하는 방안을 생각하기 위해 구축되었다. 그뿐만 아니라 '지속 가능성 상'을 제정하여 글로벌 기후변화에 의미 있는 이바지를 한 회원단체를 선정하여 수상하기도 한다.

- **스포츠계의 부정부패에 대항하는 국제 파트너십(Intentional Partnership Against Corruption in Sport, IPACS)**

IPACS는 유럽의회(Council of Europe), IOC, OECD, UK 정부와 UNODC의 공동 발의로 2017년 IOC의 국제스포츠 청렴 포럼에서 시작되었다. IPACS의 미션은 "국제스포츠 단체와 정부, 국제기구와 그 외 이해관계자들이 스포츠의 부정부패를 척결하고 굿 거버넌스 증진을 위한 환경을 조성하는 것"이다. 특히 IPACS는 스포츠대회와 관련 인프라 구축과 연계하여 대회 유치 등의 부정부패를 맞고 최적화하는 프로세스와 원칙을 수립하는 것을 목표로 한다.

2) 진로 탐색의 팁

가) 국제스포츠 관련 교육과정

(1) 국민체육진흥공단 국제체육 인재 아카데미 과정

국민체육진흥공단

국민체육진흥공단은 국내 스포츠 인재의 국제스포츠 단체 진출 및 글로벌 역량 강화를 통한 경력 개발을 지원하는 차원의 국제체육 인재 아카데미를 운영하고 있다. 국제스포츠계에서 활동할 인재를 양성하기 위해 스포츠계를 이해하는 체육 인재를 중심으로 글로벌 소양과 국제기구 현장 적응 능력의 배양을 목표로 하는 과정으로, 국제스포츠기구에 진출하고자 하는 비스포츠 전공자들에게도 지원의 문이 열려있는 국비 지원 교육과정이다.

표 8-6 국제체육 인재 아카데미 과정

	교육과정	내용
1	국제스포츠 인재양성 - 기본과정(초급영어, 스포츠기본)	기초영어 및 국제기본역량 교육
2	국제스포츠 인재양성 - 해외연수과정	고급영어 및 현지적응 역량 배양
3	국제스포츠 인재양성 - 해외학위과정	국제스포츠 행정 석사학위 취득지원
4	국제스포츠 인재양성 - 전둔과정	국제소양 및 글로벌 리더십 함양
5	국제스포츠 인재양성 - 초급과정(Rookie 과정)	국제스포츠의 이해와 기본 역량
6	국제스포츠 인재양성 - 해외연수 사전역량교육	해외연수 수행 기초역량 교육
7	국제스포츠 인재양성 - 사후관리 교육	기 수료생에 대한 보수교육
8	국제스포츠 인재양성 - 차세대 임원 양성	국제스포츠기구 진출 지원 역량
9	스포츠행정가 양성 - 개도국 스포츠 행정가	UN 지속가능목표 및 ODA 수행
10	스포츠행정가 양성 - 국제스포츠 행정가	차세대 국제스포츠 행정 리더 소양
11	국제심판 양성 - 국제심판 역량강화 교육과정	국제무대 심판 영향력 제고
12	국제심판 양성 - 국제심판 자격취득 지원사업	국제무대 심판 자격증 취득지원
13	국제심판 양성 - 국내심판 역량강화 교육과정	국내심판의 글로벌 진출 지원
14	국제심판 양성 - 국제심판 사후관리교육	국제심판 소양 보수교육

(2) 국제올림픽아카데미(IOA, International Olympic Academy) 교육과정과 연구센터

국내의 국제체육 인재 양성과정뿐만 아니라 IOC를 위시한 해외 여러 스포츠 관계 기관과 대학에서도 국제스포츠 인재양성을 위한 다양한 교육과정이 운영되고 있으며, 올림픽학과 스포츠 매니지먼트를 중심으로 한 석사과정도 개설되어 있다. 국제올림픽아카데미는 고대올림픽의 발상지인 그리스의 올림피아에 있는 국제올림픽아카데미 연수원에서 진행되며, IOA는 IOC의 공식적인 후원을 받는 교육기관이다. IOA의 교육과정에 참여하기 위해서는 우리나라 NOC인 대한체육회의 인정과 승인에 따른 추천이 필요할 수 있으니 이러한 과정에 관심이 있는 경우 대한체육회에 미리 연락을 취하여 추천경로를 알아보는 것이 필요하다.

또한, IOA 과정에 참여하기 위해서는 우리나라의 KOA 과정을 수료해야 하는 경우가 있으니 이 또한 자세히 점검할 필요가 있다.

■ IOA 아카데미

국제스포츠 관련 주요 연구기관으로는 IOC의 승인을 받은 올림픽 연구센터를 들 수 있다. 이들은 주로 올림픽 운동과 관련된 연구를 하지만, 올림픽 운동이 국제스포츠 대부분 범위를 포괄하고 있기에 국제스포츠의 모든 영역에 관한 연구를 중점적으로 하고 있다고 생각해도 무방하다. IOC를 중심으로 하는 올림픽 운동 연관 기관은 이들 연구센터의 학자들과 연구자들과 함께 올림픽의 역사, 철학 그리고 사회학적인 다양한 문제를 비롯하여 선수와 관계자들의 수요에 맞는 연구를 수행한다. 우리나라에도 2개의 올림픽 연구센터가 설립되어 있고, 전 세계적으로 45개의 연구센터가 활발히 활동하고 있으며, 이들은 정기적으로 올림픽 연구센터들을 중심으로 하는 콘퍼런스를 개최하고 있다.

이 외에 민간 영역에서도 국제스포츠와 관련한 다양한 데이터와 이슈들을 연구하고 동향과 흐름을 파악하는 기관들이 있다. 또 이와 관련하여 글로벌 스포츠 이슈를 다루는 미디어들 또한 국제스포츠 진출에 있어 고려할 수 있는 진로 영역으로 볼 수 있다.

표 8-7 IOA 아카데미

	교육과정	내용
1	Young Participants	대학생 등 청년들의 올림픽 운동 교육과 참여 촉진
2	NOA Sessions	국가별 올림픽위원회에서 해당 국가에 올림픽 교육 실시
3	Master's Degree Programme	펠로폰네소스 대학 등 전 세계 대학의 올림픽학 석사 개설
4	Postgraduate Olympic Seminar	올림픽학과 연계되는 학문의 박사과정 학생들이 모여 올림픽 운동에 대한 지식을 공유하는 등 학문적 연구 진흥

■ 올림픽 연구센터

한체대 올림픽 연구센터

표 8-8 올림픽 연구센터

	국가	센터명	설립 연도
1	ARGENTINA	Centro de Estudios Olímpicos UNL – COA	2016
2	AUSTRALIA	Australian Centre for Olympic Studies	2005
3		Queensland Centre of Olympic Studies	2000
4	BELGIUM	Chaire Olympique Henri de Baillet Latour & Jacques Rogge en management des organisations sportives	2008
5	BRAZIL	Centre for Olympic Studies (ARETE)	2006
6		Olympic Research Group	2014
7		Olympic Studies Research Group	2002
8	CANADA	The International Centre for Olympic Studies (ICOS)	1989
9	CHILE	Grupo de Estudios Olímpicos y Sociales del Deporte	2009
10	CHINA	Advanced Institute of Olympic Studies (former Centre for Olympic Studies)	1994
11		Beijing Institute for International Olympic Studies	2019
12		Humanistic Olympic Studies Center	2000
13		Olympic Studies Centre	2014
14	FRANCE	Centre d'études et de recherches olympiques universitaires (CEROU)	2019
15		Centre d'études olympiques français (CEOF)	2010
16	GERMANY	Olympic Studies Centre	1964/2005
17		Willibald Gebhardt Research Institute e.V.	1992
18	ISRAEL	The Centre for Olympic Studies	2014
19	ITALY	Olympics and Mega Events Research Observatory (OMERO)	2001
20	JAPAN	Centre for Olympic Research & Education (CORE)	2010
21	MEXICO	Centro de Estudios Olímpicos	2013
22	NETHERLANDS	The Netherlands Olympic Studies Network	2014
23	NEW ZEALAND	New Zealand Centre for Olympic Studies	2007
24	NORWAY	Lillehammer Olympic and Paralympic Studies Centre (LOSC)	2018

	국가	센터명	설립 연도
25	REPUBLIC OF KOREA	Olympic Studies Center	2015
26		Korean Institute for Olympic Studies (KIOS)	2018
27	RUSSIA	Russian International Olympic University	2010
28	SOUTH AFRICA	Olympic Studies Centre Johannesburg	2014
29		Càtedra d'Esport i Educació Fisica – Centre d'Estudis Olímpics UdG	2014
30		The UAB Olympic and Sport Studies Centre (CEO-UAB)	1989
31		Centre d'Estudis Olímpics J.A. Samaranch	2011
32		Centro de Estudios Olímpicos	2002
33		Centro de Estudios Olimpicos	2005
34		Centro de Estudios Olímpicos (CEO-UCAM)	2001
35		Centro de Estudios Olímpicos	2011
36		Centro de Estudios Olímpicos	2007
37		Centro de Estudios Olímpicos	2011
38	SWITZERLAND	AISTS – International Academy of Sport Science and Technology	2000
39		Global Sport & Olympic Studies Center	2015
40	UKRAINE	International Olympic Studies and Education Centre	1992
41	UNITED STATES OF AMERICA	Center for Sociocultural Sport and Olympic Research	2014
42		Olympism and Development Center	2010
43		The Institute for Olympic Studies at the H.J. Lutcher Stark Center for Physical Culture and Sports	2011
44	REGIONAL/ CONTINENTAL	Centre Africain d'Études Olympiques (CAEO)	2016
45		Oceania Sport Information Centre (OSIC)	1997

(3) 해외 대학 과정

국제스포츠 영역은 우리나라보다 해외에서 먼저 시작되고 개발되어온 영역이며, 또 주 활동무대 역시 글로벌 전역을 대상으로 하므로 해외 주요 대학 등에 과정이 개설된 경우가 많다. 올림픽학 석사과정은 올림픽 운동을 중심으로 하는 국제스포츠계의 다양한 일자리와 조직, 이슈들의 발생에 반해 이를 전문적으로 이해하고 분석할 학자가 부족하다는 인식에 기반을 두어 유럽의 학계를 중심으로 한 대학들의 연계 과정으로 시작되어 주목을 받았다. 그러나 과정의 지속성을 담보할 수 없다는 한계가 발생하고 있어, 먼저 가장 신뢰할 수 있는 교수진과 교과

과정이 있는 학교를 선정하는 것을 추천한다. 물론 우리나라에서도 유사한 학과와 전공을 찾을 수 있고 양질의 교육을 받을 수 있지만, 국제스포츠 분야에서는 우선 엄선된 해외 과정을 중심으로 소개하고자 한다.

표 8-9 **해외 대학 과정**

	국가명	교육과정명	기간
1	그리스 펠로폰네소스 대학	올림픽학, 올림픽교육, 올림픽 대회 운영 및 조직 석사과정	3학기
2	독일 쾰른 체육대학	올림픽학 석사과정	4학기
3	일본 쓰쿠바 대학	스포츠와 올림픽학 석사과정	4학기
4	FIFA Master (3개 대학 연합과정)	스포츠 경영, 법 및 인문 석사과정	4학기
5	스위스 AISTS Master	스포츠 경영, 법, 사회학, 의학, 기술, 학제 간 과정	15개월
6	스페인 바르셀로나 자치대학	올림픽학(올림픽 미디어, 상업화 모듈)	4학기

나) 국제스포츠, 정답은 하나?! 노 웨이~!

이 글의 첫머리에 국제스포츠는 '국제+스포츠'라고 이야기한 바 있다. 그리고 '국제'와 '스포츠'가 얼마나 다양하고 넓은 의미를 내포하는지 앞서 설명했다. 이 글을 통해 조금이나마 국제스포츠 분야에 관한 관심이 커졌기를 바라는 마음이다. 왜냐하면, 지금까지의 이야기는 시작에 불과하기 때문이다. 국제스포츠 영역의 가장 큰 방점은 '국제+스포츠'의 '+'가 주는 무궁무진함에 있다. 쉽사리 규정할 수 없는 국제와 스포츠일 뿐만 아니라 여기에 '+'는 완전히 다른 새로운 길을 창조할 수 있다는 것이다. 국제스포츠에 정답은 없다. 더 정확히 말하자면, 정답은 하나가 아니다. 다양한 사람이 모여있는 글로벌 사회에서 국제스포츠는 더 다양한 빛을 내며 발전해나 갈 영역이다. 이미 국제스포츠에는 알려지지 않은 많은 직업과 진로가 있다. 그리고 지금도 누군가에 의해 그 길은 계속 만들어지고 있다. 이제 여러분이 그 길을 걷고, 새로운 길을 만들어 나가야 할 때다. 여러분이 만들어낼 또 다른 길을 기대하며 이 장을 마친다.

참고문헌

권소영 외(2014). "Sport Relations in East Asia: Theory and Practice." 서울: iSR Foundation Press

문경연 외(2020). 《공공외교 이론과 사례》. 서울: 오름

조현주(2017). 〈지속가능발전목표(SDGs) 연계 스포츠 시사성 탐구 연구〉. 서울: 한국스포츠개발원

_____(2017). 〈2018 평창동계올림픽패럴림픽 레거시 지속가능발전 방안〉. 서울: 한국스포츠개발원

_____(2016). 〈체육인재 해외진출지원을 위한 플랫폼 구축방안〉. 서울: 한국스포츠개발원

최동주 외(2015). 《국제기구와 교육·문화·노동·스포츠》. 서울: 오름

Aaron Beacom (2012). *International Diplomacy and the Olympic Movement*. UK: Palgrave macmiellan

Brian Bridges (2012). *The Two Koreas and the Politics of Global Sport*. The Netherlands: Global Oriental

국제올림픽위원회(IOC) https://www.olympic.org/partners

국제패럴림픽위원회(IPC) https://www.paralympic.org/

세계반도핑위원회(WADA)

https://www.wada-ama.org/en/resources/world-anti-doping-program/strategic-plan

펜실베이니아 주립대학교 박물관(PENN Museum)

https://www.penn.museum/sites/olympics/olympicathletes.shtml

국제스포츠종목단체연합(GAISF) https://gaisf.sport/sustainabilityaward/

국제스포츠반부패연합(IPACS) https://www.ipacs.sport/

글로벌스포츠연구소(Global Sport Institute) https://globalsport.asu.edu/

독일 쾰른대학 올림픽학(Olympic Studies)

https://www.dshs-koeln.de/english/education-career/master-of-advanced-studies/ma-olympic-studies/

일본 쓰쿠바대학 올림픽학(Olympic Studies)

http://www.global.tsukuba.ac.jp/masters/sport-and-olympic-studies

그리스 펠로폰네소스대학 올림픽석사과정(Olympic Masters)

http://olympic.org.bb/academy/2020/04/23/applications-open-for-olympic-studiesmasters-degree-programme/

스페인 바르셀로나 자유대학 올림픽석사과정(Olympic Master)

http://ceo.uab.cat/en/courses/master-olympic-studies/

국제스포츠연구소(CIES FIFA 행정가 석사과정)

https://www.cies.ch/en/education/fifa-master/about-fifa-master/

국제스포츠아카데미(AISTS 행정가 석사과정) https://aists.org/education/master-degree/

러시아 국제 올림픽 대학 석사과정

https://www.masterstudies.com/Master-of-Sport-Administration/Russia/RIOU/

국민체육진흥공단 국제인재양성과정

https://nest.kspo.or.kr/site/homepage/menu/viewMenu?menuid=001002012003001

글로벌 스포츠 인사이트(미디어) https://globalsportsinsights.com/

아는 만큼 보이는
스포츠 분야 진로 탐색서

Chapter 9

스포츠는 과학이다.
순간의 차이를 찾아라!

운동역학

충북대학교 사범대학 체육교육과 ● 송주호

1 운동역학이란?

운동역학은 복잡한 인간 운동의 효과적인 수행 원리, 손상 원인의 규명 및 예방, 동작의 효율성 향상을 위한 용구의 개발 등을 다루는 응용 학문이다.

운동역학은 인체를 여러 개의 강체가 연결된 구조로 간주하고, 인간의 움직임을 인체의 구조와 운동 환경을 고려한 힘과 운동의 관점에서 시작한다. 구체적으로 스포츠 기술을 관찰·분석하여 동작을 서술하고, 그 동작의 발생 원인을 규명하여 더욱 효과적이며 효율적인 동작의 수행을 추구하는 분야다.

1) 운동역학의 정의

운동역학, 스포츠생체역학, 생체역학, 기능학 등으로 불리는 체육과학 분야로, 이 중에서 생체역학(Biomechanics)이 가장 중심적인 위치에 있다. 이는 "살아있는 유기체의 움직임과 구조를 역학적으로 연구하는 것"이라 종합할 수 있다.

Mechanics는 '역학(力學)'이라고 번역하지만, 그것도 '기계적인 또는 역학적인 힘'을 의미하는 'Mechanic'과 '수리적(數理的)인 학문'이라는 뜻이 있는 'ics'가 합해진 단어다. 맨 앞에 있는 'sports'는 모든 살아있는 유기체를 다루는 것이 아니라 인간의 움직임 중에서도 스포츠와 관련된 것을 주로 취급한다는 의미다. 그러므로 정확하게는 '운동역학'이라 할 수 있다(진성태, 2015).

운동역학은 "인간이라는 유기체가 스포츠 상황에서 발휘하는 또는 부딪치게 되는 힘"이 연구주제가 된다. 예를 들어 사람에게 힘이 전혀 없다면 먹지도, 말하지도, 숨을 쉬지도 못할 것이다. 그렇다면 건강을 위해 운동을 하든, 훌륭한 선수가 되기 위해서 운동을 하든 트레이닝을 열심히 해서 큰 힘을 발휘할 수 있게 만들면 되지 왜 운동역학을 배워야 하는가?

이는 인간이 트레이닝을 한다고 해서 그리스 신화에서 가장 힘이 세기로 유명한 영웅 헤라클레스처럼 큰 힘을 낼 수도 없고, 어떤 사람이 낼 수 있는 힘에는 반드시 한계가 있다. 그러므로 자신이 발휘하는 힘을 가장 효율적으로 사용해야 좋은 결과를 얻을 수 있다. 즉, 운동역학은 자신이 발휘하는 힘을 효율적으로 사용하기 위해 배우는 것이다.

한 가지 예를 들면 운동을 효율적으로 한다는 것은 "힘을 덜 들이고 하는 것이다"라고 잘못 이해하고 있는 사람이 의외로 많다. 힘을 덜 들이려면 자동차를 타고 갈 것이지 뭘 하려고 힘들여서 걸어서 가겠는가?

그렇다면 운동을 할 때 '효율적이라는 것'은 무엇을 의미하는가? 한마디로 "자신에게 주어진 여건 안에서 최선을 다했을 때 조금이라도 더 자신이 원하는 결과를 얻는 것"이라고 할 수 있을 것이다.

> **Tip**
>
> 일반 직장인이 매일 하루에 10시간 이상 트레이닝을 하면 운동기술이 크게 발전할 것이라고 한다든지. 또는 배드민턴 동호인 클럽에서 상급자가 초급자와 경기 시 최선을 다하지 않고 대충 경기를 한다든지 하는 것은 효율을 따질 대상이 되지 않는 것이고, 주어진 여건에서 최선을 다했을 때의 결과만이 운동의 효율을 논할 대상이 된다는 것이다.

■ 운동역학을 통해 운동의 효율을 높이자

높이뛰기 종목 선수는 1cm라도 더 높은 바를 뛰어넘는 것이 효율이 높은 것이다. 그런데 효율을 높이려면 힘만 있어서 되는 것이 아니라 기술도 좋고, 폼도 좋고, 정신력(멘탈)도 강해야 한다. 여기에서 기술이나 폼에는 반드시 과학적인 또는 역학적인 원리가 숨어 있다. 그러므로 역학적인 기본 원리를 이해하고 잘 이용하면 능력이 같더라도 더 좋은 결과를 얻을 수 있다.

예를 들어 어떤 선수가 자신의 무게중심을 2m 높이까지 올라가게 할 수 있는 도약 능력이 있다고 하면, 〈그림 9-1〉과 같이 두 자세 중에서 A와 같이 배면뛰기 자세를 취하면 무게중심이 자신의 등보다 밑에 있어 2m보다 약간 높게 걸려있는 바도 넘을 수 있다. 반면에 B와 같이 전면 뛰기 자세를 취하면 무게중심이 가슴 근처에 있어 뛰어넘을 수 있는 바의 높이가 2m보다 낮아진다. 이 한 가지 사례만 보아도 운동역학의 원리를 이해하고 이용하는 것이 운동의 효율을 높여준다는 것을 이해할 수 있을 것이다(걸성태, 2015).

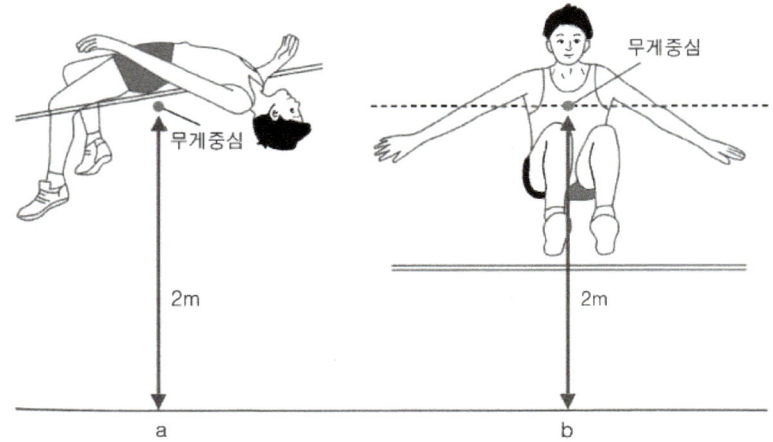

그림 9-1 높이뛰기 동작에 따른 무게중심 예

출처: 진성태, 2015

2) 운동역학을 배우는 목적

■ 첫째, 경기력(운동 기술) 향상

운동역학의 목적은 다양한 영역에서 찾을 수 있다. 여러 목적 중에 가장 중추적인 목적의 하나는 스포츠 영역에서 운동선수의 경기력 향상을 위해 기술을 발전시키는 것이다.

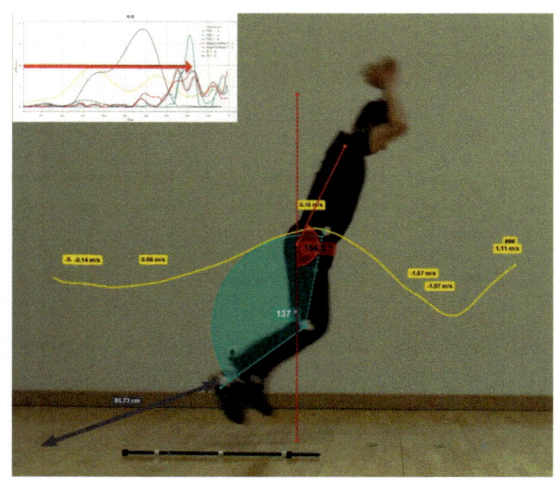

그림 9-2 멀리뛰기 기술 분석 장면

예를 들면 〈그림 9-2〉와 같이 멀리뛰기 종목은 구름판 착지 순간(도움닫기)이 수평 거리를 결정하는 중요한 순간이라 할 수 있다. 이는 도움닫기에서 얻은 수평 속도를 손실 없이 유지한 상태에서 신체 중심을 수직 방향으로 끌어올리는 순간으로 경기력을 결정하는 중요한 순간이다. 멀리뛰기는 투사운동이므로 가능한 한 수평으로 45°로 날아가야 하지만, 신체가 45°로 비행하기 위해서는 도움닫기 속도를 줄여야 하는데, 이는 오히려 투사 속도에서 손해를 보아 거리를 확보하는 데 손해를 볼 수 있다. 따라서 수평속도를 유지한 채 신체를 투사해야 하는데, 이때 중요한 역할은 마지막 디딤발이다. 즉, 마지막 스텝의 추진 각도, 추진 속도, 무릎 각도, 신체 중심과의 거리 등이 가장 효과적으로 이루어지고 있는가를 운동역학적으로 분석해 결과를 제시하는 것은 경기력 향상과 관련해 매우 중요한 목적이라 할 수 있다.

■ 둘째, 부상 예방

경기력 향상을 위해 기술을 발전시키는 것 외에도 스포츠 상황에서의 안전을 도모하는 것이다. 쉽게 말해서 운동을 하다가 부상 당하는 일을 줄이는 것이라 할 수 있다. 예를 들면 테니스나 배드민턴을 즐기다 보면 '테니스엘보(Tennis elbow)'라는 부상을 겪는 사람이 많다. 운동역학적으로 볼 때 테니스엘보는 공과 라켓이 충돌할 때 생기는 충격력 때문에 팔꿈치관절에 미세한 부상이 생기고, 그것이 누적되면 발병된다. 그러므로 팔꿈치관절이 받는 충격력을 줄여주면 테니스엘보를 예방하거나 감소시킬 수 있다.

> **Tip**
>
> **팔꿈치관절이 받는 충격력을 줄이는 몇 가지 방법**
> - 그립(Grip)을 개선하는 방법
> - 거트(Gut)의 장력(Tension)을 조정하는 방법
> - 팔꿈치보호대를 착용하는 방법 등
> - 이와 같이 여러 가지가 있을 수 있지만, 그중의 하나가 바로 폴로스루(Follow-Through)를 하는 것이다.

운동역학적 원리에 두 물체가 충돌할 때 두 물체가 "접촉하고 있는 시간을 길게 하면 충격력이 작아진다"라는 원리가 있다. 그 원리를 이용하는 것이 바로 폴로스루다. 즉, 공이 라켓과 충돌한 다음 튀어나갔더라도 동작을 중지해버리지 않고 계속해서 앞으로 밀고 나가는 것이다. 그러한 폴로스루 동작이 쓸데없이 체력을 낭비하는 동작이 아니라 부상을 방지하는 동작이라는 것을 알고 나면 폴로스루를 반드시 해야 한다는 것이다(진성태, 2015).

3) 운동역학 분석 방법

대표적으로 3차원 동작분석은 기술을 수행하는 공간을 좌표화시킨 다음 피험자(대상자)의 신체를 모델링하여 움직임을 추적하는 방식을 활용한다. 적외선 카메라(Infrared camera), 관성센서(Inertial measurement Unit), 비디오카메라, 레이저 기반 동작분석기 등이 활용되며, 종목에 따라 운동 환경에 최적화할 수 있는 기법을 적용한다. 이러한 운동역학 기자재를 통해 인체 모델링을 실시하면, 예를 들어 선수가 기술을 수행할 때 각 분절이나 관절의 위치 및 각도, (각)속도, (각)가속도를 통해 직접적인 움직임 형태를 제공하거나, 운동학적 시퀀스(Sequence), 협응(Coordination) 등의 고차원적 분석을 통해 경기력 향상을 위한 운동 메커니즘(Mechanism)을 평가하여 제공한다. 또한 지면반력기(Force Plate)나 압력측정기 등과 같이 힘을 측정할 수 있는 장비를 활용해 대상자(피험자)들의 움직임을 만들어내는 힘의 발현 패턴을 분석하거나, 역동역학(Inverse dynamic)을 이용해 (각)운동량이나 각 관절에서 나타나는 토크(Torque) 등의 변인을 이용한 물리량 산출을 통해 기술을 해석한다. 더 나아가 근전도(electromyography, EMG)를 활용하여 각 근육 활성도를 분석하여 종목수행에 요구되는 형태의 근활성 패턴을 평가하거나 근육별 근피로도나 주동근과 길항근의 동시수축을 분석하여 상해예방을 위한 분석으로 활용하기도 한다.

가) 동작분석

동작분석은 스포츠, 의료, 산업체 등 다양한 분야에서 활용 범위를 넓히고 있다. 그중 스포츠 운동역학 분야에서 가장 많이 활용되고 있는데, 과학기술을 통해 운동선수들의 움직임 하나하나를 분석(그림 9-3)하여 운동 기량과 기록 향상에 기여하는 것을 말한다.

뛰어난 실력을 가진 선수들의 동작과 힘을 분석하여 기술의 미세한 차이를 발견해내 경기력을 향상시키는 것을 목표로 한다.

역도, 수영, 육상, 기계체조, 스피드스케이트, 봅슬레이 등 다양한 스포츠 분야에서 동작분석이 활용되고 있다.

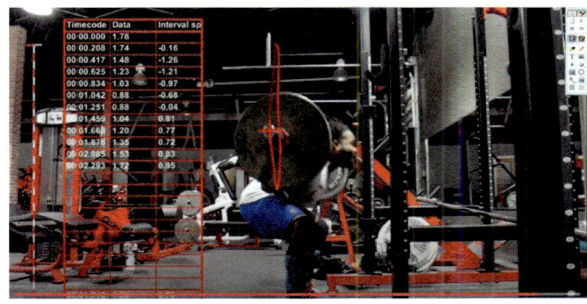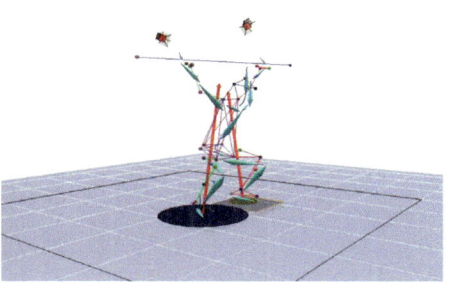

그림 9-3 역도 동작분석 장면

이 외에도 여자 핸드볼 대표팀의 실화를 바탕으로 만들어진 영화 〈우리 생애 최고의 순간(이하 우생순)〉에 관한 이야기로 〈우생순〉 중간에 엄태웅(배우)이 새로운 여자 핸드볼 감독으로 부임해오면서 유럽식 훈련 방법을 적용한다면서 선수들의 몸에 마커를 부착하고 카메라로 선수들의 동작을 촬영하는 장면이 나온다(그림 9-4).

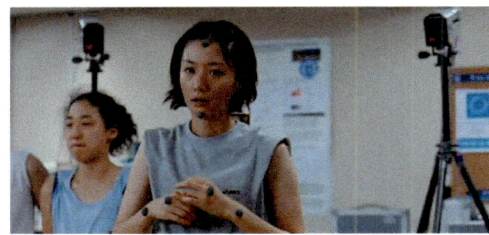

그림 9-4 〈우생순〉에서 3차원 동작분석 장면

출처: 우생순, 2007

바로 '3차원 동작분석'을 하는 장면인데, 이때 사용된 실시간(Real time) 동작분석(Motion capture) 장비(qualisys)다. 영화가 2008년 개봉되어 최근 장비와는 다소 차이가 있다. 영화에서는 소프트웨어 프로그램을 동시에 작동하여 선수들의 동작을 분석하고 이에 대한 피드백을 제공함으로써 동작분석의 중요성을 강조하고 있다. 이와 같이 다양한 분야의 선수들이 3차원 동작분석 시스템을 활용하여 동작에 대한 특징과 장단점을 과학적으로 분석해오고 있다.

■ 도마신 양학선 신기술 철저한 동작분석으로 금 사냥!

■ 닥터 KISS

단 1000분의 1점차 메달 명암 철저한 동작분석으로 金 사냥!

한국 남자체조는 여홍철을 끝으로 사라졌던 도마 종목에서 올림픽 금메달 사냥의 의지를 다지며 부활을 준비하고 있다. 도마는 한국 남자체조의 명맥을 유지해온 종목이다. 1988년 서울올림픽에서 박종훈이 도마에서 동메달을 획득했다. 이는 한국 남자체조가 올림픽 무대에서 거둔 첫 수확이었다. 1992년 바르셀로나올림픽에선 유옥열이 또 다시 도마에서 동메달을 목에 걸었다. 1996년 애틀랜타올림픽에서도 여홍철이 구름판을 정면으로 밟고 두 바퀴 반을 돌고 착지해 공중에서만 900도를 도는 'Yeo2' 기술로 은메달을 획득했다. 이후 체조 종목에서 메달은 나왔지만 도마 종목에선 명맥이 끊어졌다.

양학선은 여홍철에 이어 자신의 이름을 딴 기술로 올림픽 메달에 도전하는 2번째 한국 선수다. 2012런던올림픽의 전초전 성격을 띤 2011도쿄세계선수권 도마에서 양학선은 신기술 '손 짚고 몸 펴 앞 공중 돌아 1080도 비틀기'를 선보였다. 기술점수 7.4의 최고 난도를 인정받아 우승을 차지했다. 국제체조연맹(FIG)은 이 기술을 올해 1월 25일 'YANG Hak Seon(양학선)'이란 이름으로 런던올림픽을 포함한 각종 국제대회의 채점 규칙(Code of Points)으로 공식 등재했다. 이전까지 도마 경기의 최고 점수가 7.0점이었음을 고려하면 양학선의 신기술은 상당한 경쟁 우위를 가진다. 체조 경기가 1000분의 1점차로 명암이 갈린다는 점에서 0.4점의 점수는 금메달의 가능성에 신뢰성을 더한다.

체육과학연구원(KISS)은 체조 코칭스태프와 함께 완벽한 동작과 착지 등 기술의 완성도를 높이기 위해 '런던올림픽 골드 프로젝트'를 수행하고 있다. 그 중 하나가 동작 분석이다. 도마는 발 구름에서 착지까지 1.45초 이내 승부가 결정된다. 초고속 카메라(도마 촬영 시 초당 300프레임)로 모든 연습 상황을 촬영하고 실시간으로 피드백을 제공한다. 선수와 코칭스태프는 이를 즉각적으로 확인하고 조치할 수 있다. 이는 정확한 영상 정보를 제공할 뿐 아니라 기술 시기 시 선수 자신의 느낌과 실제 표현된 동작의 일치 여부를 즉각적으로 체크할 수 있다는 장점이 있다.

한국 체조의 꿈을 이루기 위한 선수촌의 준비는 마무리 단계다. 여기에 국민의 성원과 관심이 더해진다면 2012년 런던올림픽 무대는 금빛 찬란한 희망의 무대가 될 것이다.

출처: 스포츠동아, 2012년 5월 8일 기사 발췌

나) 연구를 통한 경기력 향상 지원 결과

필자가 시행한 기술개발과 기록 향상 연구를 통한 경기력 향상 지원 결과를 소개하고자 한다.

우선 기술개발 연구로 체조 종목의 신기술 개발에 관한 연구에 대해 설명하고자 한다(그림 9-5). 2020 도쿄올림픽을 대비해 당시, 여서정 선수는 도마 종목에서 메달을 기대해볼 수 있는 선수로 그 가능성을 높이기 위해서는 고난도 점수를 확보할 수 있는 신기술 개발이 선행되어야 했다.

신기술 개발 연구의 목표는 기술 점수 5.8의 540° 비틀기 동작을 720° 비틀기 동작으로 업그레이드하여 6.2의 신기술을 구사하는 것이다. 이를 실현 가능하도록 하기 위해 대표팀 지도자들과 함께 720° 비틀기 동작의 가능성 여부를 이론적으로 검증했으며, 기술의 완성도를 높이는 데 필요한 방안들을 지속적으로 제공했다. 이러한 과정을 거쳐 완성도를 높이게 된 720° 비틀기 기술을 고속카메라로 촬영하여 3차원으로 분석한 결과이며, 성공 수행에 영향을 미치는 여러 가지 주요 변인 중 하나로 공중동작 시 목 각도 변화에서 문제점을 찾을 수 있었다.

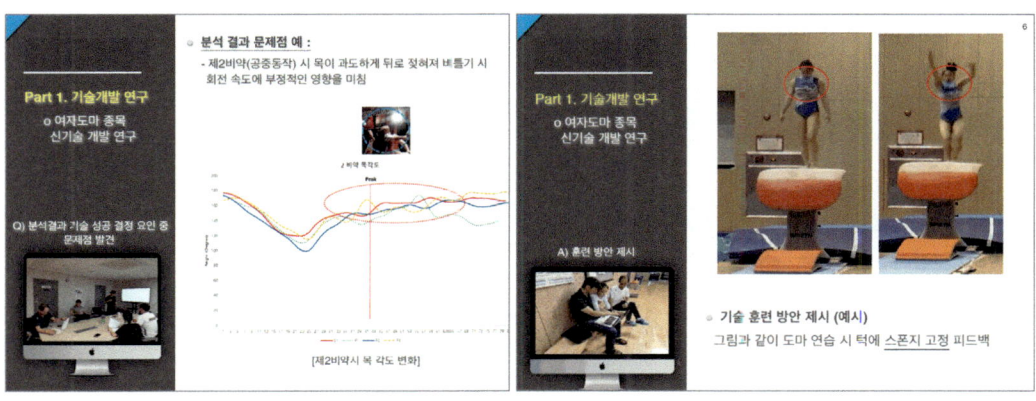

그림 9-5 체조 종목 기술개발 연구 결과

출처: 송주호 외, 2020

〈그림 9-5〉에서 빨간색 동그라미에 주목해야 하는데 160° 이하, 즉 고개가 뒤로 젖혀지는 동작은 몸에 힘이 과도하게 들어갔을 때 나타나는 현상으로 비틀기 동작에서 회전속도에 부정적인 영향을 미치는 것으로 나타났다.

따라서 지도자와의 협의를 통해 기술 수행의 완성도를 높이기 위해서는 턱을 당겨 발끝부터 머리까지 한 축(수직)을 만들어 관성모멘트를 작게 해야 비틀기 회전 속도를 증가시킬 수 있어 기술훈련 과정에서 턱의 각도를 유지할 수 있도록 스펀지를 끼우고 훈련하도록 피드백했고, 이를 반복한 결과 동작의 개선을 이끌어냈다.

이와 같이 현장 연구는 측정과 분석, 협의, 적용 과정을 수없이 반복하며 기술의 완성도를 높여나가게 된다. 이러한 노력을 반복하여 2019년 6월 코리아컵 국제대회에서 720° 비틀기 기술을 선보여, 국제체조연맹으로부터 고난도 신기술로 인정받게 되었고, 마침내 2020 도쿄올림픽에서 신기술을 멋지게 성공시키며 대한민국 여자 체조 사상 첫 메달(동메달)을 획득하는 쾌거를 이루었다.

다음은 기록 향상 연구로 스피드스케이팅 단거리 종목은 그 특성상 스타트 구간에서의 스피드가 승부를 결정짓는 경우가 많다.

따라서 〈그림 9-6〉과 같이 스타트 시 선수별 3차원 영상분석을 실시했으며, 스타트 동작을 정면과 측면의 모습을 스틱 피겨로 구현한 장면이다.

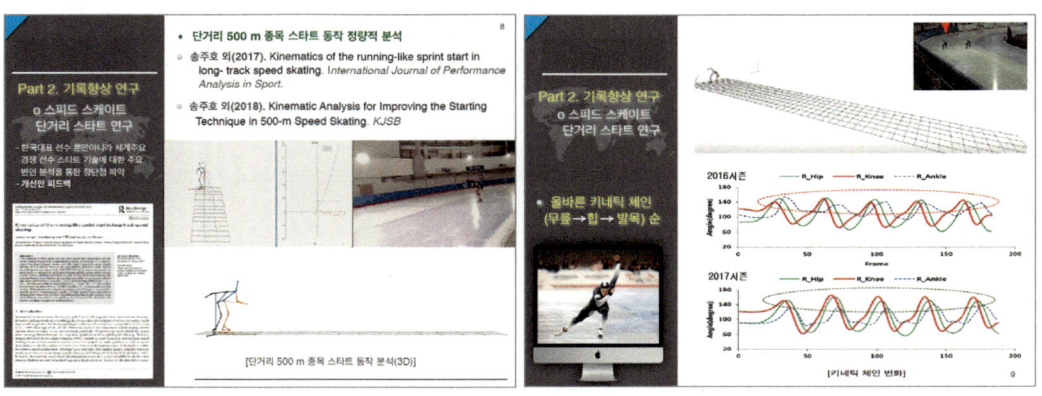

그림 9-6 스피드스케이트 종목 기술개발 연구 결과

출처: 송주호 외, 2017

〈그림 9-6〉은 주요 변인 중 키네틱 체인(Kinetic chain) 결과로, 키네틱 체인은 관절 부위의 순차적 움직임을 의미한다. 상단의 그래프는 단거리 에이스 김○○ 선수의 2016시즌의 분석 결과로 빨간색 동그라미로 표시된 구간을 살펴보면, 키네틱 체인 연결이 들쑥날쑥한 모습으로 일관성을 유지하지 못하고 있는 것을 볼 수 있다.

이를 보완하고자 하체의 순간파워 향상 프로그램과 코어훈련 등을 제안했고, 그 결과 아래 그래프처럼 2017시즌에는 관절의 움직임이 일관성을 가지고 순차적으로 움직이고 있음을 확인할 수 있었다.

　이 연구를 통해 올바른 키네틱 체인의 연결은 무릎-힙-발목 관절이 순차적으로 최대 각을 형성할 때이며, 이는 푸시오프 효율을 높이는 데 기여함을 확인할 수 있었다.

> **"걱정 걷히는 이상화"**
>
> 2018 평창동계올림픽을 준비하고 있는 이상화 선수는 고질적인 무릎 부상에서 벗어나 무릎과 힙, 발목으로 이어지는 '키네틱 체인(Kinetic chain)'이 정상으로 돌아온 점이 고무적이다. 스타트에 절대적인 '푸시오프(추진력을 얻기 위해 힘차게 박차고 나가는 힘)'를 극대화하기 위해 키네틱 체인은 절대적이다. 스피드스케이팅 대표팀을 지원하는 송주호 한국스포츠개발원 박사는 "선수마다 키네틱 체인의 최대 각도는 다르지만 무릎-힙-발목의 최대 각이 자연스럽게 이어지면서 한 번에 최고점에 이를 때 역학적 효율을 높여 폭발적 파워를 낼 수 있다. 두릎과 힙, 발목의 순서가 어긋난다든지, 불필요한 움직임이 나올 경우 파워가 떨어진다"라고 말했다. 그는 "이상화는 원래 키네틱 체인이 좋았다. 지난 시즌 무릎이 안 좋을 때와 비교해 지난해 10월 이후 점점 좋아지고 있다"라고 말했다.

출처: 동아일보, 2018년 2월 5일 일부 기사 중 발췌

평창 동계올림픽 특집 2부. 메달을 가르는 1%의 힘, 스포츠 과학 / YTN 사이언스

"이러한 연구 결과가 실제 경기력 향상으로 이어질 수 있다는 점이 운동역학의 매력이다."

4) 운동역학을 통한 경기력 향상

　스포츠에서 경기력(Performance)을 "경기장에서 표출되는 선수들의 경기 능력"이라고 정의할 때 스포츠 경기력은 "체력과 경기 기술, 환경 요인의 상호작용에 의한 결과"라고 할 수 있다. 따라서 성공의 근원이 되는 경기력을 향상시키기 위해서는 체력 증진을 위한 접근과 경기 기능 향상을 위한 접근이 요구된다. 이에 경기력 향상을 위한 경기 기능, 즉 기술 분석 및 개발을 위한 과학적 접근 방법을 제시하고자 운동역학에 그 배경을 두고 설명하면 다음과

같다.

■ **첫째, 각종 장비를 활용하여 경기 기술을 분석·적용하는 방법이다.**

경기기술을 향상시키기 위해 가장 보편적으로 많이 사용되는 방법으로, 선수가 시기(試技)한 기술을 운동학(Kinematic)이나 운동역학(Kinetic)적으로 분석하고 평가하여 잘못된 동작을 교정함으로써 완벽한 시기를 습득하도록 하는 방법이다.

2012년 런던올림픽에서 체조 사상 첫 메달을 획득한 양학선 선수의 성과가 바로 여기에 해당한다(그림 9-7).

그림 9-7 2012년 런던올림픽 양학선 선수 금메달 획득 장면

출처: 송주호, 2012

3차원 동작분석 시스템을 통해 양학선 선수의 발구름 타이밍과 제2 비약(공중자세) 시 상체 비틀기 자세에 문제점이 있음을 발견하고 자세 수정 훈련을 꾸준히 실시한 결과다(그림 9-8, 그림 9-9).

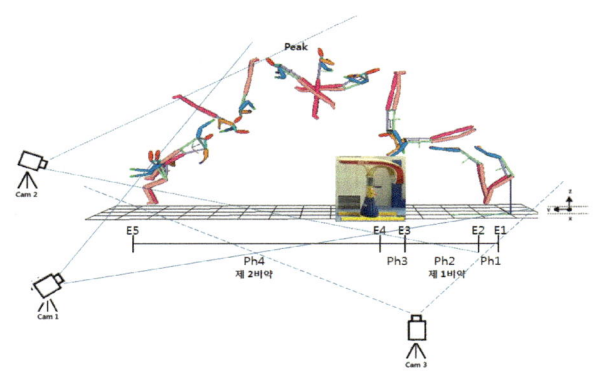

그림 9-8 'YANG Hak Seon 기술' 분석 장면

출처: 송주호, 2012

 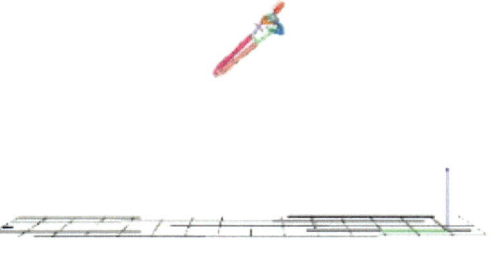

그림 9-9 양학선 선수 영상분석을 통한 피드백 장면

출처: 송주호, 2012

최고 난이도 기술 '양학선', 반 바퀴에 비밀이?

- **둘째, 운동역학적 제 원리를 적용한 새로운 기술을 개발하고 최적 조건을 제시하는 방법이다.**

운동량 보존의 법칙 같은 역학적 원리를 적용하여 기술의 가능성을 수학적으로 표현하는 모델링(Modelling)을 한 후, 개발된 모형에 선수 개개인의 인체 측정학 자료를 적용하여 동작의 시뮬레이션 단계를 거친다. 그런 다음 시도하고자 하는 동작의 조건을 최적화(Optimization)시켜 새로운 기술의 가능성을 구체적으로 제시하고 경기 현장에서 구현하는 것이다.

그 예로 체조 도마 종목 양학선 선수의 'YANG Hak Seon 기술'과 여서정 선수의 'YEO Seo Jeong 기술'의 신기술이 여기에 해당한다.

- **셋째, 경기 장면에 대한 영상 자료를 통해 경기 상황에서 움직임의 역학적 관계를 규명하여 전략 및 전술을 제공하는 방법이다.**

축구나 아이스하키 같은 단체경기(그림 9-10)에서 선수들의 움직임에 대한 자료를 파악하고 그 경향성을 분석하여 팀의 전술 및 전략을 개발하는 데 적용함으로써 경기력 향상에 기여하고 있다.

성공적인 사례를 들면, 2002년 한일월드컵 당시 한국 팀의 히딩크 감독은 이례적으로 팀 내에 비디오 분석관을 두고 대표팀의 훈련 장면을 디지털카메라에 담았다. 그 자료로 선수 개개인의 동선을 파악하고 선수들 간의 움직임 관계를 분석하여 적절한 지도 자료로 활용하는가 하면, 상대 팀의 경기 장면을 분석하여 상대 선수의 움직임의 경향성을 파악하여 대응 전략을 제시하여 우리 팀을 월드컵 4강에 올려놓았다.

그림 9-10 축구와 아이스하키 움직임 분석 사례

■ 넷째, 경기에 사용되는 기구, 시설 개발을 위한 정보를 제공하는 방법이다.

그림 9-11 경기 중 전신 수영복 착용 모습

출처: https://dl.dongascience.com/magazine/view/S200808N027

현대 스포츠는 첨단 장비의 싸움이라는 평가가 나올 만큼 첨단 장비에 대한 의존도가 높다. 이는 선수가 보유한 기술 수준이 동일하다는 전제하에서는 경기 기록이나 승패를 결정짓는 가장 핵심적 요인으로 컴퓨터 및 전자공학 기술의 발달은 첨단 스포츠 장비 개발에 공헌하고 있다.

한 예로 〈그림 9-11〉과 같이 전신 수영복은 이미 일반사람들에게 잘 알려진 내용이며, 테니스라켓 그립에 마이크로 칩을 장착하여 힘의 크기와 정확성을 향상시키고 불필요한 떨림을 제거하여 세계적인 선수들에게 애용되고 있다. 영국의 생체역학 회사는 첨단영상 시스템을 개발하여 운동 시 골격의 움직임을 3차원 적외선 영상을 확보함으로써 부상 부위를 정밀하게 진단하여 정확하고 정밀한 치료가 가능하도록 하고 있다.

빙상 경기복의 비밀

0.001초의 기록으로 승부가 갈리는 빙상경기 선수들의 경기복은 작은 우유 한 통(200g)보다 가벼운 150g이고 두께는 0.3mm에 불과하다. 경기복이 피부에 최대한 밀착되도록 하고 여기에다가 매끄러운 특수 소재로 경기복을 코팅 처리해 공기 저항을 줄인다. 그러나 팔, 다리 부분에는 눈에 보이지 않은 아주 작은 돌기를 붙여놓았다. 이는 선수들이 질주할 때 공기가 뒤로 밀려나면서 앞으로 나아가려는 팔과 다리를 뒤로 잡아끄는 소용돌이가 생기는데, 올록볼록한 표면이 큰 소용돌이를 만드는 공기의 흐름을 흩트려놓아 이를 막아준다. 상어가 피부의 미세한 돌기 때문에 오히려 물의 저항을 적게 받으면서 헤엄친다는 점에 착안한 것이다. 이런 과학적 원리를 이용해 500m에 평균 0.03초 정도의 기록 단축 효과를 보는 것으로 분석되었다. 허리를 숙이게 하는 'ㄱ'자 모양의 경기복도 기록 단축에 효과적이라는 분석이다. 선수들이 경기가 끝나자마자 지퍼를 내리고 허리를 펴는 이유다(이는 허리를 잘 잡아줘서 숙이고 갈 때 피로가 덜할 수 있도록 만들고, 팔꿈치 같은 경우도 수축과 이완이 수월하게 제작된 것이다). 또한 날카로운 스케이트 날에도 찢어지지 않는 가볍고 질긴 경기복은 나사(NASA)의 우주복으로도 사용되는 것으로 치열한 접전을 벌이는 위험한 순간에도 선수들을 보호하는 최첨단 방탄 소재다.

출처: KBS 뉴스, 2014년 2월 3일 기사 중 일부 발췌

스포츠는 과학이다. 순간의 차이를 찾아라!

종목 따라 제각각… 스키 장비 감춰진 비밀

동계올림픽 종목들을 보면 비슷비슷한 장비를 쓰는 것 같으면서도 저마다 차이점이 있다. 세부 종목에 따라 장비의 모양이나 길이가 다른데, 여기엔 다 이유가 있다. 최대 시속 160km에 이르는 활강은 일자가 아닌 유선형으로 굽은 폴을 사용한다. 웅크린 신체에 최대한 밀착시키고 경사진 슬로프의 각도까지 고려해 속도를 낼 수 있는 S자로 만들어진다. 반면 회전 종목은 1m 안팎의 간격으로 촘촘한 기문을 통과하기 위해 일자로 된 짧은 폴을 쓴다. 스키의 길이도 차이가 있어 활강은 스피드가 생명인 만큼 가장 긴 스키를 신어 가속도를 낼 수 있게 하고, 방향전환을 해야 하는 회전은 길이가 짧은 스키가 필수다. 반면, '설원의 마라톤'으로 불리는 크로스컨트리는 마치 달리기를 하는 것처럼 짧고 가벼운 주법이 필요해 가장 짧고 가벼운 스키를 사용한다. 특히 부츠 뒤꿈치가 스키에서 분리돼 오르막을 오르는 데 큰 도움을 준다. 뒷굽에서 분리돼 최고 속도를 낼 수 있도록 설계된 클랩스케이트와 같은 원리라 할 수 있다. 이처럼 길이가 중요한 변수로 작용하자 스키점프에선 제한 규정까지 신설될 정도다.

이와 같이 과거 동계올림픽과 달리 첨단 장비와 고차원의 기술 발전으로 끝없이 펼쳐진 설원 위에선 환희와 탄식, 기쁨과 슬픔의 희비가 교차하고 있다.

출처: KBS 뉴스, 2014년 2월 10일 기사 중 일부 발췌

5) 운동역학 분야 기타 연구

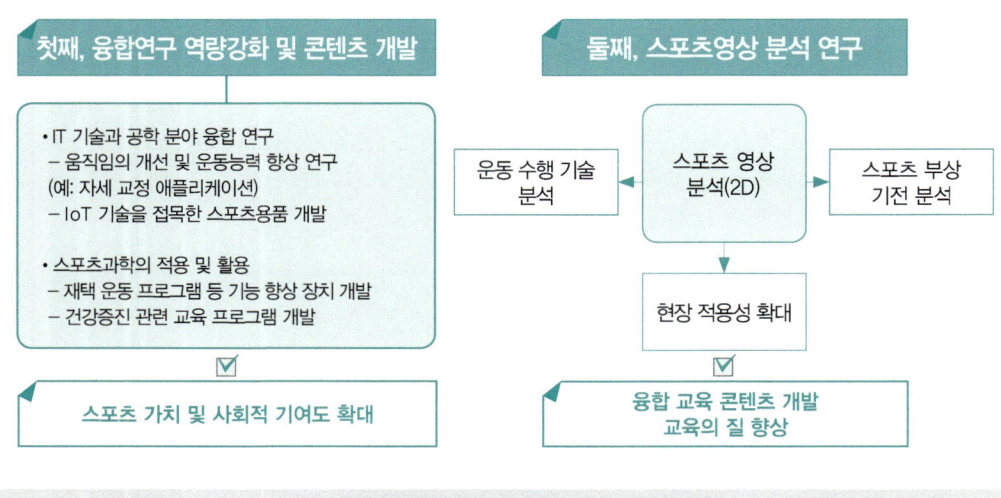

그림 9-12 융합 연구 및 스포츠영상 분석 연구

경기력 향상 연구뿐만 아니라 융합 연구로 IoT 기술 접목을 통해 운동 수행능력 증진 혹은 신체활동이 불편한 사람의 움직임 개선과 이를 도울 수 있는 용품 개발 등의 연구를 수행한다.

이는 고령화 사회에서 스포츠의 사회적 가치를 더욱 확대하는 데 기여할 것이며, 산업적 측면에서의 기여도도 높을 것이라 생각된다.

한편으로 융합 연구의 필요성을 더욱 절감하게 된 것은 코로나19를 겪으면서부터였다. 코로나19는 우리 삶의 많은 부분을 바꾸었으며, 앞으로 그 변화는 계속될 것이라 예상된다. 따라서 환경적 제약을 받는 시대에 융합 연구를 통해 더욱 과학적이고 안정적인 방법으로 운동하며, 체계적이고 지속적인 관리 시스템이 필요하다.

두 번째는 스포츠 영상분석 연구다. 영상분석은 시각적 자료를 통해 정성적 또는 정량적 피드백을 제공할 수 있다는 측면에서 매우 매력적인 연구 방법이다.

현재까지 진행했던 연구들을 돌이켜보면 고가의 장비를 사용해야 하고, 복잡한 사용법을 익혀야 하는 등 많은 사람이 편안하게 사용하는 데는 다소 어려움이 있다. 그래서 휴대폰 카메라 영상을 가지고도 즉각적인 피드백이 가능한 영상분석 프로그램을 개발한다면, 학교 체육 현장에서 융합 교육 콘텐츠로도 활용할 수 있고, 교육의 질을 향상시키는 데도 기여할 것이다.

스포츠, 과학을 만나다 / YTN 사이언스

2 운동역학 전공 관련 진로 소개

사람마다 생김새가 다르듯 타고난 소질과 특기, 관심사도 다르다. 따라서 남과 다른 나의 특성을 객관적으로 파악하는 것은 진로를 탐색하고 설계하는 데 매우 중요하다. 나의 장점과 잘할 수 있는 일, 좋아하는 일, 관심 있는 학문(전공) 등을 꼼꼼히 살펴보면, 나에게 적합한 일과 직업을 좀 더 구체적으로 파악할 수 있다.

스포츠와 연관된 학문의 경우도 이론적인 모형 개발이나 운동과 관련 자료에 대한 체계적인 정립도 중요하지만, 무엇보다 중요한 것은 그러한 것들이 어떻게 스포츠 종목에 적용되어 퍼포먼스(Performance) 향상에 기여할 수 있느냐다.

따라서 운동역학의 기본 원리를 이해하고 운동역학적 지식의 스포츠 현장 적용 방법을 인지한다면, 운동기술의 수행과정 및 그 결과에 대해 올바른 관찰, 분석, 평가와 더불어 오류 동작에 대한 적절한 교정을 수행하는 데 도움이 되므로 스포츠 현장이나 교육 현장에서 선수 및 학생들을 지도하는 데 큰 장점이라 할 수 있다. 따라서 스포츠지도사, 분석관, 연구원, 교사, 교수, 물리치료사 등의 진로로 이어질 뿐만 아니라 더 나아가 이를 바탕으로 스포츠 분야의 다양한 진로 확장으로 이어질 수 있다.

관련 학과로는 체육학과, 사회체육학과, 생활체육학과, 체육교육과, 스포츠과학과, 스포츠레저학과, 태권도학과 등이 있다.

기초과목 또는 심화과목으로 운동역학, 생체역학, 움직임의 과학적 이해, 동작분석론, 경기분석론 등이 있으며, 자격증으로는 생활스포츠지도사, 스포츠기록분석전문가(SRA) 등이 있다.

3 운동역학 전공 관련 직무 및 새로운 직업 소개

최근 국가직무능력표준(NCS: National Competency Standards: 산업현장에서 직무를 수행하기 위해 요구되는 지식, 기술, 태도를 국가가 산업 부문별, 수준별로 체계화한 것) 개발을 통해 운동역학적 원리와 법칙을 이용하여 스포츠 동작을 지도하는 데 필요한 지식을 습득하고, 피로를 최소화하고 상해를 예방하면서 수행 능력을 증진시킨다. 또한 교정할 수 있는 방법 및 절차를 실습/이론을 통한 학습과 비디오 영상촬영 장비를 이용한 경기분석, 영상분석에 대한 이론과 실습을 통해 학습, 경기력 향상을 위한 기술훈련 방법에 대한 이론과 실제, 최신 정보를 제시함으로써 체계적이고 과학적인 기술훈련 방법과 관련된 이론적 근거를 이해하고 이를 실제로 적용할 수 있는 능력 함양 등을 통해 향후 다음과 같은 분야로도 진출이 가능하다.

경기기록분석 분야

경기분석책임자(경기분석 사업 모형화 승패 예측) → 경기분석관리사(경기분석 자료 활용, 경기기록분석자료관리) → 경기영상기록관(경기 영상자료 기록) → 경기자료분석원(경기자료 분석, 경기 영상자료 분석) → 경기자료기록원(경기자료 기록)

경기력 향상 융복합 콘텐츠 개발 분야

총괄책임자(경기력 향상 콘텐츠 과학기술 적용 계획) → 수석연구원(종목별 경기력 요인 도출, 경기력 향상 과학기술 도식화 기법 적용, 경기력 향상 융복합 콘텐츠 아이템 개발, 운용 시스템 구축 계획, 사업화 계획) → 연구원(경기력 향상 융복합 콘텐츠 환경분석, 경기종목 특성 분석)

선수스포츠지도 분야

수석코치(선수스포츠 기술훈련 지도) — 스포츠선임지도사(선수스포츠 경기력 분석관리) → 스포츠지도사(동작분석 지도)

1) 분석연구원

국민체육진흥공단 한국스포츠정책과학원은 국가대표 선수가 올림픽이나 아시안 게임 등의 대회에서 우수한 성적을 거둘 수 있도록 스포츠 과학을 지원하기 위해 국가대표 스포츠과학 밀착지원팀(TF)을 구축했다. 밀착지원팀은 체력, 컨디셔닝, 심리, 영상 그리고 기술지원팀 총 5가지로 구분되어 전공별 목적에 맞는 지원을 하고 있다.

그중 기술지원팀의 분석연구원은 운동역학을 전공한 석사와 박사로 구성되어 국가대표 선수들이 수행하는 기술에 대한 동작분석을 통해 지원하고 있다. 기계체조, 육상, 역도, 양궁, 유도, 펜싱, 스키 등의 동·하계 종목을 모두 지원하고 있으며, 각 종목의 선수 및 지도자와의 협의를 통해 다양한 측면으로 지원하고 있다.

영상 촬영 → 분석 → 공유(피드백)

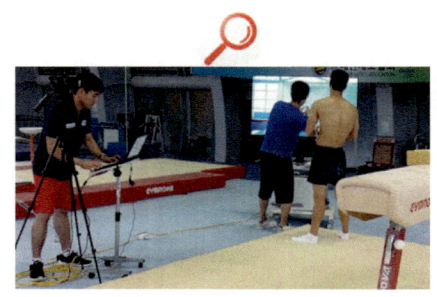

영상 촬영
전문적인 IP 네트워크 카메라나 고속카메라로부터 모바일 기기에 이르기까지 등 모든 영상 저장 기기로부터 동작연습, 경기 장면 등을 촬영하여 즉석에서 정리하여 피드백

분석
실시간 피드백 프로그램 등의 다양한 분석도구들을 활용하여 모든 종목의 기량향상을 도와줄 수 있는 최적의 솔루션 구성

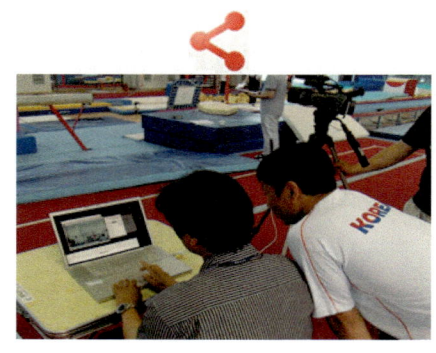

공유(피드백)
온라인 비디오 라이브러리를 구축하여 선수, 감독, 코치진과 의사소통을 향상시키고 구축한 자료를 교육 자료로도 활용

가) 역할

국가대표 선수들의 모든 훈련은 움직임을 발달시키기 위한 목적으로 이루어지고, 움직임을 평가할 수 있는 운동역학적 분석은 유일한 기술지원 영역이다.

운동역학 기자재를 활용한 국가대표 기술지원은 다년간 이루어지고 있으며, 지속적인 데이터 축적으로 종목별·선수별·시기별 기술 분석 결과를 활용해 경기력 향상을 위한 자료로 제공되고 있다. 국가대표 선수들은 본인의 최고 기록을 갱신하거나 기술의 난이도를 향상시키거나 종목수행전략의 변화를 통한 기술적인 변화를 보인다. 이와 더불어 선수는 체력훈련을 통해 인체의 특정 부분이 강화하거나 부상으로 인해 약화되기도 하며, 심리상태에 따라 종목 수행능력에 큰 변화가 나타나기도 하는데, 이러한 일련의 변화는 모두 종목을 수행하기 위한 움직임으로 수렴된다.

따라서 기술지원팀은 선수 움직임의 변화에 대한 지속적인 운동역학적 분석을 통해 경기력을 향상시키기 위한 기술지원을 하고 있다. 국가대표 선수의 기술향상을 위한 기술지원은 특정 기술의 성공과 실패 상황을 비교분석하고, 기술을 성공시키는 움직임의 일관성과 가변성의 향상도를 평가하여 제공한다.

2) 스포츠기록분석전문가(SRA-Sports Record Analyst)

스포츠기록분석전문가는 한국운동역학회에서 연수사업 프로그램을 통해 육성하고 있다. 선수와 팀의 경기 내용 및 결과를 분석하고 분석된 결과를 바탕으로 훈련 계획, 상대 전략 수립, 선수 관리 등에 활용하는 업무를 담당하는 스포츠 영상분석 및 데이터 전문가다.

과거 소수의 지도자와 전문 연구기관에 의해서만 실시되었던 영상분석이 고화질 카메라의 보급과 맞물려 전문적인 경기에 한정되지 않고 일반적인 훈련에서도 사용하고 있다. 반복재생을 통한 영상자료의 정성적 분석이 주를 이룬 과거와 달리, 과학기술의 발전으로 영상 촬영의 통계분석 측면까지 누구나 쉽게 접근하게 되었다. 특히, 2002년 월드컵에서 히딩크 감독은 영상 분석관을 효율적으로 활용해 체계적이며 과학적인 분석으로 월드컵 4강 신화를 이뤄냈는데, 이는 영상분석관의 중요성이 대두되는 계기가 되었다.

가) 역할

스포츠 영상분석은 소속 팀과 상대 팀 선수들의 경기 모습을 촬영하고, 그 데이터를 바탕으로 특성을 분석한 후 경기력 향상을 위해 전략을 세우는 것을 돕는다. 이런 과정에서 컴퓨터 및 영상 장비 활용 능력, 종목별 전문지식, 관찰력이 요구되는데, 특히 방대하게 분석된 데이터들을 모아 통계기법을 사용하기 때문에 수학적 분석 능력에 능통할수록 도움이 된다.

■ 불필요한 동작 하나만 고쳐도 경기력은 달라진다!

눈에 잘 보이지 않는 부분까지 발견하는 일은 쉽지 않은데, 선수 스스로 파악하지 못하는 단점을 찾아내 경기력 향상을 돕는다. 사람의 눈으로 확인하기 어려운 스포츠 동작의 특성에 맞게 초고속카메라로 선수들의 모습을 수십 만 장 촬영해 분석한다. 이를 기반으로 선수의 기량을 체크해 단점을 보완해주는 역할을 수행하며 단순히 영상을 촬영하고 보는 것에 그치지 않고 영상자료에서 경기력과 관련된 다양한 요인을 추출·분석한다.

영상분석 때문에 금메달이 은메달이 되고, 은메달이 금메달이 된다고 할 수는 없지만, 스포츠과학 영역에서 선수나 감독이 찾아내지 못하는 여러 변수 중 하나를 찾아내고 제안할 수 있다.

■ 숨은 1인치를 찾아라! 운동선수의 미세한 움직임도 중요하다

전 세계인이 주목하는 올림픽. 리듬체조 경기에 출전 중인 선수의 몸이 순간 살짝 흔들린다. 그런데 예상보다 높은 점수가 나와 논란이 인다. 이럴 때 경기 장면이 담긴 영상자료는 점수 판정 논란을 잠재울 수 있는 중요한 자료가 된다. 논란이 커졌을 때는 현장에서 바로 영상자료를 돌려보기도 하고, 경기가 다 끝난 후에 이를 판독해 심판 판정이 바뀌기도 한다. 스포츠에서 영상자료는 선수의 기량이 어느 정도 성장했는지 등을 살펴보는 정도로만 쓰이다가 지금은 경기 내용 전반을 기록한 자료로 활용되고 있다. 미국과 유럽 등에서는 이를 좀 더 전문적으로 데이터베이스(DB)화하는 문화가 형성되고 있다. 기존에는 영상자료가 '경기 뒤 사후 참고 자료' 정도의 용도로만 쓰였지만, 이젠 실시간으로 선수의 움직임과 태도, 심지어 경기가 진행될 때 배경 광고가 몇 회 노출됐는지 등을 분석하는 자료로 쓰이며, DB로 구축된다.

스포츠 관련 영상은 경기를 분석하거나 운동선수의 기량이 어느 수준으로 성장했는지를 분석할 때 주로 활용되곤 했다. 하지만 스포츠 경기에 대한 사람들의 관심이 커지면서 미국을 비롯해 해외 국가에서는 경기 운영에 대한 영상을 좀 더 적극적으로 활용하고 있다. 기존 영상자료가 경기를 단순히 녹화하는 수준에 머물렀다면 최근 나오는 영상자료들은 각 경기에 맞춰 다양한 각도에서 카메라를 설치하고 다양한 측면에서 경기 영상을 촬영해 구축한다. 이런 영상자료는 현장에서 실시간으로 활용되면서 스포츠 경기의 일부가 되고 있다. 이미 브라질월드컵에서 골 판정에 영상 판독이 도입되었고, 2020도쿄올림픽에서도 종목별로 비디오 판독이 도입되었다. 특히, 국내에도 프로야구, 프로축구, 프로배구, 프로핸드볼 경기에 이미 영상 판독시스템이 도입되었다.

스포츠기록분석전문가는 스포츠 경기 촬영을 위해 지역별로 있는 경기장에서 촬영이 가능한 모든 카메라 수량을 검토하고, 어떤 위치에서 촬영해야 하는지 등을 기획한다. 각 종목의 경기 규칙(Rule)에 맞춰 카메라 위치를 선정하고, 촬영을 통해 심판이 판정 및 기록을 할 수 있도록 돕는다. 촬영한 자료는 실시간으로 방송 제작팀, 심판, 기록원, 운영진 등에게 제공한다.

기존에는 스포츠 영상자료를 경기 이후 논란이 생겼을 때를 대비한 자료로 구축해뒀다면 이젠 실시간으로 볼 수 있게 자료화하고, 마케팅에도 활용될 수 있다는 점에서 다르다고 할 수 있다.

영상 촬영 및 기획 능력 + 스포츠 보는 안목 'lex!

무엇보다 종목별 선수들의 움직임에 대한 원리와 스포츠 경기의 특성, 규칙을 이해하고 각 경기에 맞는 영상 촬영을 기획하는 것이 중요하다. 영상 촬영 경험이 많거나 스포츠 관련 전공자가 추가적인 교육을 받아 필요한 능력을 키울 수 있을 것이다.

현대 스포츠가 단순히 눈으로만 보는 운동경기를 넘어 분석하고 판단하며 즐기게 되면서, 특히 청년층의 스포츠 영상 분야에 대한 관심과 참여가 더욱 높아질 것으로 보인다(워크넷).

4 전공자로서의 역량 및 준비 사항

체육 계열 학과는 건전한 육체와 사고를 지닌 학생에게 유리한 전공이라 할 수 있다. 운동하기를 좋아하고 즐기는 학생이라면 더욱 좋고, 경기를 정당하게 치러내는 스포츠맨십을 기본적으로 갖추어야 한다. 한 종목 이상의 특기를 기르기 위해 재학 중 많은 양의 연습과 훈련이 필요하므로 학과 수업 이외의 시간과 노력을 투자할 수 있는 끈기와 인내심이 요구된다. 또한 대부분 지도자가 되어 다른 사람을 가르치게 되므로 남다른 지도력과 인격이 요구된다. 체육학

(운동역학 전공)에 대한 체계적인 연구를 위해서는 움직임에 대한 원리로 수학이나 물리 등의 과목에 대한 기초지식을 익혀두면 유리하다.

> **Tip**
>
> - 건전한 육체와 사고, 운동하기를 좋아하며 스포츠맨십 필요
> - 많은 양의 연습과 훈련이 필요하므로 끈기와 인내심 필요
> - 남을 가르쳐야(교육, 지도 등) 하므로 남다른 지도력과 인격 필요
> - 체계적인 연구를 위해 기초지식 필요

> **Tip**
>
> **스포츠기록분석전문가(스포츠영상분석관)가 되려면?**
>
> 스포츠 전반에 대한 이해와 흥미는 필수다. 특히 인체 움직임의 원리(운동역학)를 이해하고, 또한 스포츠기록분석전문가는 영상자료의 수집, 처리, 가공, 분석을 담당하기 때문에 영상장비 및 컴퓨터 프로그램에 대한 이해도 요구되며, 데이터 분석을 위한 수학적 통계지식도 필요하다. 무엇보다 가장 중요한 것은 경기를 보는 예리함과 통찰력이 중요하다.
>
> - 수학적인 분석능력(통계기법)과 컴퓨터 및 영상기기 활용 능력, 스포츠 전문지식, 관찰력, 스포츠에 대한 흥미를 두루 갖추면 유리하다.
> - 감독과 관리팀, 선수들과 함께 소통하는 일이 많아 의사소통능력이 뛰어나야 하며, 팀워크를 탄탄히 할 수 있어야 한다.
>
> ✓ **국내 현황 및 전망**
>
> - 프로축구와 농구, 야구, 월드컵, 올림픽 등 우리나라의 스포츠 참여도와 관심도는 매우 높다. 효율적으로 팀과 선수들의 기량을 높이고, 경기에서 높은 성과를 거두기 위한 노력이 계속될 것이므로 스포츠기록분석전문가뿐만 아니라 앞서 제시한 국가직무능력표준(NCS) 직무 관련 수요 역시 늘어날 전망이다.
> - 과학적이고 체계적인 선수 관리와 스포츠의 발전, 국제 경기에서의 더 높은 성과를 위해 스포츠기록분석전문가의 역할이 기대를 모으고 있다.
> - 현재 한국운동역학회에서 스포츠기록분석전문가 과정을 운영하고 있다.

교수 및 연구직(연구위원, 연구원)이 되려면?

다양한 과목과 분야를 접해보자. 세부전공은 대학원에서 정해도 늦지 않다. 섣불리 정했다가 나중에 전공을 바꾸는 경우도 적지 않으므로 학부에서는 다양한 분야와 이론을 접해보는 것이 좋다.

- 석 · 박사학위 취득자만 교수 및 연구직으로 선발한다. 대학원까지 장기적으로 공부할 계획을 세워야 한다(특히 어느 정도 수학적 지식이 있으면 도움이 된다).
- 석사과정을 마치면 보조 연구나 조교에 지원해 경험과 경력을 쌓는 것도 방법이다. 프로젝트가 있으면 연구 경험도 도움이 된다. 학교 및 과학원 홈페이지를 통해 공지되는 것이 일반적이다. 공동, 보조, 초빙 연구자 모집과 연수 등에 대한 정보를 끔꼼히 체크해 지원한다.

참고문헌

박성순 외(2010). 《운동역학》. 대경출판사

송주호(2012). 〈2012 런던올림픽의 스포츠과학지원: 체조 종목〉. 《스포츠과학》 제121호. 국민체육진흥공단 체육과학연구원

송주호 · 김동화 · 김언호(2020). 〈2020도쿄올림픽 대비 여자 체조 도마 종목 신기술 공인 전략 연구〉. 국가대표 현장밀착형 스포츠과학지원 2019년도 심층연구과제 결과보고서. 한국스포츠정책과학원.

송주호 · 박종철 · 황승현(2017). 〈평창 동계올림픽 스피드 스케이팅 골드프로젝트〉. 한국스포츠개발원.

이언 소프 사진(https://sports.news.naver.com/news.nhn?oid=049&aid=0000011804)

정철수 외(2005). 《스포츠 과학》. 지학사

진성태(2015). 《원리중심 운동역학》. 대경출판사

한국산업인력공단(http://www.hrdkorea.or.kr)

'무게 150g, 방탄 소재' 빙상 경기복의 비밀(2014.02.03.)

http://news.kbs.co.kr/news/view.do?ncd=2301369

종목 따라 제각각… 스키 장비 감춰진 비밀(2014.02.10.)

http://news.kbs.co.kr/news/view.do?ncd=2805858

우리 생애 최고의 순간(우생순)

https://movie.naver.com/movie/bi/mi/basic.nhn?code=65991

스포츠동아 https://sports.donga.com/article/all/20120507/46068582/3

동아일보 https://www.donga.com/news/article/all/20180205/88507409/1

한국스포츠정책과학원 https://www.sports.re.kr

(사)한국운동역학회 http://www.kssb.or.kr/board12/list.asp

워크넷(worknet)

https://www.work.go.kr/consltJobCarpa/srch/newJob/futureNewJobDetail.do?board_no=8&write_no=5

https://www.youtube.com/watch?v=HkinEFjt8vs

https://www.youtube.com/watch?v=vpUv1jLnWQk&feature=emb_logo

https://www.youtube.com/watch?v=kEMPJlKsROc

https://www.youtube.com/watch?v=YL6KtTWANvo

https://www.youtube.com/watch?v=HkinEFjt8vs

https://www.youtube.com/watch?v=kilBNN3rW7w&t=14s

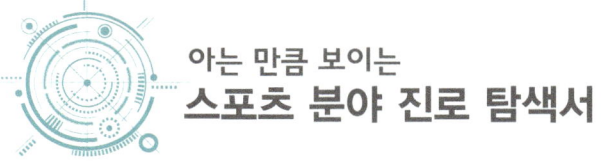

아는 만큼 보이는
스포츠 분야 진로 탐색서

Chapter 10

스포츠 분야의 성공적 취업?!
스포츠법과 정책을 알아야 성공한다!!

스포츠법

부경대학교 자연과학대학 해양스포츠학과 ● 김대희

1 스포츠법이란?

'스포츠법'이란 실정법으로 현재까지 「스포츠법」으로 제정된 법률은 없다. 스포츠법은 특수한 법의 새로운 영역이 아니라 실정법에서 체육과 관련된 내용을 담고 있는 법들을 말한다. 스포츠와 관련된 법률은 기본적으로 국내 법령체계 내에서 각각의 법률 내용 또는 효력에 따라 다양한 법률이 적용되고 있다.

국가 주도로 스포츠 정책을 통해 스포츠를 진흥하는 우리나라의 경우 대부분 법률에 근거하여 각종 스포츠진흥 정책을 추진하고 있고, 이러한 정책의 영속성 및 예산 확보 등을 위해 법률에 그 근거를 두고 있다. 따라서 스포츠 관련 법령 등은 진흥을 위한 법률로서 대표적으로 「국민체육진흥법」, 「생활체육진흥법」, 「체육시설의 설치·이용에 관한 법률」 등이 있다. 또한 「경륜·경정법」, 「스포츠산업진흥법」, 「국제경기대회지원법」, 「태권도 진흥 및 태권도공원 조성에 관한 법률」 등 각 개별 법률에 따라 진흥 또는 지원하는 경우도 있다. 이 외에도 「정부조직법」, 「청소년기본법」, 「국토의 계획 및 이용에 관한 법률」, 「병역법」, 조세관련 법률 등에서도 체육 및 스포츠와 직간접적으로 관련된 내용을 가진 법률을 찾을 수 있다. 「민법」이나 「상법」 등의 법률이 스포츠에서 발생하는 각종 사인 간의 법률관계에 적용될 수 있다. 즉, 계약 관련 사항이나 사고와 관련하여 그 주체가 사인이라면 「민법」상의 불법행위와 관련하여 손해배상 규정이 적용된다.

이렇듯 우리나라의 스포츠 관련 법은 스포츠를 어떻게 볼 것인가의 여부에 의해 그 범위가 정해지겠지만, 스포츠 관련 법은 50여 개 이상 정도로 파악되고 있다.

2 스포츠법의 필요성

1) 스포츠 영역의 확대

스포츠는 이미 문화의 한 부분으로 개인의 삶에 영향을 미치는 중요한 요소다. 또한 각종 국내·외 대회, 프로스포츠의 확대와 스포츠산업의 발전 등 경제적 가치가 증가되고 있다. 이에 따른 각종 이익 다툼으로 인한 스포츠 분쟁도 빈번해짐에 따라 이를 해결하기 위해 법령에 따른 명확한 구분이나 법원의 판단이 필요하다.

또한, 우리나라의 스포츠 관련 정책은 대부분 정부나 지방자치단체의 정책으로 추진되는 경우가 많다. 이러한 스포츠 관련 정책을 지속적으로 추진하고 국가의 예산을 수반하기 위해서는 이에 대한 근거가 법령에 명시되어야 있어야 가능하다. 따라서 스포츠 관련 정부정책의 지속적인 추진을 위한 법제화가 필요하다.

2) 스포츠에 관한 실정법의 필요

'놀이'와 '스포츠'의 가장 큰 차이는 승부에 있다. '놀이'는 그냥 즐기는 것이지만, '스포츠'는 경쟁을 통해 승부를 겨뤄야 한다. 이러한 경쟁을 통한 승부는 정정당당하게 대결하고 결과에 승복하는 스포츠의 특징, 즉 스포츠 정신인 '페어플레이'에 있다. 이러한 스포츠 정신인 페어플레이를 위해 종목마다 경기 규칙과 규정 등이 만들어져 있고, 이러한 규정이나 규칙에 따라 경기를 열고 그에 따른 결과에 승복하는 것이 바로 스포츠다. 따라서 이러한 경기 규칙이나 스포츠단체의 자치규칙 등은 때로는 법률보다 더 견고하고, 전 세계적으로 통용되는 등 법률보다 더 실효성이 있는 경우도 있다. 법률의 경우 대부분 국내에 한정되어 적용되며, 일부 국제적인 조약 등에 따라 국제적으로 통용되는 국제법이 있다. 이러한 것을 감안하면, 스포츠단체의 자치규칙이나 규정 등은 전 세계적으로 통용되어 올림픽 등을 통해 전 세계의 스포츠인 모두가 공통된 규정과 규칙에서 대회를 치르고 결과에 승복하는 등 스포츠 발전에 큰 역할을 담당하고 있다.

다만, 스포츠단체의 자치규칙과 규정 등이 잘 만들어졌다고 하더라도 이러한 규정과 규칙에 따라 내부적으로 관련 문제를 해결함에 있어 선수의 인권 침해 및 불합리한 제도나 계약 등으로 발생하는 여러 분쟁의 이해관계가 첨예하게 대립되어 있다. 따라서 이러한 문제점을 해결하기 위해 법률로 명확하게 규정할 필요가 있다. 또한 스포츠에 관한 실정법 제정은 국가의 필수적인 의무이며, 현재 스포츠와 관련한 다양한 실정법들이 제정되고 있는 상황이다.

3 스포츠법의 분류

표 10-1 스포츠법의 분류

	스포츠와 공법	스포츠와 사법	현행 스포츠 관련 법률
주요 사업	• 헌법: 스포츠기본권, 학습권 보장, 인권 문제 등 • 행정법: 체육행정 기관, 영조물 등 • 형법: 선수폭력, 도핑, 안전사고, 도박 등 • 노동법: 선수의 근로자성, 직업 자유 등	• 스포츠 계약과 법 • 불법 행위와 손해배상 • 제조물책임법과 스포츠용품 • 스포츠와 지적재산권 등	• 국민체육진흥법 • 체육시설의 설치·이용에 관한 법률 • 스포츠산업진흥법 • 경륜·경정법 • 생활체육진흥법 • 국제경기대회지원법 • 태권도진흥 및 태권도공원 조성 등에 관한 법률 • 전통무예진흥법 • 학교체육진흥법 • 씨름진흥법 • 2018평창동계올림픽대회 지원법 • 바둑 진흥법

4 스포츠 관련 법률의 현황

1) 「국민체육진흥법」

「국민체육진흥법」은 1962년 9월 17일 제정된 후 2007년 4월 11일 전면 개정된 법률로서 "국민체육을 진흥함으로써 국민의 체력을 증진하고 건전한 정신을 함양하여 명랑한 국민생활을 영위하게 하며, 나아가 체육을 통하여 국위선양에 이바지함"을 목적으로 한다. 「국민체육진흥법」은 체육에 관한 일반법으로서 총 6장 55조로 구성되어 있다.

이 법은 체육진흥의 기본이 되는 조장적 성격의 법으로 체육, 선수, 체육지도자, 체육동호인조직, 운동경기부 등의 개념을 규정하고, 제3조에서 국가와 지방자치단체의 체육진흥시책 수립 및 체육활동의 권장·보호·육성 의무를, 제4조에서는 문화체육관광부 장관의 기본시책 수립·시행 의무를 규정하고 있다. 그 외에 운동선수와 체육지도자에 대한 보호, 레크리에이션의 보급과 프로경기의 건전 육성, 경륜·경정 등 여가체육활동의 건전 시행, 체육용구의 생산 장려 등을 정하고 있다. 제3장에서는 국민체육진흥 재원인 국민체육진흥기금의 조성과 사용을,

제4장은 체육진흥투표권의 발행, 사업의 위탁 등을 규정하고, 제5장에서는 대한체육회와 대한장애인체육회, 한국도핑방지위원회, 서울올림픽기념국민체육진흥공단 등 체육단체의 육성에 관해 구체적으로 기술하고 있다.

2) 「체육시설의 설치·이용에 관한 법률」

「체육시설의 설치·이용에 관한 법률」은 1989년 3월 31일 제정·공포된 법률로서 2007년 4월 11일 전면 개정되었다. 이 법률은 "체육시설의 설치·이용을 장려하고 체육시설업을 건전하게 발전시켜 국민의 건강증진과 여가선용에 이바지함"을 목적으로 공공체육시설의 설치와 민간체육시설업의 권리·의무를 정하고 있다. 이 법률은 총 5장 40조로 구성되어 있으며 체육시설을 공공체육시설과 민간체육시설로 나눈다. 공공체육시설은 전문체육시설, 생활체육시설, 직장체육시설로 구분하고, 민간체육시설은 등록체육시설업과 신고체육시설업으로 구분하고 있다. 또한 사인에 의한 체육시설의 설치·운영과 체육지도자 배치·시설기준 및 이용자 보호 등을 규정하고 있으며, 국가 또는 지방자치단체 및 직장의 장에게 전문체육시설, 생활체육시설의 설치 및 운영의 의무를 부가하는 동시에 지역주민을 위해 동 체육시설을 개방하도록 규정하고 있다.

3) 「스포츠산업진흥법」

「스포츠산업진흥법」은 2007년 4월 6일 제정된 법으로 "스포츠산업의 진흥에 필요한 사항을 규정함으로써 스포츠산업의 기반조성 및 경쟁력 강화를 도모하고, 스포츠를 통한 국민의 여가선용 기회 확대와 국민경제의 건전한 발전에 이바지함"을 목적으로 하고 있다. 전체 23조로 구성되어 있으며, 국가로 하여금 기본계획 수립, 전문 인력 양성, 스포츠산업진흥시설 지정 등의 사업을 수행토록 한다. 프로스포츠를 육성하고 선수의 권익을 보호하며, 국제교류 및 해외 시장 진출지원 및 사업자 단체의 설립을 규정하고 있다.

4) 「전통무예진흥법」

「전통무예진흥법」은 2008년 3월 28일 제정된 법으로서 "문화적 가치가 있는 전통무예를 진흥하여 국민의 건강증진과 문화생활 향상 및 문화국가 지향에 기여함"을 목적으로 하고 있다. 전체 6조로 구성되어 있으며, 국가로 하여금 기본계획 수립, 전통무예단체 육성, 전통무예지도자의 육성 등의 사업들을 수행하도록 하고 있다.

5) 「경륜·경정법」

「경륜·경정법」은 1991년 12월 31일 제정된 법으로서 "경륜 및 경정의 공정한 시행과 원활한 보급을 통하여 국민의 여가선용과 청소년의 건전육성 및 국민체육의 진흥을 도모하고, 지방재정 확충을 위한 재원을 마련하며, 자전거 및 모터보트 경기수준의 향상에 이바지함"을 목적으로 하며, 경륜·경정의 시행, 수익금의 사용 등을 규정하고 있다.

6) 「2011 대구세계육상선수권대회, 2013 충주세계조정선수권대회, 2014 인천하계아시아경기대회, 2014 인천장애인아시아경기대회 및 2015 광주하계유니버시아드경기대회 지원법」

「2011 대구세계육상선수권대회, 2013 충주세계조정선수권대회, 2014 인천하계아시아경기대회, 2014 인천장애인아시아경기대회 및 2015 광주하계유니버시아드경기대회 지원법」은 2007년 12월 14일 제정 및 공포된 법으로서 "2011년에 개최되는 제13회 세계육상선수권대회, 2013년에 개최되는 제42회 세계조정선수권대회, 2014년에 개최되는 제17회 아시아경기대회, 제11회 장애인아시아경기대회 및 2015년에 개최되는 제28회 하계유니버시아드대회의 성공적 개최를 지원함으로써 국민체육을 진흥하고 국가발전에 이바지함"을 목적으로 한다. 최초 제정 시에는 「2011 대구세계육상선수권대회 및 2014 인천아시아경기대회 지원법」이었으나, 그 후 2010년 개정을 통해 광주광역시가 유치한 2015년 제28회 하계유니버시아드경기대회의 성공적인 개최를 위해 제명을 「2011 대구세계육상선수권대회, 2014 인천하계아시아경기대회 및 2015 광주하계유니버시아드대회 지원법」으로 변경했다.

전체 6장 35조로 구성되어 있으며, 대회조직위원회, 국제경기대회지원위원회, 대회 관련 시설, 휘장 및 유사 명칭의 사용금지, 대회를 통한 남북 체육교류, 벌칙 등에 대해 규정하고 있다.

7) 「태권도 진흥 및 태권도공원 조성에 관한 법률」

「태권도진흥 및 태권도공원 조성 등에 관한 법률」은 2007년 12월 21일 제정된 법률로서 "우리 민족의 고유 무예인 태권도를 진흥하고 전 세계 태권도인의 성지인 태권도공원을 조성하여 국민의 심신단련과 자긍심을 고취시키고 나아가 태권도를 세계적인 무예 및 스포츠로 발전시켜 국위선양에 이바지함"을 목적으로 제정되었다. 전체 5장 24조로 구성되어 있으며, 태권도의 체계적인 보존 및 진흥을 위해 태권도 진흥의 기본방향, 지도자의 교육·양성에 관한 사항 등 태권도진흥 기본계획 수립·시행과 효율적인 태권도공원의 조성·운영 등에 대해 규정하고 있다.

8) 「씨름진흥법」

「씨름진흥법」은 2012년 1월 17일 제정된 법으로서 "우리 민족 고유의 문화이자 체육활동인 씨름의 진흥에 필요한 사항을 정함으로써 국민의 체력증진과 건강한 정신함양 및 씨름의 세계화에 이바지함"을 목적으로 하고 있다. 전체 8조로 구성되어 있으며, 국가로 하여금 기본계획 수립, 씨름의 날 지정 및 행사 진행, 씨름 시설의 지원 등의 사업들을 수행하도록 하고 있다.

9) 「2018 평창동계올림픽 및 동계패럴림픽 지원 등에 관한 법률」

「2018 평창동계올림픽 대회 및 동계패럴림픽대회 지원 등에 관한 특별법」은 2012년 1월 26일 제정된 법으로 "2018년에 개최되는 제23회 평창동계올림픽 대회 및 제13회 동계패럴림픽대회의 성공적인 개최를 지원함으로써 국민체육을 진흥하고 올림픽 유산을 공고히 하여 국가 발전에 이바지함"을 목적으로 하고 있다. 전체 8장 92조로 구성되어 있으며, 조직위원회, 대회지원위원회, 대회관련시설, 동계올림픽특구의 지정·운영, 대회를 통한 남북 체육교류, 벌칙 등에 대해 규정하고 있다.

10) 「국제경기대회지원법」

「국제경기대회지원법」은 2012년 11월 23일 제정된 법으로서 "국내에서 개최되는 국제경기대회에 대한 지원 근거를 마련하여 대회의 성공적 개최를 지원함으로써 국민체육을 진흥하고 국가발전에 이바지함"을 목적으로 하고 있다. 전체 6장 34조로 구성되어 있으며, 국제경기대회는 국민체육진흥, 관련 산업 발전 및 국가이미지 제고 등을 통해 국가발전에 기여하는 주요 행사인바, 이러한 국제경기대회의 성공적인 개최를 지원하기 위한 법제정의 필요성이 제기되었다. 이에 「국제경기대회지원법」을 제정하여 그동안 서울하계올림픽대회, FIFA 한·일 월드컵축구경기대회 등 국가 차원의 지원이 필요한 국제경기대회를 유치할 때마다 한시적인 특별법을 제정하는 개별입법 추진의 행정 낭비를 개선하고, 국제경기대회 지원 기준 등에 대한 일반원칙을 확립하려는 것이다.

주요 내용은 문화체육관광부 장관이 국제경기대회 유치 및 개최 지원에 관한 정책을 총괄·조정하도록 하고, 국제경기대회를 유치하려는 지방자치단체 및 체육단체(경기단체 포함)의 장은 관련 국제스포츠기구의 장에게 유치 신청서 제출 전에 문화체육관광부 장관의 승인을 받도록 하는 것이다. 문화체육관광부 장관은 대회 유치 승인 시 미리 재원조달 방안 등에 관해 기획재정부장관과 협의하도록 하여 대회 개최에 따른 재정 소요를 고려할 수 있게 했다. 또한 대회 개최에 대한 평가가 이루어질 수 있도록 대회조직위원회는 대회 종료 후 6개월 이내에 대회 평가 결과를 문화체육관광부 장관에게 제출하도록 하고, 문화부체육관광부 장관은 이를 포함한 대회 결과를 국회 소관 상임위원회에 보고하도록 하고 있다.

11) 「학교체육진흥법」

「학교체육진흥법」은 2012년 1월 26일에 제정되어 "학생의 체육활동 강화 및 학교운동부 육성 등 학교체육 활성화에 필요한 사항을 정함으로써 학생들이 건강하고 균형 잡힌 신체와 정신을 가질 수 있도록 하는 데 기여함"을 목적으로 한다. 전체 19조로 구성되어 있으며, 학교체육진흥 시책과 권장, 학교체육 진흥의 조치, 학교시설설치, 학생건강체력평가 실시계획의 수립 및 실시, 건강체력교실, 학교스포츠클럽, 학교운동부 등의 운영, 유아 및 장애학생 체육활동 지원, 학교체육진흥위원회 설치·운영 등의 사업들을 수행하도록 하고 있다. 학교체육 진흥에 관한 중요사항을 심의하기 위해 학교체육진흥중앙위원회 및 학교체육진흥지역위원회를 설치·운영하며, 학교체육 진흥을 위한 정책연구 등을 수행하는 학교체육진흥원을 설립할 수 있도록 함으로써 일반학생들의 체육활동 참여를 실질적으로 보장하고 활성화시킬 수 있는 토대를 만들고 학교체육의 정상화 방안을 마련하도록 했다.

12) 「포뮬러원 국제자동차경주대회지원법」

「포뮬러원 국제자동차경주대회 지원법」은 "포뮬러원 국제자동차경주대회를 성공적 개최를 지원함으로써 국민체육을 진흥하고 관광산업 및 자동차 관련 산업의 육성 등을 통한 국가발전에 이바지함"을 목적으로 한다. 전체 6장 31조로 구성되어 있으며 대회시설 및 수익사업, 대회 지원단체 지원 및 안전대책, 휘장 및 유사 명칭의 사용 금지, 벌칙 등 규정하고 있다.

이 법은 유효기간이 명시되어 있는 한시법(限時法)으로 부칙 제2조에 따라 대회 개최 기간이 연장될 경우에는 최종 개최연도의 다음 연도 12월 31일까지 효력을 가지게 되나, 대회 개최 기간이 연장되지 않아 이 법의 효력은 2017년 12월 31일로 폐지되었다.

13) 「2013 평창동계스페셜올림픽세계대회 지원법」

「2013 평창동계스페셜올림픽세계대회 지원법」은 "2013년에 개최되는 평창동계스페셜올림픽세계대회의 성공적 개최를 지원함으로써 스페셜올림픽 운동의 확산에 기여하고 지적발달장애인들의 체력 향상과 더불어 지적발달장애인들에 대한 인식을 제고하여 국가의 위상을 높이는 동시에 복지사회실현에 이바지함"을 목적으로 했다. 전체 22조로 구성되어 있으며 문화체육관광부 장관의 인가를 받아 2013 평창동계스페셜올림픽세계대회조직위원회를 설립하고, 국가·지방자치단체·공공기관 등에 행정적·재정적 협조 및 지원과 그 밖에 필요한 편의를 요청할 수 있으며, 대회의 준비 및 운영에 필요한 대회기금을 설치할 수 있다. 국유·공유 재단을 무상으로 대부·사용 및 수익하게 하거나, 체육진흥투표권의 증량발행, 기념주화의 판매, 기념우표 등의 발행 등에 대해 규정하고 있다. 또한, 이 법은 유효기간이 명시되어 있는 한시법(限時法)으로 부칙 제2조(유효기간)에 따라 이 법의 효력은 대회 종료 후 2014년 12월 31일로 폐지되었다.

14) 「2015 경북문경세계군인체육대회 지원법」

「2015 경북문경세계군인체육대회 지원법」은 2012년 2월 17일 제정된 법으로 "국제군인 간의 우의 증진 및 유대 강화, 군사 체육의 발전, 그리고 범세계적인 평화유지에 기여"할 목적으로 1948년 2월 프랑스 등 5개국이 주축이 되어 창설되었다. 우리나라는 1957년 그리스의 추천으로 21번째 회원국으로 가입한 국제대회로, 서울에서 개최된 제66차 국제군인체육연맹(CISM) 총회에서 2015년 세계군인체육대회의 대한민국 문경 개최가 최종 확정되었다. 대회의 성공적인 준비 및 운영을 지원하기 위해 대회주관기관으로 설립될 2015 경북문경세계군인체육대회 조직위원회 및 대회 관련사업의 지원 등을 위한 법적 근거를 마련함으로써 군인 체육진흥과 국가발전, 군인 스포츠외교를 통한 국가위상 제고를 목적으로 제정되었다. 이 법은 유효기간이 명시되어 있는 한시법(限時法)으로 부칙 제2조(유효기간)에 따라 이 법의 효력은 대회 종료 후 2016년 12월 31일로 폐지되었다.

15) 「생활체육진흥법」

국민의 건강증진과 삶의 질 향상을 위해 생활체육의 활성화는 반드시 필요한 시대적 과제가 되었다. 그러나 전국 17개 시·도에 370만 명의 회원을 보유하고 한해 700억 원의 국가예산을 집행하며 국민 체육단체로 성장한 국민생활체육회의 위상에도 불구하고 단체 운영에 대한 법적 근거가 없었다. 이에 따라 생활체육 활성화를 위해 필요한 사항을 규정함으로써 생활체육의 기반조성 및 활성화를 도모하고, 생활체육을 통한 국민의 건강과 체력증진, 여가선용 및 복지 향상에 이바지하며, 생활체육과 전문체육의 연계를 강화하여 체육정책의 통일성을 높이는 데 기여하기 위해 2015년 3월 27일 「생활체육진흥법」이 제정되었다. 생활체육강좌 설치, 스포츠클럽의 육성 및 지원, 체육동호인조직의 육성 및 지원, 국유·공유재산의 대부 등을 규정하고 있다.

16) 「바둑진흥법」

우리나라의 바둑은 삼국시대 이전부터 크게 성행해온 전통문화이자 대표적인 두뇌 스포츠로서 우리의 고유한 정신 가치 체계를 전승하여 사회통합에 일조하고 있으며, 국제적으로도 높은 경쟁력을 갖고 국가의 위상을 제고하고 있다. 또한 교육적으로 사고력 배양은 물론이고 인성과 정서를 함양할 수 있고, 여가 선용과 건전한 문화생활 영위, 노인들의 취미활동 및 치매예방 등의 효과를 얻을 수 있어 해외에서도 바둑 인구의 저변이 확대되고 있는 상황이다.

그러나 국내에서는 바둑에 대한 국민적 관심이 낮아짐에 따라 지속적으로 바둑 인구가 감소되고 있어 세계적으로 저변이 확대되고 있는 바둑의 지속적인 발전과 우리나라의 국제적 위상강화를 위해 제도적 뒷받침이 필요한 실정이다. 따라서 바둑진흥기본계획의 수립·시행, 바둑 전문인력 양성 등 바둑의 진흥에 필요한 사항을 정함으로써 바둑을 통해 국민의 여가선용 기회를 확대하고 건강한 정신을 함양함과 아울러 바둑의 세계화에 이바지하려는 것을 목적으로 2018년 4월 17일 법률 제15567호로 「바둑진흥법」이 제정되었다.

4 법 위반에 따른 처벌(이것만은 알아야 한다!!)

대부분의 스포츠 관련 법률은 진흥법으로 스포츠 진흥을 위해 필요한 사항을 규정하고 있다. 다만, 일부 법률에서는 스포츠 분야의 법질서 확립 등을 위해 법적으로 하지 말아야 할 사항 등을 규정하고 있으며, 이를 지키지 않을 시에는 법적 처벌이 따른다. 다음에서는 스포츠 관련 법률에서 꼭 지켜야 할 사항들과 함께 이를 위반할 시에 따르는 법적 처벌에 대해서도 알아보고자 한다.

1) 선수 등의 금지행위(「국민체육진흥법」 제14조의3)

「국민체육진흥법」 선수 등의 금지행위(제14조의3)는 운동경기에 관한 부정한 청탁을 받고 재물이나 재산상의 이익을 받거나 요구 또는 약속해서는 안 되며, 부정한 청탁을 받고 제3자에게 재물이나 재산상의 이익을 제공하거나 제공할 것을 요구해서는 안 된다. 2014년 7월부터 지도자 등의 비위행위 등에 대한 법적 책임 명시가 시행되었으며, 지도자들의 높은 수준의 윤리의식과 스포츠맨십이 필요하다.

이 조항은 '승부조작'에 관한 사항으로 운동경기에 관해 부정한 청탁을 받고 재물이나 재산상의 이익을 제공하거나 제공할 것을 요구해서는 안 된다. 즉, 승부조작은 재물이나 재산상의 이익을 받고 경기 일부를 조작하는 행위로 이는 스포츠의 가장 기본 원칙인 '페어플레이' 정신의 근간을 흔드는 행위이자 해당 종목을 사랑하는 이들에 대한 기만행위인 동시에, 해당 경기를 직접 관전한 관중에 대한 일종의 사기라고 볼 수 있기 때문이다. '실력과 우연의 결합'이라는 승부의 본질을 해침으로써 해당 종목의 존재 의의 자체를 없애는 결과를 낳기 때문이다. 게다가 승패를 조작하면서 스포츠의 투명성이 사라지고, 이것이 도박으로 연결되어 폭력단의 수입원 등을 제공하여 사회악을 키우게 되는 등 커다란 문제로 이어진다.

따라서 이에 따른 법적 처벌은 굉장히 무겁다. 「국민체육진흥법」 벌칙(제47조, 제48조)에 따라 제14조의3 제1항을 위반하여 부정행위를 한 경우 7년 이하의 징역이나 7천만원 이하의 벌금, 제14조의3을 위반하여 부정행위를 한 경우 5년 이하의 징역이나 5천만원 이하의 벌금에 처한다(단, 학생선수는 제외).

■ 승부조작 사례
- 축구: K리그 승부조작 사건, 경남 FC 심판매수사건, 전북현대모터스 심판매수 사건 등
- 농구: 2013년 프로농구 승부조작 사건, 2015 프로농구 불법도박 사건 및 승부조작 의혹
- 야구: 2012년 프로야구 승부조작 사건, 216년 프로야구 승부조작 사건, KBO 심판 금전 요구 사건 등
- 배구: 프로배구 승부조작 사건(세계 최초로 여자선수가 가담한 구기종목 승부조작 사건)

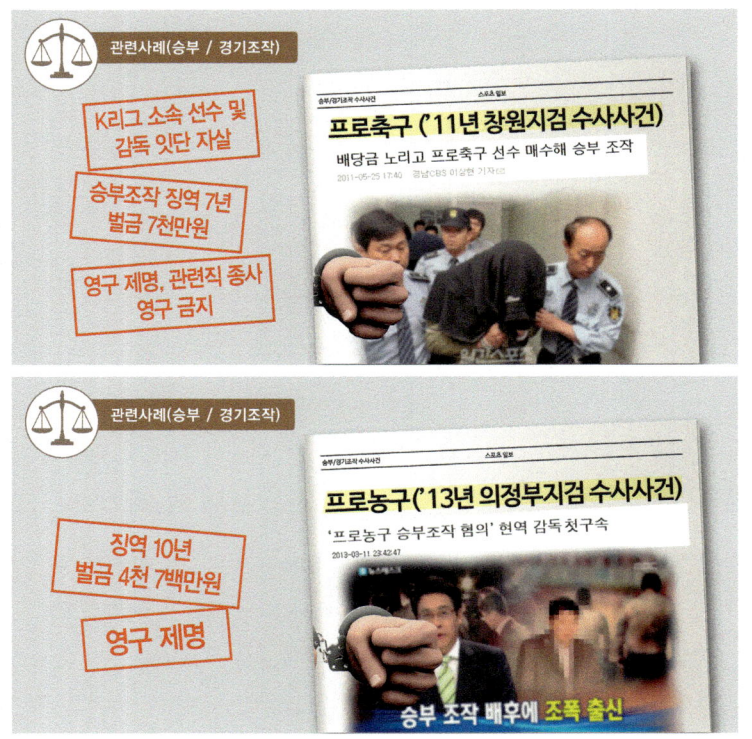

그림 10-1 승부조작 사건

2) 체육진흥투표권의 구매 제한(「국민체육진흥법」 제30조)

「국민체육진흥법」 구매 제한(제30조)은 체육진흥투표권의 구매·알선·양도 제한으로 체육진흥투표권 발행사업자와 수탁사업자, 체육진흥투표권발생사업에 대하여 감독하는 지위에 있는 자, 발행대상 운동경기의 선수·감독·코치·심판 및 경기단체의 임직원, 발행대상 운동경기를 주최하는 단체의 임직원, 그 밖에 체육진흥투표권 발행사업에 종사하는 자에게 제한한다. 이를 위반할 시 5년 이하의 징역이나 5천만원 이하의 벌금에 처한다.

체육진흥투표권은 '스포츠토토'로 합법적인 사행산업이다. 법률에서는 스포츠토토의 구매 제한을 규정하고 있는데, 스포츠토토에 대하여 발행대상 운동경기의 선수·감독·코치·심판 및 경기단체의 임직원, 발행대상 운동경기를 주최하는 단체의 임직원, 그 밖에 체육진흥투표권 발행사업에 종사하는 사람은 스포츠토토를 구매, 알선, 양도 등을 할 수 없다. 즉, 야구 선수나 감독·코치·심판 및 야구 관련 경기단체의 임직원(대한야구소프트볼협회, 프로야구구단 등), 발행대상 운동경기를 주최하는 단체의 임직원(한국야구위원회) 등은 야구 관련 스포츠토토를 하여서는 안 된다. 축구나, 농구, 배구도 마찬가지다. 다만, 야구 선수가 축구나 배구, 농구를 하는 것은 상관없다. 그러나 체육진흥투표권 발행사업에 종사하는 사람이나 이를 감독하는 지위에 있는 사람, 즉 국민체육진흥공단 임직원이나 문화체육관광부 공무원 등은 스포츠토토의 구매 제한에 해당하므로 스포츠토토를 사거나, 사라고 하거나, 구매한 다음 양도하여서는 안 된다.

그림 10-2 승부조작 사건

3) 체육지도자 배치기준(「체육시설의 설치·이용에 관한 법률」)

「체육시설의 설치·이용에 관한 법률」 제23조에 따라 체육시설업을 운영하는 사람은 체육시설에 체육지도자를 배치하여야 한다. 체육지도자의 배치기준은 다음과 같다.

표 10-2 **체육지도자 배치기준**

체육시설업의 종류	규모	배치 인원
골프장업	• 골프코스 18홀 이상 36홀 이하	1명 이상
	• 골프코스 36홀 초과	2명 이상
스키장업	• 슬로프 10면 이하	1명 이상
	• 슬로프 10면 초과	2명 이상
요트장업	• 요트 20척 이하	1명 이상
	• 요트 20척 초과	2명 이상
조정장업	• 조정 20척 이하	1명 이상
	• 조정 20척 초과	2명 이상
카누장업	• 카누 20척 이하	1명 이상
	• 카누 20척 초과	2명 이상
빙상장업	• 빙판면적 1,500㎡ 이상 3,000㎡ 이하	1명 이상
	• 빙판면적 3,000㎡ 초과	2명 이상
승마장업	• 말 20마리 이하	1명 이상
	• 말 20마리 초과	2명 이상
수영장업	• 수영조 바닥면적이 400㎡ 이하인 실내 수영장	1명 이상
	• 수영조 바닥면적이 400㎡를 초과하는 실내 수영장	2명 이상
체육도장업	• 운동전용면적 300㎡ 이하	1명 이상
	• 운동전용면적 300㎡ 초과	2명 이상
골프연습장업	• 20타석 이상 50타석 이하	1명 이상
	• 50타석 초과	2명 이상
체력단련장업	• 운동전용면적 300㎡ 이하	1명 이상
	• 운동전용면적 300㎡ 초과	2명 이상

※ 비고
체육시설업자가 해당 종목의 체육지도자 자격을 가지고 직접 지도하는 경우에는 그 체육시설업자에 해당하는 인원의 체육지도자를 배치하지 아니할 수 있다.
종합 체육시설업의 경우에는 구성하고 있는 각각의 체육시설업의 해당 기준에 따라 체육지도자를 배치하여야 한다.

위 체육지도자 배치기준은 최소한의 배치기준이다. 예를 들어 300㎡ 이하의 체력단련장(헬스장)을 운영하는 사업주가 체육지도자 자격을 갖춘 경우 과태료 처분은 받지 않는다. 다만, 이러한 체육지도자 배치기준은 상시 배치기준으로, 시설을 운영하는 동안은 체육지도자가 계속 배치되어 있어야 한다. 만일 체육지도자가 배치되어 있지 않거나, 체육지도자 자격이 없는 사람이 배치되어 있을 때 안전사고 등이 발생하는 경우 이에 대한 민사적 책임은 사업주가 져야 한다.

5) 과태료(「체육시설의 설치·이용에 관한 법률」 제40조) 처분

「체육시설의 설치·이용에 관한 법률」 과태료(제40조) 100만원 이하의 과태료를 체육지도자를 배치하지 않거나 체육지도자 자격이 없는 자를 배치한 자, 안전점검에 따른 이행 및 시정명령을 준수하지 않은 체육시설 소유자·시설업자, 변경등록을 안하고 영업을 한 자, 보험에 가입하지 아니한 자, 신고하지 않고 소규모 업종의 체육시설업을 영업한 자, 폐쇄명령 또는 정지명령을 받고 소규모 업종의 체육시설을 영업한 자에게 부과한다.

6) 안전·위생 기준(「체육시설의 설치·이용에 관한 법률」 제24조)

「체육시설의 설치·이용에 관한 법률」 안전·위생 기준(제24조)은 안전요원 배치, 수질 관리 및 보호 장구의 구비 등 문화체육관광부령으로 정하는 안전·위생 기준을 지켜야 한다. 체육시설업을 이용하는 자는 안전·위생 기준에 따른 보호장구를 착용하여야 하며 보호장구 착용 의무를 준수하지 않는 경우 이용을 거절하거나 중지 가능하다. 이를 위반할 시 1년 이하의 징역 또는 300만원 이하의 벌금에 처한다.

7) 체육지도자의 결격사유(「국민체육진흥법」 제11조의5)

「국민체육진흥법」 체육지도자의 결격사유(제11조의5)로 피성년후견인 또는 피한정후견인, 금고 이상의 형을 선고받고 그 집행이 종료되거나 집행이 면제된 날부터 2년이 지나지 아니한 사람, 금고 이상의 형의 집행유예를 선고받고 그 유예기간 중에 있는 사람, 제12조제1항에 따라 자격이 취소되거나 같은 조 제3항에 따라 자격검정이 중지 또는 무효로 된 후 3년이 경과되지 아니한 사람은 체육지도자가 될 수 없다.

8) 자격취소 등(「국민체육진흥법」 제12조)

「국민체육진흥법」 체육지도자의 자격취소(제12조)로 문화체육관광부 장관은 체육지도자 자격증을 발급받은 사람이 거짓이나 부정한 방법으로 체육지도자의 자격을 취득한 경우, 자격정지 기간 중에 업무를 수행한 경우, 체육지도자 자격증을 타인에게 대여한 경우 등에 해당하면 자격이 취소된다. 제1항에 따른 행정처분의 세부적인 기준 및 절차는 그 사유와 위반 정도를 고려하여 문화체육관광부령으로 정한다.

5. 스포츠정책의 이해

우리나라는 정부 주도로 스포츠정책을 추진하고 있다. 「정부조직법」에 따라 스포츠를 담당하는 정부 부처인 '문화체육관광부'가 있고 대통령 선거에 따라 선출되는 각 대통령이 구성하는 정부와 국정과제에도 스포츠정책이 포함되고 있다. 이러한 스포츠정책은 매번 정부가 출범할 때마다 발표되며, 각 정부 부처도 이러한 정부의 체육정책에 따라 해당 주무 부처인 문화체육관광부에서 관련 세부 정책을 수립·시행하고 있으며, 이에 대한 법적 근거 역시 규정되어 있다. 이러한 스포츠정책의 연속성 측면에서 정부의 스포츠정책은 정부의 출범 전 대통령 후보의 체육 관련 공약을 통해 이해할 수 있다. 이번 문재인 정부의 스포츠와 관련한 공약으로는 모든 국민이 체육을 즐기는 스포츠 복지국가 구현이 있고, 이를 위해 스포츠 참여기회 확대, '국민스포츠'로 전환, 공정한 스포츠 생태계 조성, 체육특기자 입시전형의 획기적 개선, 체육인 복지 증진과 체육지도자의 처우개선, 스포츠산업 육성과 스포츠를 통한 일자리 창출, 2018 평창동계올림픽대회의 성공적 개최 지원, 남북 체육교류 재개를 계기로 한 남북의 화해 및 협력 등을 계획했다.

정책 내용을 살펴보면, 스포츠 참여기회 확대 차원에서 '국민스포츠' 확산을 위해 유아, 노인, 청소년, 장애 유형별 맞춤형 스포츠 확대와 초등학교 생존 수영 의무화 추진, 지역 단위 공공스포츠클럽 도입과 생활체육시설 대폭 확충 및 공공기관 체육시설을 지역주민에게 확대 개방하고자 했다. 공정한 스포츠 생태계 조성을 위해서는 스포츠공정위원회 기능을 강화하고 체육단체의 자율성을 보장하는 방안을 모색했다. 체육특기자 입시전형의 획기적인 개선을 위해 공부하는 선수, 운동하는 학생을 양성을 목표로 체육특기자 수업참여 보장 및 최저학력제 운영 등의 학사관리를 강화하고, 선수 생애 관리제 도입, 학교체육진흥회 설치와 학생 체육대회의 분리 개최를 추진하는 등 전문체육·생활체육·학교체육의 유기적 시스템을 구축하고자 했다. 체육인 복지 증진과 체육지도자의 처우개선을 위해 「체육인복지법」 제정 및 체육인복지재단 설립을 추진하고, 스포츠강사 처우개선을 위해 노력하고자 했다. 스포츠산업 육성과 스포츠를 통한 일자리 창출을 위해 스포츠기업 확인제 도입 및 창업지원센터 운영과 은퇴선수 취업지원 및 생활체육지도자 배치 의무화를 도모했다. 2018 평창동계올림픽대회 및 동계패럴림픽대회의 성공적 개최 지원을 위해 12개 경기장대회시설과 개·폐회식장, 올림픽플라자, 선수촌, 미디어촌, 광역교통망 준공 등 시설 건립 완료를 꾀하고, 2016년 12월 말 기준 목표 9,400억 원 대비 1조 524억 원 달성으로 목표 대비 111.9% 높은 스폰서십을 지속 확보했으며, 범정부 협조체계 구축을 통해 대회 운영, 홍보 및 입장권 마케팅, 개최도시 수송교통 및 도시환경 개선 등 범정부 지원 대책을 수립했다. 또한 국내외 온·오프라인 홍보 강화 및 주요 계기별 행사 추진을 통해 2018 동계패럴림픽대회 붐 조성 및 국민 참여 제고와 IPC(국제패럴림픽위원회) 기준에 따른 패럴림픽 대회 시설 준비, 장애인 접근성 개선, 경기장 사전 훈련 등 패럴림픽 대회 운영을 준비와 남북 체육교류 재개로 남북 화해 협력을 유도하고자 했다.

표 10-3 현 정부 체육정책(2018년 현재)

부문별 목표	추진내용
스포츠 참여기회 확대, 국민스포츠 강화	• 생애주기별 맞춤형 프로그램 확대 • 스포츠클럽 지원 • 공공체육시설 확충 • 장애인형 국민체육센터 건립 및 장애인체력인증센터 운영 • 장애인생활체육지도자 배치
체육인 복지 증진 및 공정한 스포츠 생태계 조성	• 체육인복지법 제정 및 전담기관 지정 • 초등스포츠강사 건건비 인상 등 처우개선 • 스포츠공정위원회 기능 강화 • 체육단체 자율성 강화 지원
2018 평창동계올림픽대회 및 동계패럴림픽대회의 성공적 개최	• 범정부 협조체계 구축, 범정부 지원 대책 추진(대회 운영·입장권·개최도시 수용태세 개선 등) • 국내외 온·오프라인 홍보 강화 및 주요 계기 행사 지원을 통해 올림픽 붐 조성 및 국민 참여 제고 • 2018 평창동계패럴림픽대회의 차질 없는 대회 준비 및 운영
스포츠산업 육성과 스포츠를 통한 일자리 창출	• 우수 스포츠기업 선별 및 지원정책 마련 • 창업지원센터 확대 • 지역 스포츠산업 육성 방안 발표 • 은퇴선수 배치를 포함한 생활체육지도자 배치 • 은퇴선수 취업지원 시스템 구축

부문별 목표	추진내용
체육특기자 입시 전형의 획기적 개선	• 공부하는 학생선수 • 육성을 위한 학습권 보장 • 체육중점학급 운영 추진 • 학교체육진흥회 설립 • 초·중·고 학생선수 참가 '학생체육축제' 개최 • 학교스포츠클럽 활성화
체육 분야 남북 및 국제 교류·협력 강화	• 2018 평창동계올림픽대회 및 동계패럴림픽대회에 북한 참여 추진 • 태권도 경쟁력 제고 및 종목유지 활동 지원 • '태권도 문화콘텐츠화 추진TF' 운영 및 10대 태권도 명품 콘텐츠 개발 • 종목별·분야별 남북 체육교류 추진

출처: 문화체육관광부 홈페이지(2018)

2018년 문재인 정부의 체육정책은 사람을 위한 스포츠, 건강한 삶을 위해 모든 국민이 스포츠를 즐기며, 스포츠 가치의 사회적 확산으로 행복한 공동체 형성을 목표를 기조로 삼았다. 2030 스포츠 비전은 개인 차원의 '신나는 스포츠', 공동체 차원의 '함께하는 스포츠', 국가 차원의 '자랑스러운 스포츠', 이를 달성하기 위한 추진 체계로서 민주적 거버넌스를 의미하는 '풀뿌리 스포츠'를 4대 추진전략으로 제시했다. 스포츠를 모든 국민이 누려야 할 보편적 복지로 규정하고, 국민이 스포츠를 통해 건강한 삶을 이어갈 수 있도록 운동하기 편한 환경을 조성하는 데 중점을 뒀다. 이를 위해 평생 운동습관의 출발점인 유아와 유소년기부터 다양한 정책을 지원하고 2030년까지 국공립 어린이집, 유치원에 체육지도자 파견을 확대한다. 또 스포츠시설은 집이나 직장에서 10분 이내에 접근할 수 있도록 생활권을 기준으로 확충하고, 공원과 마을 공터, 주민센터 등 지역주민이 쉽게 접근할 수 있는 장소에 소규모 실내 스포츠시설 모델을 개발·보급할 예정이다.

스포츠클럽 시스템의 빠른 정착도 지원한다. 구체적으로, 종목별 생활스포츠 리그대회를 활성화시키고, 스포츠클럽과 지역의 학교 간 연계(학교체육시설 활용, 방과 후 체육활동 지원 등)를 확대해 스포츠클럽이 지역 공동체의 구심적 역할을 할 수 있도록 제도적으로 지원한다. 또 보편적 복지로서 스포츠의 가치와 철학에 대한 사회적 합의를 법률로 규정하는 스포츠 기본법을 제정하면서 체계성을 갖출 수 있도록 국민체육진흥법 개정도 함께 추진하기로 했다.

평창동계패럴림픽대회를 계기로 관심이 높아진 장애인 생활스포츠에 대한 활성화 방안도 추진된다. 장애인 전용 스포츠시설을 대폭 확충하고, 장애인 전용 스포츠시설 건립 단위를 현행 광역자치단체에서 기초자치단체로까지 확대한다. 또 기존 비장애인 스포츠시설도 장애인이 이용할 수 있도록 개선한다.

그 밖에 스포츠 분야의 비리와 부조리를 근절하기 위해 조사·징계, 분쟁 조정 등을 관장하는 독립기관 설립을 검토한다. 체육인의 생활 안정과 삶의 질 개선을 위해 사회안전망을 구축하고, 교육·훈련 지원 등 자생적 성장을 유도할 법적 근거 마련을 위해 체육인복지법 제정을 추진한다. 또 스포츠산업 혁신을 위해 산업 성장 추세, 기술경쟁력, 고용효과 등을 고려해 5대 전략 분야를 국책과제로 선정·육성한다. 스포츠외교 강화를 위해 태권도 분야 리더십을 강화하고, 한·중·일 릴레이올림픽(2018평창－2020도쿄－2022베이징)을 계기로 3국 간 스포츠 교류를 확대해나간다. 또 평창동계올림픽대회 및 동계패럴림픽대회로 시작된 남·북 간 스포츠 교류 정례화를 위해 주요 국제대회 남북 공동 입장, 공동개최 등을 제안했다.

표 10-4 **2030 스포츠 비전 추진전략 및 핵심과제**

추진전략	10대 핵심과제	25개 세부과제
신나는 스포츠	Ⅰ. 평생 동안 즐기는 맞춤형 스포츠 프로그램	(1) 3세부터 시작하는 스포츠 활동 습관화 (2) 청소년의 스포츠 경험 다양화 (3) 100세까지 이어지는 스포츠 활동 일상화
	Ⅱ. 언제 어디서나 편하게 이용하는 스포츠시설	(4) 일상에서 편리하게 이용하는 스포츠시설 (5) 스포츠시설 및 정보의 체계적 관리
	Ⅲ. 우수 체육지도자에게 배우는 스포츠 강습	(6) 선수·지도자가 인정받는 사회 여건 조성 (7) 체육지도자 양성·배치 시스템 선진화
함께하는 스포츠	Ⅳ. 우리 동네 스포츠클럽	(8) 스포츠클럽 지원 체계 개선 (9) 스포츠클럽 생태계의 다양화 (10) 스포츠클럽 기반의 전문선수 육성체계 구축
	Ⅴ. 소외 없이 모두가 함께하는 스포츠	(11) 소외 청소년을 위한 스포츠 프로그램 지원 (12) 장애인스포츠 서비스 편리성 강화
	Ⅵ. 남과 북이 함께 만드는 평화 스포츠 시대	(13) 지속 가능한 남북 스포츠 교류 기반 마련 (14) 남북 스포츠 교류 복원 및 확대
자랑스러운 스포츠	Ⅶ. 공정하고 도전적인 스포츠 문화	(15) 스포츠 공정 문화 조성 (16) 선수 육성체계 강화
	Ⅷ. 국격을 높이고 우호를 증진하는 국제 스포츠	(17) 국제스포츠교류 법·제도 기반 공고화 (18) 한국 특성화 국제교류 사업 개발 (19) 전략적 국제교류 확대
	Ⅸ. 경제성장을 이끄는 스포츠산업	(20) 스포츠산업 지속성장을 위한 신시장 창출 (21) 국내 스포츠기업 성장 동력 강화 (22) 스포츠산업 혁신 기반 조성
풀뿌리 스포츠	Ⅹ. 민주적 거버넌스	(23) 스포츠 복지 실현을 위한 거버넌스 (24) 체육단체 역량 및 책임성 강화 (25) 미래지향적 법령체계 개편

※ 출처: 문화체육관광부 홈페이지(2018)

6 스포츠법·정책과 연결되는 직업은?(스포츠행정가)

1) 공무원

앞에서 살펴본 바와 같이 스포츠법과 정책은 정부 주도로 실행되기 때문에 정부기관이나 지방자치단체의 체육 관련 부서의 공무원이 담당하고 있다. 정부의 중앙부처인 문화체육관광부나 지방자치단체 중 17개 시·도(광역)와 228개 시·군·구(기초)의 체육 관련 부서에서 해당 업무를 담당하고 있다.

따라서 체육 관련 업무만을 수행하기 위해 공무원 시험을 볼 수는 없고 국가직이나 지방직 공무원으로 일반 9급, 7급, 5급 공무원 시험을 치른 후 체육 관련 부서에 발령을 받아야 체육 관련 업무를 수행할 수 있다. 특히, 중앙공무원 5급과 7급 공무원 시험을 본 후 체육업무를 담당하는 문화체육관광부에 발령을 받으면 체육정책과, 체육진흥과, 스포츠산업과, 국제체육과, 장애인체육과, 스포츠유산과 등의 부서에서 스포츠행정가로 업무를 수행할 수 있다.

문화체육관광부 체육국의 조직구성은 다음과 같다.

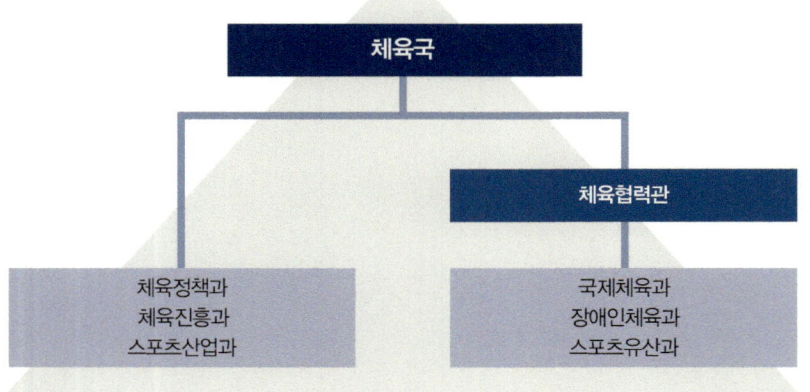

그림 10-3 문화체육관광부 체육국 조직도

출처: 문화체육관광부(2020)

부서별 업무를 살펴보면 다음과 같다.

가) 체육정책과

체육정책과는 체육진흥정책에 관한 장·단기종합계획의 수립, 체육종합계획의 추진상황 분석 및 평가, 체육 관련 통계자료의 수집·분석 및 체육지표 개발, 체육정보화에 관한 사항, 국민체육진흥기금의 조성 및 운용 등의 업무를 수행해 국내의 효율적 체육 환경 조성에 힘쓰고 있다. 또한 체육주간 운영 및 체육유공자의 지정·지원 등 체육인 복지 지원을 하고 있으며 서울올림픽기념 국민체육진흥공단에 관련된 업무를 중심으로 경륜·경정 시행 사업 및 체육진흥투표권 발행사업의 관리·감독 등의 업무를 지원한다.

더불어 전문체육 진흥을 위한 계획의 수립 및 시행, 전문체육 관련 단체의 설립 및 육성·지원에 관한 사항, 국가대표선수의 육성 및 지원에 관한 사항, 국가대표선수 훈련시설의 확충 및 운영에 관한 사항, 대한체육회 및 회원종목단체의 일반적 관리에 관한 사항과 체육과학 연구기관의 육성·지원, 스포츠 공정성 제고에 관한 사항 등에 관한 업무를 수행한다.

나) 체육진흥과

체육진흥과는 생활체육 진흥을 위한 계획의 수립·시행 및 관련 단체의 육성·지원, 생활체육종목의 육성, 직장 및 지역생활체육의 진흥과 스포츠클럽 육성·지원, 생활체육지도자의 양성·배치에 관한 사항, 체육주간 및 체육의 날 행사에 관한 사항, 국민체력증진에 관련된 사항, 공공체육시설 확충계획의 수립 및 추진, 생애주기별 생활체육 활성화, 저소득층 청소년의 스포츠 바우처 지원, 공공체육시설 내 장애인 이용 가능 환경 조성, 선수·운동경기부 및 체육계 학교의 육성·지원, 서울평화상문화재단에 관련된 업무, 전국소년체육대회 및 종목별 국내 경기대회의 개최 지원, 전국체육대회 및 종목별 국내 경기대회의 개최 지원, 생활체육과 관련된 국제교류에 관한 사항 등의 업무를 수행한다.

다) 스포츠산업과

스포츠산업과는 스포츠산업 진흥을 위한 계획의 수립 및 시행, 스포츠산업 진흥을 위한 조사·연구계획의 수립 및 추진, 스포츠산업 관련 업체, 단체 및 기구의 육성·지원, 스포츠산업 진흥 재원의 조성 및 운용, 스포츠산업 기술개발, 기술 이전 및 사업화 촉진 지원에 관한 사항, 스포츠산업 정보망 구축 및 전자상거래 육성에 관한 사항, 체감형 가상스포츠 등 융·복합형 스포츠산업 육성에 관한 사항, 스포츠 용품·시설·서비스의 품질 비교 정보 제공에 관한 사항, 스포츠산업진흥시설 지정에 관한 사항, 스포츠산업의 경쟁력 강화에 관한 사항, 스포츠산업 관련 전문인력 양성 및 일자리 창출에 관한 사항, 스포츠산업 활성화를 위한 기반 조성에 관한 사항, 민간체육시설의 설치 및 이용 활성화, 스포츠 관련 용품·용구·기자재의 생산지원 및 장려, 스포츠산업 관련 국제교류·협력에 관한 사항, 프로운동경기의 진흥 및 관련 단체의 육성·지원에 관한 사항, 지역 스포츠산업 진흥을 위한 정책 개발 및 지원, 전통무예 진흥계획 수립·시행 및 관련 단체 육성·지원, 레저스포츠 시설의 설치·이용 활성화, 스포츠시설의 안전에 관한 사항 등의 업무를 수행한다.

라) 국제체육과

국제체육과는 국제체육교류 진흥을 위한 계획의 수립 및 시행, 국제경기대회 유치·개최 및 참가지원에 관한 사항, 국가 간·국제기구와의 체육교류·협력 및 국제체육회의 등에 관한 사항, 남북한 체육교류 및 협력에 관한 사항, 국제체육 관련 정보 및 자료의 수집·보급, 선수의 금지약물 투여(도핑) 방지에 관한 정책 수립 및 지원에 관한 사항, 태권도의 진흥 및 세계화에 관한 사항, 국내 체육단체의 국제스포츠 경쟁력 강화에 관한 사항, 태권도공원 조성 및 운영에 관한 사항, 태권도진흥재단 및 국기원에 관련된 업무 등을 수행한다.

마) 장애인체육과

장애인체육과는 장애인 체육진흥을 위한 장·단기 발전계획의 수립 및 장애인 체육환경 조성 및 지원체계 개선 등에 관한 사항, 장애인 체육활동 프로그램의 개발, 장애인생활지도자 배치 및 찾아가는 장애인 생활체육서비스 등 장애인 생활체육에 관한 사항, 전국장애인체육대회·종목별 경기대회 지원, 장애인체육지도자 등 장애인체육 전문인력 양성·배치 및 국가대표 장애인선수 육성 및 지원 등 장애인 전문체육에 관한 사항, 장애인 체육 국제교류의 활성화 및 국제전문인력 양성 등 국제체육에 관한 사항, 대한장애인올림픽위원회 및 대한장애인체육회에 관련된 업무 등을 수행한다.

바) 스포츠유산과

스포츠유산과는 생활태권도 활성화, 태권도 해외활성화, 남북 태권도 교류, 태권도 교육·연구 활성화, 태권도 유관단체 관리 감독, 태권도 문화콘텐츠화, 태권도의 진흥 및 세계화에 관한 사항, 2018 평창동계올림픽대회 및 동계패럴림픽대회 경기장 등 사후활용방안 마련 추진, 평창동계올림픽 특구 사업, 평창올림픽 포상, 대회 운영비 및 프로그램 정산·결산, 기장 수여, 스포츠유산사업(드림프로그램, 청소년동계체험캠프 등)을 수행한다.

지방자치단체의 경우는 광역자치단체인 각 시·도는 문화체육관광국, 문화관광체육국 등의 국 단위 수준에서 체육진흥과, 체육정책과, 체육지원과, 체육과, 스포츠산업과 등의 명칭을 사용하고 있으며, 그 하부 단위로 체육정책, 체육진흥, 생활체육, 체육시설, 스포츠마케팅, 스포츠산업 등을 전담하는 하부 팀 또는 담당자를 중심으로 체육업무를 진행하고 있었다. 근무 인력은 평균 10~30여 명 내외다. 서울, 부산, 대구, 세종은 체육시설의 효율적 관리·운영을 위해 체육시설 관리사업소를 설치하여 운영하고 있었으며, 광주, 경기, 전남은 민간위탁 관리 형태의 체육시설을 운영한다.

기초자치단체인 시·군·구는 문화체육과, 문화관광과, 문화체육관광과, 생활체육과, 체육진흥과, 체육과, 평생교육과, 교육체육과, 체육청소년과, 건강체육과 등에서 체육행정, 체육시설, 체육진흥, 생활체육, 주민자치 등 매우 다양한 형태로 체육조직을 운영하고 있었으며, 10명 내외의 인력이 배치되어 있었다. 기초자치단체 중 체육시설관리사업소나 시설관리공단을 통해 체육시설관리·운영을 하는 곳도 있었다.

우리나라의 스포츠진흥 정책의 경우 정부 주도로 추진되는 경우가 대부분이고, 특히 이러한 정책의 지속성 및 효율적 추진을 위한 예산 확보 등을 위한 법률의 제·개정 등 스포츠법 및 정책에 대한 전문지식의 요구가 증대되고 있다. 특히, 이러한 전문지식을 가지고 체육 관련 업무를 수행할 수 있는 공무원의 수요가 높아지고 있다.

2) 공공기관의 직원

우리나라에는 다양한 공공기관이 있다. 공공기관은 정부가 재정을 투자하여 설립하거나 재정을 지원하는 기업이다. 공공기관에는 공기업, 준정부기관, 기타 공공기관으로 구분되는데, '공기업'의 경우 직원 정원이 50명 이상이고, 총 수입액에서 자체 수입액이 50% 이상인 공공기관 중에서 기획재정부장관이 지정하는 기관이다. 준정부기관은 직원 정원이 50명 이상이고, 공기업이 아닌 공공기관 중에서 사실상 정부기관이나 마찬가지인 기관을 의미한다. 스포츠 분야에는 공기업은 없고 준정부기관에 속하는 국민체육진흥공단이 있다. 국민체육진흥공단은 1988년 서울올림픽대회를 기념하고 기금의 조성, 운용 및 체육과학의 연구를 목적으로 1989년 4월 특수법인으로 설립된 문화체육관광부 산하 기금관리형 준정부기관이다. 기타 공공기관으로는 대한체육회와 대한장애인체육회, 한국도핑방지위원회, 태권도진흥재단 등이 있다.

대한체육회는 3.1운동 이듬해인 1920년 7월 13일 '조선체육회'라는 명칭으로 창립했다. 일제강점기 시대에 "건강한 육체에 건전한 정신을 함양하여 민족정기를 살리자"라는 취지로 민족지도자들에 의해 창설된 대한체육회는 1938년 7월 4일 일제에 의해 강제 해산되는 아픔을 겪기도 했으나, 1945년 해방과 더불어 부활해 우리나라를 대표하는 체육단체로 오늘에 이르고 있다. 「국민체육진흥법」 제33조에 의해 설립된 대한체육회는 현재 스포츠 활성화 기반 조성, 스포츠 참여 확대, 국제스포츠 경쟁력 강화, 공정성 및 자긍심 함양 등의 주요 사업 목표를 달성하고자 노력하고 있다. 주요 사업 목표에 따라 스포츠 활성화 기반조성을 위해 학교체육 활성화 지원, 공공스포츠클럽 육성 및 동호인 조직 활성화, 지역체육 진흥 지원을 하고 있다. 스포츠 참여 확대 목표를 달성하기 위해 생애주기 체육활동 지원, 취약계층 스포츠 참여기회 확대, 스포츠 홍보 활성화의 세부 목표를 실천했다. 국제스포츠 경쟁력 강화를 위해서는 평창동계올림픽대회 성공 개최 기여, 국제경기력 강화기반 마련, 국제스포츠 교류 강화 등의 세부 목표를 실천했다. 공정심 및 자긍심 함양의 목표를 달성하기 위해 스포츠 공정성 제고, 체육인 일자리, 교육, 복지 강화, 체육단체 조직운영 선진화의 세부 목표를 실천하는 데 노력하고 있다.

대한장애인체육회는 2005년 11월 25일 법인 설립허가 후 장애인선수 육성 및 각종 국제대회 파견을 통한 국위선양과 다양한 장애인 생활체육 프로그램 개발·보급 등으로 체육을 통한 삶의 질 향상을 위해 노력해오고 있다. 17개 시·도지부(시·도장애인체육회)와 33개 중앙가맹경기단체(정가맹 32개, 인정 9개)가 소속되어 있다. 시·도지부인 시·도장애인체육회는 해당 시·도 행정구역별 일부 시·군·구 지부와 시·도별 가맹단체로 구성되어 있는데, 111개 시·

군·구장애인체육회와 446개의 시·도 가맹경기단체를 두고 신인 꿈나무 선수는 물론 종목별 선수 육성과 다양한 장애인 생활체육 프로그램을 보급하고 있다. 또한 국제패럴림픽위원회(International Paralympic Committee: IPC)에 대한민국을 대표하여 가입되어 있으며 아시아패럴림픽위원회, 종목별 국제스포츠기구 및 장애유형별국제스포츠연맹과도 유기적인 협력관계를 유지하여 장애인체육 발전을 선도하고 있다.

한국도핑방지위원회는 스포츠에서 공정한 경쟁의 확립과 스포츠정신 고양을 도모하고, 약물로부터 선수들의 건강을 보호하는 것을 목적으로 문화체육관광부의 설립허가를 받아 2006년 11월 13일 재단법인으로 출범했다. 설립 이후 2007년 3월 8일 국가도핑방지기구로 가입했고 4월 27일 세계도핑방지규약을 수용했다. 같은 해 6월 22일 국민체육진흥법 제35조에 근거하여 법정법인으로 한국도핑방지위원회를 등록하고 12월 19일에 한국도핑방지규정을 제정했다. 2009년 9월 28일 ISO 9001:2008 품질경영시스템 인증을 영국표준협회(British Standards Institution: BSI)로부터 획득했고, 현재까지 세계도핑방지기구의 규약을 토대로 국내 및 국제대회의 도핑검사 및 도핑방지 교육과 홍보, 국제교류 및 협력 등 국내 유일의 도핑방지기구로서의 역할을 담당하고 있다. 4개의 독립위원회와 3개의 자문위원회를 운영하고 있으며, 사무국은 기획실장과 4부로 구성되어 있다. 기획운영부는 도핑방지활동 지원 사업계획 및 예산을 수립하고 사업운영 지원의 업무를 수행하고 있으며, 도핑검사부는 도핑검사 계획수립 및 집행, 도핑검사관 양성 및 관리 등의 업무를 수행하고 있다. 교육홍보부는 도핑방지 대면교육 및 온라인교육 운영, 교육인력 역량강화, 간행물 제작·홍보 등의 업무를 수행하고 있다. 국제조사부는 도핑 제보에 대한 조사·정보활동, 조사위원회 운영, APMU 업무, TUE 및 금지약물서비스 업무, 결과관리 등의 업무를 담당하고 있다.

태권도진흥재단은 태권도원 조성·운영과 태권도 발전을 통한 국익 증진을 의해 2005년 7월 민법에 근거한 재단법인으로 설립·운영되어왔다. 2007년 12월 「태권도진흥 및 태권도공원 등에 관한 법률」의 제정에 따라 2008년 6월에 동법 제20조에 근거한 법정법인으로 전환되었고, 2009년 9월에는 문화체육부 장관으로부터 태권도원 조성을 위한 기본계획을 승인받아 태권도원 기공식을 했다. 2010년에는 기획재정부 고시 제2010-3호에 근거하여 공공기관으로 지정되었다. 태권도진흥재단의 주요 사업은 태권도원 조성 및 운영에 관한 사업, 태권도 진흥을 위한 조사·연구 사업, 태권도 보존·보급·홍보에 관한 사업, 태권도 진흥을 위한 각종 지원사업, 태권도원 시설 임대에 관한 사업, 태권도용품·콘텐츠 개발과 같은 관련 산업육성지원이다.

3) 지방체육회 직원

아직 공공기관으로 지정되지는 않았으나, 위의 공공기관과 같이 「국민체육진흥법」에 따른 지방체육회가 있다. 지방체육회는 각 지역의 체육진흥을 위해 해당 지방자치단체가 설립한 기관으로, 예전에는 해당 지방자치단체의 장이 지방체육회의 장을 겸직하고 있었다. 2019년 「국민체육진흥법」 개정에 따라 스포츠의 정치적 참여 제한 및 자율성 확보 차원에서 지방자치단체장 및 지방의회 의원의 겸직을 금지하여 지방체육회는 선거를 통해 해당 지방체육회의 장을 선출하고 자율적으로 운영할 수 있도록 하고 있다. 지방체육회의 경우 그동안 해당 지방자치단체의 행·재정적 지원을 받아 운영되어왔기 때문에 임·직원에 대한 처우 등은 지방공무원 수준과 같다. 이러한 지방체육회에 대한 법적 근거가 「국민체육진흥법」에 마련되어 법정법인화되었고, 17개 시·도체육회와 228개 시·군·구체육회가 운영 중에 있다. 관련 업무는 지방체육진흥을 위한 각종 업무를 담당하고 있으며, 대표적인 '서울특별시체육회'의 조직현황을 보면 다음과 같다.

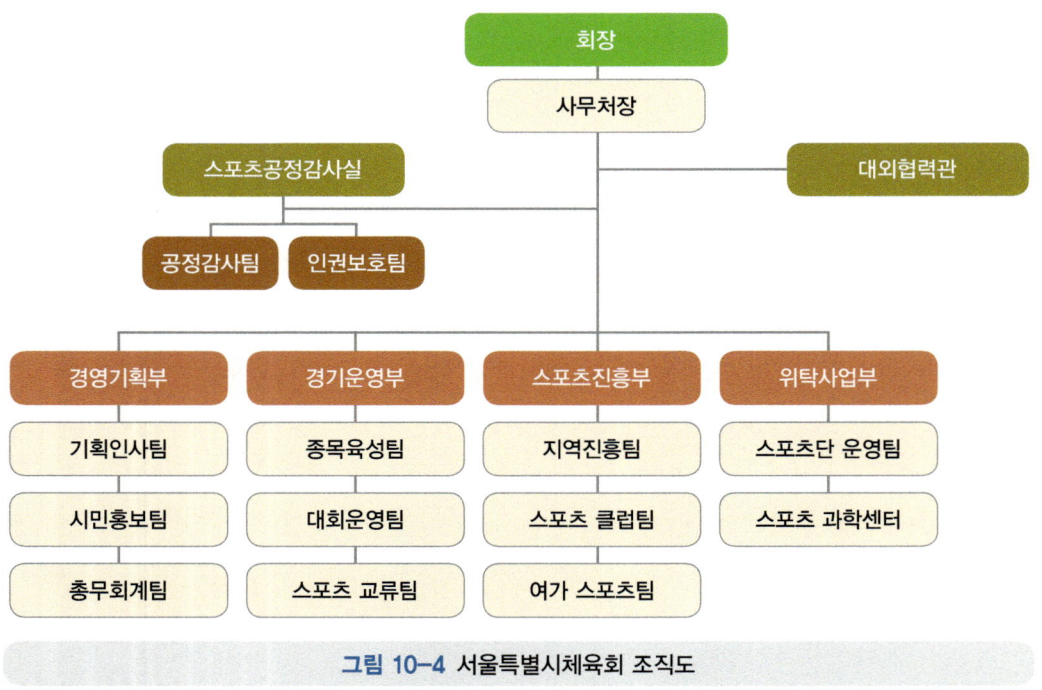

그림 10-4 서울특별시체육회 조직도

출처: 서울특별시체육회(2020)

4) 기타 체육단체 종사자

대한체육회와 대한장애인체육회를 구성하는 각각의 종목단체가 있다. 야구, 농구, 축구, 배구 등 각각의 종목별 단체가 대한체육회와 대한장애인체육회의 회원종목단체로 가입되어 있다. 이러한 종목단체의 경우 대한체육회나 대한장애인체육회와 같이 공공기관은 아니고 일반 사단법인이다. 즉, 공공기관은 아니고 일반 민간기업과 같다고 보면 된다. 이러한 체육단체의 경우 대한체육회에 가입된 77개 회원종목단체와 대한장애인체육회에 가입된 35개 종목단체가 있다. 이러한 종목단체는 개별종목의 진흥을 위한 각종 사업을 추진하고 있으며, 대표적으로 각종 대회 유치·개최, 생활체육진흥 사업, 마케팅 사업 등 각종 업무를 수행하고 있다. 종목단체 중 가장 큰 체육단체인 '대한축구협회'의 조직도는 다음과 같다.

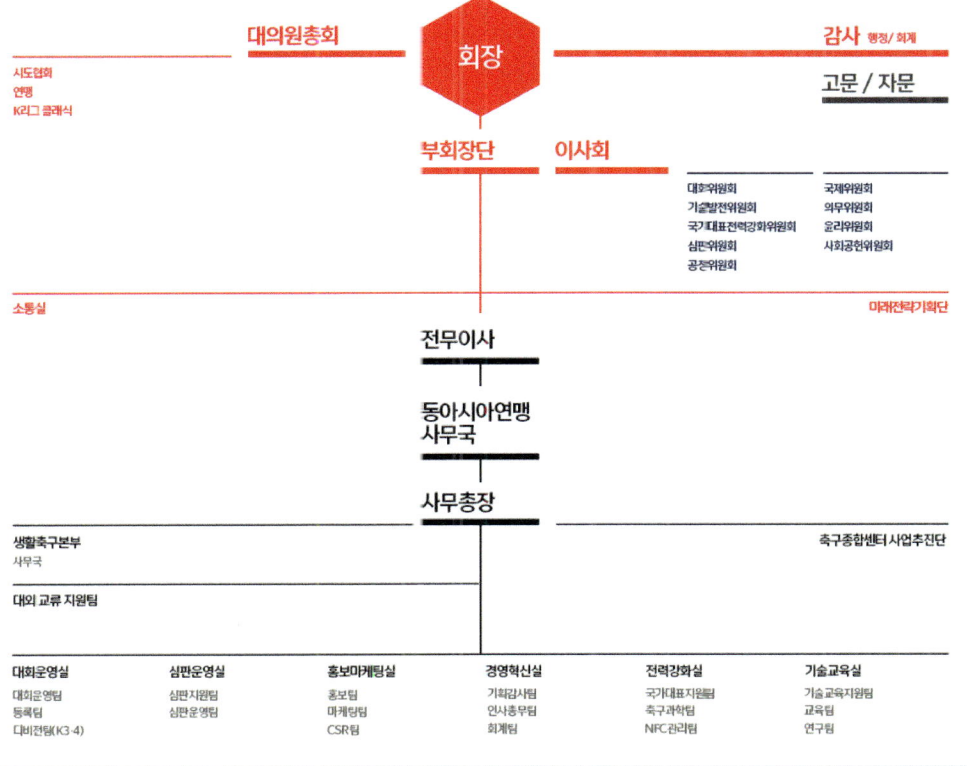

그림 10-5 대한축구협회 조직도

출처: 대한축구협회(2020)

5) 프로스포츠 대기업 및 실업팀

프로스포츠의 경우 대부분 대기업에서 운영하고 있다. 야구, 농구, 축구, 배구, 골프 등 프로스포츠 단체의 경우 모기업이 대부분 대기업으로 대기업의 공채를 통해 스포츠단으로 발령받아서 업무를 수행하는 경우도 있고, 해당 기업의 스포츠단에서 별도로 채용하는 경우도 있다.

또한, 일부 기업의 경우 피트니스 사업을 중점적으로 수행하는 경우도 있다. '코오롱스포렉스'나 '삼성레포츠센터' 등이 이에 해당하며, 골프장이나 스키장 등 대기업이 운영하는 스포츠시설도 상당수 된다.

또한, 대기업 외에도 지방자치단체나 공공기업에서 운영하는 스포츠팀인 '직장운동경기부'인 실업팀이 있다. 이러한 실업팀의 경우 「국민체육진흥법」에 따라 1천 명 이상 직원을 둔 공공기관 및 지방자치단체의 경우 직장체육진흥을 위해 직장운동경기부를 두도록 하고 있어 지방자치단체나 공공기관들이 스포츠단을 운영하는 경우도 있다.

6) 기타

그 밖에도 일반기업들 제조업, 마케팅업, 서비스업 등 스포츠 관련 일반기업체도 많이 있으며, 에이전트(대리인)나 스포츠 관련 전문변호사 등도 있다.

스포츠 에이전트의 현황 및 업무 영역은 다음과 같다.

표 10-5 스포츠 에이전시 현황 및 업무 영역

업체명	업무 영역
갤럭시아SM	1) 미디어사업 • 국제 스포츠 이벤트 유치 및 운영, 마케팅 프로그램 2) 스포츠마케팅 • 스포츠마케팅 전략 수립 및 실행 • 스포츠 문화 이벤트 기획 및 운영 • 매니지먼트/육성시스템 운영(계약/법률/회계, 경기력 향상 프로그램 지원, 마케팅/홍보, 경력관리) 3) 커뮤니케이션산업 • 기업 광고, 각종 프로모션 및 이벤트 진행 4) 스포츠 시설 운영 및 개발 5) 모바일 영상 제작, 채널 운영, 판매

업체명	업무 영역
스포티즌	1) 마케팅, 컨설팅 서비스 • 마케팅 및 디자인 수립 및 컨설팅 • 스포츠 자산 운영 • PR 및 이벤트 기획 • 스폰서십 분석 및 평가 2) 자산 기반 서비스 • 스포츠 자산 개발 및 권리 구매, 위임 • 스포츠 시설 운영 3) 선수 매니지먼트 • 선수 마케팅 • 스폰서십 기획 • 선수 이적 및 스카우트 • 경기력 지원
세마스포츠 마케팅	1) 스포츠 이벤트 • 스포츠 이벤트 유치 및 운영 2) 마케팅 에이전시 • 기업 스폰서십 기획 및 운영 3) 선수 매니지먼트 • 유망 선수 관리 • PR 관리 및 스폰서 유치
퍼슨즈	1) 스포츠 컨설팅 • 다양한 광고주의 마케팅 타깃에 따른 컨설팅 서비스 2) 스포츠 이벤트 • 관람 중심 국내외 프로대회 운영 • 아마추어 대회 운영 3) 스포츠 호스피탈리티 • 기업의 특성에 맞는 호스피탈리티 프로그램 운영 4) 선수 및 팀 매니지먼트 • 내·외부 마케팅 시스템
브리온컴퍼니	1) 선수 관련 업무 대행 • 선수 잠재가치 극대화 2) 이벤트 매니지먼트 • 스포츠 이벤트 기획 및 운영 3) 스포츠 PR • 다양한 PR 플랫폼 활용을 통한 커뮤니케이션 4) 스포츠 상품 매니지먼트 • 커뮤니케이션 전략 및 마케팅 수립 • 스포츠 브랜드 론칭, 프로모션, 홍보 수행 5) 스폰서십 • 기업 스폰서십 업무 진행

업체명	업무 영역

NXT인터내셔널	1) 스포츠 에이전트
	  • 선수 기록 자체 관리
	  • 해외 스카우터 및 에이전시와의 인프라 마련
	  • 스폰서십, 자산관리, 법률지원 등 여건 마련
	2) 스포츠 마케팅
	  • 스포츠 이벤트, BTL 프로모션 등 기획
	  • 새로운 브랜드 개발 및 기획, 제조, 유통
	3) 스포츠 머천다이징
	  • 4대 프로스포츠 구단 머천다이징

스포츠 에이전트에 관심 있는 사람은 한국프로스포츠협회의 '프로스포츠 에이전트 아카데미' 교육을 통해 에이전트 세계를 이해할 수 있다. 프로스포츠 에이전트 아카데미 프로그램은 ▲스포츠산업 및 프로스포츠 시장의 이해 ▲한국프로야구선수협회 공인선수대리인과 대한축구협회(KFA) 선수중개인 등록 및 관리 규정 ▲축구 에이전트 브이로그 ▲심수창 해설위원(전 프로야구 선수)의 일일 스포츠 에이전시 체험기 ▲스포츠 에이전트와 일하는 사람들(축구전문 기자, 브랜드마케터, 구단 프런트, 프로선수) ▲드라마 〈스토브리그〉를 통해 스포츠 에이전트 파헤치기 등으로 구성되어 있다. 위 프로그램의 일부는 한국프로스포츠협회 홈페이지(www.prosports.or.kr)에서 확인할 수 있다.

야구 종목의 에이전트가 되기 위해서는 한국프로야구선수협회의 'KBO리그 공인 선수대리인' 자격을 취득해야 한다. 대리인 자격 공인 절차는 공인 신청-대리인 자격심사-대리인 자격시험을 거쳐 공인 대리인이 될 수 있다.

대리인 자격시험은 네 과목을 시행하고 있으며, 합격 기준은 모든 과목에서 60점 이상 획득해야 한다. 자격 시험과목은 다음과 같다.

- **1과목: KBO리그 선수대리인 규정, 표준선수대리인 계약서**
- **2과목: KBO규약, 야구선수 계약서, 협정서**
- **3과목: KBO리그규정, 야구배트 공인규정, 상벌위원회규정, 국가대표운영규정**
- **4과목: 프로스포츠도핑규정, 국민체육진흥법(벌칙규정), 계약법**

출제 유형 문항은 다음과 같다.

표 10-6 출제 유형

시험과목	세부과목	문항 수	배점	시간
1과목	KBO리그 대리인규정 표준선수대리인계약서	주관식 서술형: 5	40	40분
		주관식 단답형: 5	40	
		객관식: 5	20	
2과목	KBO규약 야구선수계약서 협정서(미, 일, 대만, 아마)	주관식 서술형: 6	40	50분
		주관식 단답형: 6	40	
		객관식: 8	20	
3과목	KBO리그규정 야구배트 공인규정 국가대표운영규정 상벌위원회 규정	주관식 서술형: 5	40	40분
		주관식 단답형: 5	40	
		객관식: 5	20	
4과목	프로스포츠도핑규정 국민체육진흥법 계약법	주관식 서술형: 5	40	40분
		주관식 단답형: 5	40	
		객관식: 5	20	

이 외에 자세한 사항은 한국프로야구선수협회 홈페이지(www.kpbpa.com)에서 확인할 수 있다.

스포츠 관련 전문변호사가 되기 위해서는 대학 졸업 후 로스쿨에 진학하여 변호사자격을 취득하야 하며, 이후 법률사무소 등 로펌(법무법인)이나 개인 변호사로 스포츠 분야에서 활동하며 경력을 쌓을 수 있다. 대형 로펌(법무법인)에서는 엔터테인먼트나 스포츠 분야의 전문변호사를 두고 있으며, 체육단체 등에서도 사내변호사로 활동할 수 있다. 체육단체에서 사내변호사를 두고 있는 경우는 국민체육진흥공단, 대한체육회, 한국야구위원회(KBO), 대한축구협회, 한국프로축구연맹, 한국프로배구연맹 등이며, 프로구단 등은 그룹 내 사내변호사를 활용하거나 프로구단에서 직접 사내변호사를 두는 경우도 있다. 스포츠 관련 전문변호사는 스포츠 분야에서 일어나는 각종 분쟁 선수계약, 스폰서계약, 용품계약, 경기자 사용권, 지적재산권, 연봉조정, 이적 등 선수 개인의 문제부터 구단 및 체육단체의 각종 내외부 문제(징계, 광고권, 스폰서계약, 중계권 계약 등)의 법적 문제 등을 담당한다.

참고문헌

김대희 외(2016). 〈한국형 에이전트도입방안 연구〉, 서울, 한국스포츠정책과학원

대한체육회 www.sports.or.kr

대한축구협회 www.kfa.or.kr

문화체육관광부(2019). 《2018 체육백서》, 세종: 문화체육관광부

_____(2019). 《2018 스포츠산업백서》, 세종: 문화체육관광부

문화체육관광부 www.mcst.go.kr

법제처, 국가법령정보센터 www.law.go.kr

(사)한국프로야구선수협회 www.kpbpa.co ㄱ

서울특별시체육회 www.seoulsports.or.kr

한국프로스포츠협회(2017). 《프로스포츠 부정방지 교육자료》, 서울: 한국프로스포츠협회

■ 저자 소개

김미향	현) 국민대학교 체육대학 스포츠산업레저학과 교수 현) 한국여가레크리에이션학회 상임이사 전) 서울시교육청 중등교원(과목명: 체육)
조욱연	현) 국민대학교 체육대학 스포츠산업레저학과 교수 현) 한국대학스포츠협의회 인권위원회 위원 전) 대한체육회 문화환경교육위원회 위원
황승현	현) 경북대학교 생태환경대학 레저스포츠학과 교수 현) 한국대학스포츠협의회 학사운영위원 전) 국민체육진흥공단 한국스포츠정책과학원 선임연구위원
김언호	현) 동국대학교 사범대학 체육교육과 교수 현) 서울청년사회서비스사업단장 현) 대한컬링연맹 경기력향상위원
김민수	현) 국민체육진흥공단 한국스포츠정책과학원 선임연구위원 현) 한양대학교 스포츠산업학과 겸임교수 전) American University in the Emirates(AUE) 경영학부 조교수
최형준	현) 단국대학교 사범대학 체육교육과 교수 현) 아시아-퍼시픽 스포츠경기분석학회 사무총장 전) 영국 Cardiff City Football Club 전력분석관
김미옥	현) 한국체육대학교 교수 현) 국무총리실 생활SOC추진단 자문위원 전) 국민체육진흥공단 한국스포츠정책과학원 선임연구위원
조현주	현) 국민체육진흥공단 한국스포츠정책과학원 선임연구위원 현) 대한장애인체육회 전문체육위원 현) 대한럭비협회 부회장
송주호	현) 충북대학교 사범대학 체육교육과 교수 현) 한국운동역학회 부회장 전) 국민체육진흥공단 한국스포츠정책과학원 책임연구위원
김대희	현) 부경대학교 해양스포츠학과 교수 현) 경기도체육회 이사 전) 국민체육진흥공단 한국스포츠정책과학원 선임연구위원